司法学研究·2015

JURIDICAL SCIENCES · 2015

曹文泽 崔永东◎主编

人民出版社

《司法学研究》编委会名单

目　录

充分发挥学科优势
加强中国特色法治智库建设

——在华东政法大学第二届司法学论坛上的讲话

曹文泽[*]

随着我国依法治国方针的全面实施，司法改革正在稳步地推进，成效也逐渐在突显。大家都知道，司法责任制是司法改革的牛鼻子，全面构建和落实司法责任制的体系已成为摆在司法机关内部一个十分紧迫的任务。落实司法责任制需要去行政化，因此审判委员会制度与检察委员会制度的改革势在必行。

党的十八届三中、四中全会作出了全面深化改革和全面推进依法治国的重大战略部署，中办、国务院也出台了相关的文件，要求高校要充分发挥学科齐全、人才密集和对外交流广泛等多方面优势，加强中国特色新型智库的建设。我们学校也承担了这一重要的任务。尤其是各高校现在依据自己的学科特色优势，特别是对外交流广泛的优势建立新型智库。

在这样的大背景下，我们华东政法大学作为以法学为特色的综合性大学，理应主动对接国家和区域重大发展战略的需求，走在中国特色社会主义法治理论研究的最前沿，作法治智库建设的探索者和领导者，为依法治国提供全面支撑。

2015年7月，我到任之后，与叶青校长到最高人民检察院，向曹建明检察长作了汇报。也到最高法院向党组副书记、常务副院长沈德咏，包括政治部主任也是我们华政的校友徐家新等领导作了汇报。9月以来，包括中国法学会王乐泉会长、陈冀平副会长等领导也到我们学校做专职调研。华东检

---

[*] 曹文泽，华东政法大学党委书记。

察研究院成立，华东七省一市的检察长都出席了成立仪式。我们作了学校下一步发展目标的汇报，上海市的主管副市长翁铁慧同志也专程到我们学校调研。这些领导都高度重视并且非常支持我们华东政法大学的发展，要求学校坚持正确的方针方向，科学的发展目标，对我们提出了十二字的要求：立足上海、面向全国、放眼世界，把学校的发展放在更加宏观的视野中来规划。

当前学校正抓紧落实全面深化改革规划的方案，编制"十三五"规划，在这一过程中，我们进一步深化和凝练了学校下一步的发展定位目标。我们的目标用一句话概括就是：在国际上有一定影响力。我们学校虽不像大牌的985、211高校，但我们有自己的特长，我们要在国际上赢得一定的影响力。同时，也要发挥我们高水平、应用型大学的特色，上海市给我们的定位目标是应用研究型大学。应用研究型的大学有不少，但我们的要求是高水平的应用研究型大学。具体来说，我们是想把学校打造成"两个基地、两个中心、一个平台"。

"两个基地"，一个是重要的法律人才高端培养基地，全国有800多所法律院校，我们华政应该是重要的高端培养基地。另一个是重要的法学研究基地，一级法学学科下的所有二级学科，我们都要办全。根据市领导的要求，华政二级法学学科不能有短板。别的学校有的二级法学学科，我们都要有。这不存在所谓的错位竞争，而是要将学科补齐。还有一些相关的法学研究的方向，我们也要补齐。包括今天的司法学，学校之所以这么重视，也是我们在落实市里相关领导的要求。"两个中心"，是重要的法律文献和信息中心。我们中外法学文献信息中心的建设，学校也投入了大量的资金，把国外的、民国的法律文献都复制过来，在学校都可以查询到。还有我们现在正抓紧筹建的是法治研究战略实施中心和互联网+法律大数据平台，最高检和最高法的领导都高度重视并大力支持。上海市副市长在上次来的时候也表态会给予资金支持，所以我们的信心就更足了。

我们想借助各位专家、学者的智慧，将华政打造为重要的"两个基地、两个中心、一个平台"。并且坚持开放办学、开门办学、创新办学，通过发挥法学学科优势和上海的地缘优势，整合各种优势资源，优化管理体制机制，进一步激发办学的活力，推动学校的内涵发展。

　　司法学研究院是 2014 年成立的实体科研机构。对司法学这样直接服务于社会主义法治建设的学科、交叉学科，我们学校一向是高度重视的，也是非常支持的。坚持实施"人无我有，人有我优"的学科发展战略，通过组建研究团队、形成研究成果等措施，逐步打造成由华政专家领衔的，参与国家与地方立法、司法活动的专家队伍，建设成能为上海乃至中央司法决策提供支持的新型智库。

　　在此，要特别感谢王秀红专委担任我们华东政法大学司法学研究院的名誉院长，为我们提出了很好的意见和建议。司法学研究院成立的时间不长，但已经在学科建设、科学研究、人才培养、社会服务等方面取得了令人可喜的成绩，初步建立起了具有较强科研能力的梯队。不仅开始招收博士生、硕士生，在学科体系方面也作出了积极的探索，而且以推出论文集、出版辑刊、举办论坛等方式，在实务界发出自己的声音。今后学校将加大对司法学学科的支持力度，在学位点及学科建设方面向该学科倾斜。

　　去年司法学研究院举办了以司法改革及司法管理为主题的首届司法学论坛。今年的论坛继续聚焦司法改革，研讨的问题更加具体、更加深入，这也表明了司法改革正在走向深入。

　　各位领导、专家、学者从全国各地来到华政，既表明了对司法改革的关注，也表明了对司法学学科支持的态度。新兴学科的研究还要继续凝练，要得到实务界的认可还有很多工作要做，现在只是一个起步。相信经过努力，加强协同创新，把研究院建设成为在司法学领域具有一定影响力的高端智库。

发展司法学学科
为司法改革提供理论支撑

——在华东政法大学第二届司法学论坛上的讲话

王秀红 *

在全国司法改革进行的关键时刻，我们迎来了华东政法大学司法学研究院主办的"第二届司法学论坛"。

去年 12 月上旬首届司法学论坛成功召开，由于与会学者同仁们的共同努力取得了丰硕的成果、产生了广泛的影响。今天我们在司法改革进一步深化的大背景下，来自全国各地的专家学者同仁朋友们齐聚一堂，就人民法院和人民检察院审委会改革和检委会改革以及司法责任的落实问题进行研讨，我觉得这有非常大的现实意义和深远的历史意义。

第一是时机选择的好。我们这个论坛紧跟时代的脉搏，抓住了司法改革的热点问题进行讨论，当前的司法改革无论从力度、广度还是深度上都是前所未有的，每一项改革都涉及利益格局的调整，引起了社会的广泛关注。改革提出推进司法人员分类管理、完善司法责任制，加强司法人员职业保障，推动地方法院、检察院人财物归省直管，目前上述改革有的已经进行了试点，有的正在进行试点。全国 31 个高院，第一批试点 7 个，第二批试点 11个，就上述问题正在论证、热议过程中。可以说改革进入了关键的攻坚阶段，这既是法院、检察院等司法部门面临的巨大挑战，更为我们的司法改革带来了前所未有的重大历史机遇。在这种情况下，华东政法大学司法学研究院举办以审委会、检委会制度改革与司法责任制度落实为主题的论坛，具有特别深远的现实意义和历史意义。

---

* 王秀红，最高人民法院咨询委员会副主任，中国女法官协会会长，中国行为法学会副会长。

　　第二是主题设计的好。检委会和审委会以及司法责任制的落实，应当说是非常具体、非常着实、非常贴近实际的重要内容。而且，审委会的改革和检委会的改革，从 2005 年就已经开始，在这方面进行探讨，最高法院和地方一些法院都成立了三个审委会，大审委会、民事审委会、刑事审委会，目的就是解决案件质量问题，保证司法公正、司法效率问题，应该说这些工作是当前的重点难点，这些与司法责任制的落实也是密切相关的。从法院系统的审判权运行机制来看，审委会制度改革迫在眉睫，最高人民法院"关于全面深化审委会制度改革的意见"当中也提出审委会是人民法院最高的审判组织和审判管理机构，组织法都有规定，主要是履行总结审判经验，统一法律适用，实施审判管理的宏观指导。但是长期以来，审委会的重点都陷入具体案件的讨论当中，最高法院 2005 年前曾经积压刑事案件 100 多件，后来固定了审委会讨论时间，分成三个审委会，现在基本没有积压案件了，各地尤其是高院也是讨论具体案件。这次的改革重点是施行员额制和主审法官负责制，使审委会的精力重点放在总结审判经验，研究审判政策和审判管理问题。只有这个问题真正得到彻底改革了，符合时代发展的脉搏了，我们才能实现司法公正，实现质量和效率的统一和提高，真正实现习总书记所提出的"让当事人在每一个案件中都能感受到公正"，也能够彻底解决学者们提出的"判者不审，审者不判"问题。所以说论坛确定这个题目抓住了要害，抓住了重点，抓住了当前的一些难点，也抓住了改革的一些关键点。

　　第三是研讨会形式非常好。确定与会人员的形式非常好，与会人员都是各个方面的专家、学者、智者、能人，既有法律理论研究人员，还有法院、检察院、律师等人才。包括主办方，刘春雷律师事务所，还有华东政法大学科学研究院、同济大学发展研究院，大家共聚一堂，相互交流，各抒己见，为司法改革共同探讨，献计献策。我想，在与会人员的共同努力下，大家必将形成一些共识，产生丰富的理论成果，为全面推进司法改革贡献智慧和力量。

　　一年来，我感到司法学研究院从去年成立以来做了大量的工作，我将其归纳为四方面的成就：1. 华东政法大学在全国高校中率先成立了司法学研究院，为司法学研究的科学化、理论化、系统化提供了支持，我觉得这是很难得的。2. 司法学研究院在科学研究、学科建设、团队建设、机构建设方面取得了出色的成绩，走在了全国高校的前面，受到了大家的好评。法学学科很多，但司法学学科是首创，当然现在有些高校在跟进。但是华东政法大学司法学研究院是开创人，在科学研究与学科建设方面较成体系，比较完整。3. 司法学研究院在2014年已经开始招博士研究生，今年与明年准备招收硕士研究生，司法学的人才培养已经进入了常态化。4. 先后出版多种著作，发表了多篇论文，尤其是承担了省部级项目和国家课题十几项，并由人民出版社出版了"司法学研究丛书"与司法研究辑刊，这两个系列的图书期刊为司法学研究起到了导向作用。目前司法学研究院已经形成了八人的学术研究团队，其研究实力与研究成果已经证明该团队已经牢牢占据了我国司法学研究的学术和理论制高点。该团队的研究人员很有思想，对司法学很感兴趣。这些成绩的取得主要得益于华东政法大学领导班子的支持，也得益于在座的专家学者的智慧和支持，特别得益于崔教授和他的团队的共同努力。

华东政法大学司法学研究院一定会办得更好，能够就当前社会上一些热点、重点、难点问题拿出更好的意见和建议，为我们的司法改革提供更大的帮助和力量。

发展司法学学科，重视司法学研究，为司法改革提供学术支撑、理论引导和智力支持，这是我们在座的各位同仁共同关注和期待的事情。希望华东政法大学抓住难得的历史机遇，奋发有为，在学校发展战略层面上对司法学学科进行定位，并在具体措施上大力助推该学科的发展，也希望司法学研究院以崔教授为首的团队再接再厉为司法学发展作出更大的贡献！

【司法学理论】

拓展、深化中国转型法治时期的司法学

石东坡[*]

在中国法治体系的形成、发展和深化进程中，法学体系、法治话语体系的建设是不可或缺的组成部分和重要支撑。法学体系从来没有停滞过，从来没有标本化。法学体系的形成和变革，既要坚持基本的逻辑准则，又要有着现实的问题意识。在经验主义或者说现实主义的导向下，美国的法学研究和教育呈现出的是一种问题导向的，弥合或者说淡化学科界限的特点。霍姆斯、卡多佐以及最富有代表性的庞德，不是以某一法学学科，而是以综合的法学研究、聚焦的问题解析和具象的应用思维为长的。在欧陆看来，则是更加强调价值、逻辑与体系。在第二次世界大战之后的反思中，价值法学得到复兴、方法上得到发展、内容上得以丰富。基本上，学理特质与基于判例法的学说是在法学总体状况上呈现出的差异或风格。

我国的司法学研究恰逢其时、适得其所、前景广阔、挑战巨大。首先，司法体制改革既为司法学应运而生提供了现实的土壤和强烈的需求，又为司法学的丰富发展提出了一系列亟待分析和回答的问题。其次，在马克思主义中国化的思想基础和发展进路中，古今中西的司法实践的原真性、复杂性需要予以充分重视和客观展现，其中的司法思想学说与理念思维、司法制度的

---

* 石东坡，法学博士，教授，浙江工业大学学术期刊社主任、文化与法制研究中心主任。

规范内容与运行实效都需要予以梳理、审视和反思，因此，我国的司法学既有在一般司法学的建设上的任务，又要有着空前的学科建设的素材消化的难度。最后，司法学的研究面临着思想障碍必须正视，必须进一步解放思想、立足国情、实事求是，最大限度地凝聚共识。

至少，在问题研究和学科（体系）研究、归纳研究和演绎研究、对策研究和学理研究，是更加强调司法的共性还是更加强调司法的个性？在既有的制度体系之中的依存？在国情背景下的塑造？是在实定法，如组织法和诉讼法的前提下的研究，还是在法政策学的致思趋向下的，以修改法律和变革体制为双重指向的研究？比如今天上午对审判委员会的定位与改革的思考，就是一个体现。在理想的法治的境遇中的研究，单就这一点，也是不能够游离于司法体制改革方案和部署之外的。

但是就这一方面而言，可以说缺乏坚定的共识、缺乏一致的响应，比如调研中发现对于法院员额制的观望、彷徨甚至抵触的情绪是存在的。当前，司法学的研究有着自觉性、前瞻性以及针对性，这是以崔教授为杰出代表团结吸纳、开拓引领的高起点的良好态势。

今天的司法学研究，既是中国司法实践的理论提纯、总结，又是对于司法制度进行理论的批判和设计。"世界马克思主义大会学者共识"指出："我们倡议，面对各种误解、非议和挑战，马克思主义者需要直面人类发展的尖锐问题，高扬马克思主义者固有的批判精神与变革意识，在对现实问题做出创造性回应中实现重大的理论突破。"研究司法学的根本指向在于揭示司法实践的规律，促进司法实践更加切实司法规律的内在要求，实现司法的价值目标，发挥司法在社会和国家治理中的应有作用和功能预设。

首先，进一步形成科学合理的内容体系。内容体系不同于学科体系。内容体系由范畴、论断和方法等构成该学科本身并作为学科群落、学科体系的基础与内涵。比如，在一般的司法学上，司法学的基本范畴及其结构依然是一个需要进一步深化认知的问题，甚至司法这一基础范畴本身。在内涵与特征上，基本上是对审判权的揭示，如被动性、中立性、终局性等。在外延和范围上，将警察权、检察权和司法权相并列，将司法权等同于审判权。笔者以为，在以下方面的深化和充实尤其必要和重要。在司法本体论上，就何为司法需要进行再辨析。不只是在外延上，司法与审判的关系。《中国司法学》就有这种明显的痕迹。在司法价值论上，诸种价值目标之间如何进行协调与选择？在司法主体与结构论上，司法职权主体之间的司法权力及其结构？司法的权力配置，外部和内部的、司法权力的演进与分化都需要在规律的意义上进行提炼。司法构造中的权利主体与职权主体之间的关系如何建构？针对司法保障资源的管理权与司法权之间的关系如何调适？在司法过程和程序论、司法技术与方法论、司法绩效与评价论、司法法治与生态论上都还有诸如制度环境和社会生态等方面看似外围，实际上内外交织的理论和制度问题不可回避。在司法发展论中，司法的改革战略与策略路径的适度区分与细化研究还需要以司法体制改革的方案为指向的更为精深的研究。

其次，在司法学的学理基础上，应当坚持司法的基本规律与特殊规律的有机统一，辩证的对待司法的一般和司法的特殊二者之间的关系。联合国大会 1985 年 11 月 28 日第 40/32 号决议及 1985 年 12 月 13 日第 40/146 号决议核可的基于联合国宪章和国际人权公约的司法独立与公正的构成要件，不应忽视，尽管不应照搬，但毕竟是对于普遍的司法实践规律的概括。

习近平在纽约联合国总部出席第七十届联合国大会一般性辩论并发表题为"携手构建合作共赢新伙伴　同心打造人类命运共同体"的重要讲话。他指出，和平、发展、公平、正义、民主、自由，是全人类的共同价值，也是联合国的崇高目标。作为共同的价值，必然寻求和确立其相应的治理制度和运行机制。法治，是核心价值观之一。在党的十七大报告中就业已指出："……进步的过程中探索形成的治理国家和社会的理想方式，是人类社会共同创造的文明成果。""法治是以和平理性的方式解决矛盾纠纷的最佳途径"。在我国，邓小平同志深刻指出：民主法治的传统少一些。因此更要汲取、借鉴和运用。

另一方面，在中国的社会主义制度体系中，司法制度在社会主义制度特别是政治法律制度体系中被赋予其功能定位和职能界定的。治理的不同国别特征、历史时代特征、思想文化特征的特殊性与一般性的关系，如何保证在司法上的国家任务与目标的落实？在整体基点上还是个体本位上？由此论证司法权是更加独立还是应当保持其依存性？如在审委会制度上，再比如在法官遴选、惩戒制度上。

最后，在司法学的研究指向上，应当把握研究对象的包容性和集中性，进一步凝炼和充实司法学的学理内容，尽快展开司法学分支学科的建设。崔教授突出的学术贡献至少有：第一，创建、发掘和规划了司法学的学科体系，提出了司法传统的现代性转换的学术议题；第二，论述了司法学原理的理论范畴、理论命题，夯实了作为体系的司法学的原理层面的坚实基础；第三，以司法学的原理贯通了司法理念、司法制度和司法实践的研究，将司法体制改革的理论研究置于一个学术的视阈、平台和检验之上，确立了司法学的解释能力和批判能力；第四，廓清了司法学的学科群落的内部构成与外部关系，明确了法学体系中的司法学的科学范围和合理定位。在此基础上，期待着学界群策群力，骐骥奔腾，共同壮大和发展司法学，使之得以充实繁荣和发展。

论司法学研究的对象、范畴和方法

葛天博*

就当代中国法学理论研究的学科视阈而言，司法学作为一门学科概念的正式提出始于 21 世纪初期。随着这一概念的被认可和接受，司法学的研究逐渐兴起。① "'司法学'是一门正在探索中的学科，其理论体系尚不成熟，但该学科的建立无疑具有重要的学术价值和现实意义，它不仅会进一步完善

---

* 葛天博，华东政法大学司法学研究院博士后，长江师范学院副教授。

① 陈光中：《一门正在探索中的学科》——《司法学原理》序，载《检察日报》2012 年 2 月 10 日第 6 版。通过在中国知网数据库中的检索框中输入"文献、篇名、司法学"作为检索要件，论及"司法学"的相关文章按照刊发时间排序，依次如下：马铁夫：《司法学若干问题研究》，湖南师范大学 2001 年硕士学位论文；葛天博：《司法学初论》，河北大学 2006 年硕士学位论文；谭世贵：《建构法治国家的司法学体系——中国司法制度研究的反思与展望》，载《司法》2008 年第 1 期，第 1—12 页；余寅同：《司法学学科构建的意义与价值——评崔永东教授新著〈司法学原理〉》，载《中国司法》2011 年第 1 期，第 12—23 页；陈光中：《一门正在探索中的学科》，载《检察日报》2012 年 2 月 10 日第 6 版；刘家楠、张文静：《法律监督立法与司法学研讨会综述》，载《中国司法》2012 年第 2 期，第 107—110 页；张文静、刘家楠：《司法学论坛暨首届司法管理学会议综述》，载《中国司法》2013 年第 2 期，第 83—86 页；李杰：《推进司法学与司法管理学研究——司法学论坛暨首届司法管理学研讨会会议综述》，载《中国法学教育研究》2013 年第 1 期，第 139—164、183 页；刘家楠：《为司法改革提供学术支撑》，载《检察日报》2014 年 12 月 23 日第 3 版；崔永东：《构建司法学学科深化司法》，载《中国社会科学报》2015 年 1 月 7 日第 A07 版；蒋惠岭：《司法学视角下的新行政诉讼法述评》，载《法律适用》2015 年第 2 期，第 61—65 页；赵京朝：《首届司法学论坛观点综述》，载《中国司法》2015 年第 3 期，第 84—85 页；专著方面有熊先觉：《司法学》，法律出版社 2008 年版；崔永东：《司法学原理》，人民出版社 2011 年版；葛天博：《司法基础理论范畴探析》，西南交通大学出版社 2012 年版；崔永东：《司法学论纲》，人民出版社 2014 年版。

法学的学科体系，也会对司法文明的进步起重要的作用。"① 司法学之所以应当成为值得关注和探索的学科，崔永东先生认为："在国家权力体系中，有立法权、司法权和行政权三大部分，研究立法权的学科称立法学，研究行政权的学科称行政学（或行政管理学），而唯独没有研究司法权的学科——司法学。这种现象亟待改变。"② 而"司法学在中国的兴起，反映了在社会主义法律体系形成后，人们关注的焦点已经从立法转向了司法。因为司法是使法律得以实施、法治得以实现的前提条件之一，优良司法的缺席必然使所谓的法治国家成为空中楼阁。"③ 显然，司法学成为受到法学界目光投注的研究对象，既是传统法学理论学科建设过程中的认知结晶，也是现代法治国家建设进程中的理论渴求所致。

作为一门被赋予充填法学理论体系研究担当的学科，"积极推进司法学的学科建设和理论研究，将为司法改革提供有力的学术支撑和方法优化，有助于推进法治国家、法治政府、法治社会的一体建设"。④ 不言而喻，司法学的研究在全面推进依法治国进程中的地位举足轻重。对于中国特色社会主义法治理论体系的构建和发展，司法学的理论研究和发展不仅为法学理论学科研究提供了充填作用，而且为指导当代司法体制机制改革输出司法的哲学解读，尤其是对西方传来的司法理论所起到的纯净化以及对中国数千年以来传统司法思维的现代化，司法学的理论研究和发展更是实现这一目标的利器。然而，司法学的研究不能仅停留在为什么研究司法学、研究司法学的价值判断和如何研究司法学的方法等诸如表象立意的层面之上。按照学科研究的一般进路，一门学科一旦进入学界的研究视野，学科价值判断完成之后的接续则是学科研究对象、范畴以及研究方法的提出与设计。司法学作为正在探索中的学科，与其他学科一样，在其进入学界研究视野的过程中必定围绕研究对象、范畴、方法等产生一定的分歧，甚至是截然相反的指向。所以，面对司法学这一不断被理论界和实务界用实际行动证明其拥有重大研究价值

---

① ［德］科殷：《法哲学》，林荣远译，华夏出版社 2002 年版，第 224 页。
② 崔永东：《司法学原理》，人民出版社 2011 年版，第 1 页。
③ 崔永东：《司法学论纲》，人民出版社 2014 年版，第 1 页。
④ 刘家琛：《为司法改革提供学术支撑》，载《检察日报》2014 年 12 月 23 日第 3 版。

的学科，① 探讨司法学研究的对象、范畴和方法倍显重要和紧迫。尽管早在
2008 年就有学者针对这一问题进行了比较系统的探索和研究，② 不过，直到
现在，关于司法学研究对象、范畴和方法的界定仍然存在着挑战性与争议性
并存的学理碰撞。

一、司法学研究对象的界定

对象是需要进一步完善的客观存在，作为主体借助逻辑审视的客体，
对象在承载主体主观力作用的同时，又向主体发出理性的信息，在与主体
不断沟通的过程中，促使主体对对象的认知不断深入。就思辨的层次来
讲，对象是哲学的对象。司法学相对于法哲学而言属于部门法哲学。③ 既
然如此，司法学研究的对象理应遵循哲学的对象认知逻辑。哲学"对于对
象总是先形成表象，后才形成概念"。④ 而"概念赋予经验以形式，并使明

---

① 2012 年 11 月 23 日，由中国政法大学司法理念与司法制度研究中心承办的"司法学论坛暨
　首届司法管理学研讨会"在北京远望楼宾馆隆重举行。2013 年 10 月 23 日，由中国政法大
　学司法理念与司法制度研究中心、山东省德州市中级人民法院合作建立的司法学重点研究
　基地在山东省德州市落成。成立于 2013 年 11 月的山东政法学院司法研究院，在 2014 年 4
　月 12 日至 13 日在山东省邹平县召开了《中国司法学》编修专题讨论会。会议聘任山东省
　高级人民法院原院长周玉华为政法研究院院长并牵头撰写我国第一部司法学专著《中国
　司法学》。该书将系统地就司法原则、体系、职能、运行、伦理等做出科学论述，对于指
　导司法实践和法学教育具有重要指导意义，计划于 2014 年年底完成初稿。2014 年 6 月，
　华东政法大学成立司法学研究院并赋予该院独立的人事、财政和管理权。同年 12 月，由
　华东政法大学司法学研究院主办的"首届司法学论坛暨'司法改革与司法管理'研讨会"
　在上海召开。
② 参见熊先觉：《司法学》，法律出版社 2008 年版。
③ 法理学与法哲学作为两个概念曾经引起法学界的争论，之所以引起分歧的原因在于解释的
　出发点不同，根本在于翻译的出处和理解上的不同。"法理学"一词源于日本学者的翻
　译，国内学者借助汉语意涵整合出"法理学"的概念，"法哲学"一词源于国内学者对西
　方概念的意译，处于哲学思辨的语境提炼出"法哲学"的概念。严格的概念分析主义助
　推了关于"法理学"与"法哲学"的经院哲学式的论争，尽管双方各自并无充分证明自
　己观点的信服性。抛开概念表面的文字形象，法理学与法哲学从其研究的内容来看并没有
　实质的差别和不可逾越的鸿沟。正是基于如此认知，法理学或法哲学作为哲学分支的提法
　可以被接受。如此一来，法理学或法哲学属于部门法理学或部门法哲学的上位，其下位表
　现为立法哲学、行政法哲学以及司法哲学。
④ ［德］黑格尔：《小逻辑》，贺麟译，商务印书馆 2003 年版，第 37 页。

确表达成为可能"。① 概念的存在是为了更好地表达经验，经验的历史性决定了概念的历史性，而概念又是研究的对象。显而易见，若是不能界定司法学研究的对象，也就无从研究司法这一具有共时性与历时性并存的理论体系的内核与外在。对于司法学研究对象的界定，实则是为界定司法学研究所涉及的概念提供了指南。然而，定位于学科研究的出发点，司法学研究的对象与随后提及的范畴、概念一样，具有认知的历史属性和经验的社会属性。

目前，接受司法学作为学科建设对象的学者们对于司法学学科体系建设的主张并无本质的分歧，主要的争点在于司法学这一学科体系的框架结构和内容组织。有学者认为，应从司法原理学、司法体制学、司法管理学、司法程序学、司法辅助制度学、民间司法学、比较司法学、国际司法学、司法文化学九个方面构建司法学学科体系。并提出在更广泛的意义上，司法学学科体系还包括司法社会学、司法经济学、司法技术学和司法制度学。② 上述观点对于后来有关学者定位司法学学科体系构建的思维进路起着路标的作用。有学者基于司法学原理的立场提出以司法史学、司法证据学、司法行政学、司法伦理学、司法行为学、司法社会学、司法改革学、比较司法学、西方司法理念和司法制度为内容结构的学科构建蓝图。③ 从中不难看出，国内关于司法学学科体系构建的主流观点基本上相同，只是在内容组织方面多少上存有差异。然而，通过学者对上述司法学学科体系内容的划界来看，司法学研究对象的界定存在值得商榷之处。2006 年，笔者在硕士论文《司法学初论》中提出：司法学是以一定范围或阶段的司法实践为对象，揭示基本规律以及特有机制，并因此对具体司法活动发挥指导作用的基础理论为对象的学科。④ 2008 年，谭世贵先生提出：通过对我国司法制度的研究进行反思与展望，以期获得更为理性、更具方向性和科学性的司法制度的研究基础，并以此建立起法治国家的司法学体系。虽然此处没有将司法学研究的对象界定为

---

① ［美］所罗门：《大问题：简明哲学导论》，张卜天译，广西师范大学出版社 2008 年版，第 15 页。
② 参见谭世贵：《建构法治国家的司法学体系——中国司法制度研究的反思与展望》，《司法》2008 年第 3 期。
③ 参见崔永东：《司法学原理》，人民出版社 2011 年版。
④ 葛天博：《司法学初论》，河北大学 2006 年硕士学位论文，第 1 页。

司法制度，但是，司法制度应当是司法学研究的基础性对象是毋庸置疑。同年出版的《司法学》专著中，著者熊先觉先生认为：司法学是指对司法现象与事实进行系统的组织研究所获致的原理、法则和方法等系统知识。①2011 年，崔永东教授在其专著《司法学原理》绪论中提出：司法学是法学中的一门新兴学科。它是研究司法理念、司法实践、司法制度、诉讼制度、司法体制和司法行政体制等的学问，研究人类社会生活中的"司法"现象。② 2014 年，崔教授在其第二部关于司法学的专著《司法学论纲》中提出：司法学既是一门探讨司法理念、司法制度、司法实践的学问，也是一门探索司法传统与司法现实之关系的学问，同时也是一门总结司法管理制度、探析司法运作程序、论证司法改革问题的学问。③ 上述五种定义是迄今为止在严格的"司法学"学科语境下针对司法学的研究对象所作的学科性界定，其中的分歧与合意不约而同地呈现在研究者的案牍之上。

透过专家学者对司法学研究对象的界定，不难看出，上述界定按照研究内容的层次可以分为两个上下结构的领域，一个领域属于哲学范畴，以司法现象和司法规律为研究对象，另一个领域属于具体科学范畴，以诸如司法理念、司法实践、司法制度等围绕司法要义的所及范围为研究内容。实际上，前者与后者就司法学研究对象的界定来说，或许前者是从法哲学的角度来为司法学的研究对象做出哲学思辨的界定，后者则是从研究司法学所涵盖的具体内容的角度来为司法学研究内容做出学科体系结构式的界定。不过，尽管两者之间似乎存在着司法学研究对象的界定在表述上的差异，然而，从法哲学的角度思考，二者之间的差异是显而易见的，究其原因极有可能是对司法学学科视阈下"司法"这一概念的哲学理解上存在着绝对的视界直径的长短。之所以会出现这种情形，原因在于学界认知和诠释"司法"的理论语境和逻辑起点不同。

第一，关于"司法"这一概念内涵的理解。何谓司法？百度百科解释为"司法（Justice），又称法的适用，通常是指国家司法机关及其司法人员

---

① 熊先觉：《司法学》，法律出版社 2008 年版，第 1 页。
② 崔永东：《司法学原理》，人民出版社 2011 年版，第 1 页。
③ 崔永东：《司法学论纲》，人民出版社 2014 年版，第 1 页。

依照法定职权和法定程序，具体运用法律处理案件的专门活动"，① 是"代表国家对危害统治秩序的行为进行追究，以强制力将国家意志付诸实施的活动"。② 也有学者认为"司法通常是指国家司法机关根据法定职权和法定程序，具体应用法律处理案件的专门活动"。③ 显然，无论是理论界还是实务界，对于"司法"的理解基本上限定在国家机关及其司法人员具体运用法律解决社会纠纷的活动之中。《刑法》第 94 条规定："本法所称司法工作人员，是指具有侦查、检察、审判、监管职责的工作人员"。此处的"司法"不仅包括检察机关、法院，还包括行使侦查权力的机关以及执行刑罚的监狱，包括各省市自治区及其以下的司法厅局机关。1997 年 10 月，党的十五大报告中指出"推进司法改革，从制度上保障司法机关依法独立公正地行使审判权和检察权"，官方表达更加突出了司法的国家意义。中国政法语境下不仅赋予司法绝对的国家底色，而且赋予司法特殊的政治黄袍，④ 以至于司法在很长时间内成为可以随意被权力拿来作为装扮的工具，并对接下来的法治建设产生了影响，即司法的绝对国家性。

然而，如果从社会纠纷解决的结果哲学主义出发，"司法"是指社会纠纷解决体制机制的总和。如此一来，这种定义似乎可能被部分学者认为是"司法"的扩大化解释。的确，凡是能够解决社会纠纷的活动都可以被归入到"司法"的空间。然而，此处的"司法"扩大化与包括行政执法在内的"司法"的扩大化又有着本质上的截然不同。前者的"司法"基于社会纠纷解决的结果主义立场，只要能够被社会成员用来解决社会纠纷的方式、方法和依据的总和都是司法所涵盖的元素。后者的"司法"基于国家主义立场，只有国家司法机关及其司法人员依据国家法律法规解决社会纠纷的活动才属

① http://baike.baidu.com，2015 年 5 月 4 日访问。
② 吴磊：《中国司法制度》，中国人民大学出版社 1988 年版，第 43 页。
③ 沈宗灵：《法学基础理论》，北京大学出版社 1988 年版，第 373 页。
④ 1931 年，红色根据地使用"司法机关"，由于当时的法制图景，其含义与国民政府法制体系中司法机关基本相同，并无实质性区分。随着 1957 年反右运动的开始，法律虚无主义导致司法的"妖魔化"，司法被等同于资产阶级的专利。随着政治生活中哲学理论的拨乱反正，接下来则是司法一词逐渐"去妖化"。1978 年 5 月 19 日，《人民日报》发表评论员文章《公安司法工作者的重要职责》，首次正面使用"司法"。透过"司法"概念运用的三个历史阶段，不难看出，"司法"始终是政治生活中的认知对象，而不是基于社会纠纷解决体制机制基础上的认知对象，这就无形中使得"司法"接近了异化的边缘。

于"司法"涵盖的范围。于是，以结果哲学主义审视司法的学者自然提出司法学的研究对象是司法现象及其规律，以国家权威主义审视司法的学者则提出司法学的研究对象应是司法理念、司法实践、司法制度等在内的子学科体系架构。

以子学科群作为整体性结构提出的学科体系框架是否就是司法学作为上一级学科的研究对象，无论是从学科纵向上的结构来看，还是从每一层级学科的直接客体来看，司法学的子学科体系的内容与司法学的研究对象之间还是有着本质上的种属关系。所以，司法学的研究对象与司法学子学科的研究对象之间不是线性的对应，而是有着各自不同的研究层次和视阈，并构成司法学研究对象与司法学子学科研究对象的包含关系。① 因此，界定司法学研究对象的研究既是一项不可忽视的课题，也是构建司法学学科的前提性研究。

第二，关于司法中"法"的外延的定位不同。中西方对于"法"的渊源有着不同的理解，国内学者对于"法"的渊源的理解亦是各执一词。由于对法的渊源存有不同的理解，必然导致对法的理解也存有内涵与外延乃至功能上的差异性理解和解释，从而使得司法因为法的多面相而获得多面相的理解与界定。从法的认知历史发展过程中可以看出，法被作为一种独立的人类认知对象，除却自然法赋予法的天性以外，无论是历史法学派、分析法学派、实证法学派还是社会法学派，基本上认同法是人类发现或者创造的产物。按照马克思主义的历史唯物观来说，法是社会发展到一定阶段的产物。在发现法的过程中，一种观点是立法者的理性，一种观点是司法者的理性。然而，无论是立法者还是司法者，法终归属于理性之物，并且是人类认知实

① 比如，谭世贵先生提出司法体制学是以司法体制为研究对象的学科，司法程序学是以司法程序为研究对象的一门学科，民间司法学是以仲裁制度和人民调解制度为主要研究对象的学科等对司法学子学科研究对象的界定。显然，子学科研究内容的界定意味着这些子学科则是司法学这一学科的研究对象。可是，司法程序同样在民间司法中存在。司法体制同样在民间司法中存在，与此同时，民间司法照样也能在国家司法中出现，比如法庭调解。同样的商榷也存在于崔永东教授的研究对象界定，司法行为不仅在国家司法中出现，亦在民间司法中出现。基于学科研究对象与子学科研究对象之间内在的呈递关系，子学科研究对象的界定可能不会影响子学科的理论研究与发展。但是，如果对于子学科的定位一定影响上位学科研究对象的界定，从而影响甚至可能使司法基础理论研究走偏。

践的理性之物。虽然马克思提出法的阶级意志论，但是，就实践理性而言，法的阶级意志论从根本上不排除也不否定法是理性的发现或者创造。不过，值得一提的是，目前关于法的定义、理解均是从法的本体出发，是静态的观变，而非动态的功能性的社会考察。

一般意义上来说，法是一种规则，其功能在于为社会纠纷解决提供参照文本。参照文本可以是成文的法律，也可以是不成文的传统，其存留的形式既可以是文本流传，也可以是口头相传。从其属性上来看，法可以是正式组织的规范，也可以是非正式组织的意志；可以是国家以社会全体成员的意志为基础的显性制度，也可以是民间与局部群体共识为通行惯例的隐形文化。然而，最终法能够为社会纠纷解决提供纠纷当事人以及围观者的共识。简而言之，无论是前国家社会还是国家出现以后的国家社会，法是人们解决彼此纠纷的文化积淀和认知传承。显然，司法中的法不仅仅只是国家法，还包括国家法以外能够被社会成员用来作为纠纷解决的"约定"。

第三，关于司法中"司"的理解与定位。对于"司法"这一概念的理解，由于译者在翻译过程中不可避免地受到自身对外国国语的理解限制与本国国语的理解扩大，特别是两国国语之间存在的发生学性质的寓意差异，必然导致译者无论如何努力都无法在本国国语中找到与外国国语中在意义上完全对等的概念。因此，建构中国司法学必须在中国语境下特别是政法语境下理解、认知、提炼、归纳司法规律，从而建立符合中国社会发展样态的司法学学科。既然选定中国语境下的"司法"作为研究司法学学科的逻辑起点，那么，通过语义学解释透视我国传统中"司"在民间生活、社会生活和国家生活中的存在，必然是把握、界定、深刻认知司法的前提性研究。

"司"作为一个单音节字，在中国语义发展的历史进程中主要表现为名词属性，常用作官名或者官方机构。[1] 除用作名词表示官职，"司"还作为动词，表达"职掌、主管、承担、观察"等意。[2] 对于"司"在中国国家

---

[1] 若有作奸犯科及为忠善者，宜付有司论其刑赏，以昭陛下平明之理（《出师表》），次有司为掌握刑法的官员。有御史偶阵戏乐，欲遵太祖法，予之杖。百司惴恐，多患苦之（《明史·海瑞传》）。此处的"百司"代表各种官府执行部门下独立的下属机构。

[2] 司，臣司事于外者（《说文》）。此处"司"为掌管之意。实为人朴素无闻，推听掌家樊得和孙升等为提援，众享其利，而实司其名（明朝，刘若愚《酌中志》），此处"司"为承担之意。为人下者，常司上之，随而行（《墨子·号令》），此处"司"为观察之意。

历史上的官职一说，学界并无争议，就"司"的掌管、主管的动词而言，也无争论。毕竟，对于"司法"的理解，无论是掌管官员履历的司法官还是代表国家适用法律的裁判官，其拥有一个共同的前提，即国家本位主义的存在。也正是由于国家主义既存的立场，才导致现代生活中出现用"司法"作为对"Justice"替代性理解与引介的概念克隆。然而，"司"所具有的"承担"一意值得司法的国家本位主义深思。如果把司法作为一种职能、权能或者功能，那么，都会自然而然引出国家正式管理机构作为主体的逻辑基础。然而，一旦把"司"的"承担"之意赋予司法职能、功能或者权能的执行主体身上，不难发现，中国传统社会生活中乡间里正、绅士、长老等社会人士是基层县衙管辖区域内社会纠纷处理的事务承担主体，而非职能的法定责任主体。可见，由于对"司"字的承担之意未作语义和历史的实证考察，加之法的国家主义立场，从而导致"司法"在国家职能意义上的经验性理解和界定，忽略了国家职能民间化、社会化分解、分类和分级的非官方执行。

司法学作为学科建设的对象，不是思想的汇集，而是理论体系的建构。所以，司法学理论应当是逻辑行动的结晶，而逻辑不能离开对象的确定。否则，逻辑由于失去实践客体的存在，从而失去逻辑展开的定位与指南。就此而言，司法学的研究对象至少包括三个层次：一是就司法的本体、认知、价值三个方面而形成的哲学理论指导体系；二是基于某一段时期社会纠纷解决经验的理论归纳和提炼，从而离析司法规律；三是具体司法过程中的技术、方法、技巧的运用和总结。

二、司法学研究范畴的认定

对象的研究不能离开概念，概念是思想与理论在本质上的差别。不仅如此，概念也是中西方哲学的根本性区别。谈及概念，不得不谈到概念的研究。如果没有概念的客体研究和体系建构，也就无从实施理论体系的建构。与其说理论是体系化思想的表述，毋宁说理论是概念的逻辑化编排和总成。然而，孤立的概念难以奏响理论体系的和声，特别是对于理论体系的研究，必然要首先在确定研究对象的基础之上框定研究范畴。只有确定了范畴，概念才能够找到自己的归属，从而为逻辑的运行路线划定现实的演绎范围，并藉此孕育体系性的理论。

什么是范畴？"范畴是对客观事物、现象的不同方面进行分析归类而得出的基本概念。"① 因此，范畴体现出对某类概念共性的概括性，是客观主体化的思维反映和归纳凝结。范畴源于人类的认知活动，其基础则是实践理性。同时，范畴作为理性思维的成果又成为我们进一步认识、分析周围客观世界、指导我们实践的视阈界定，并成为理论研究和进一步深入建立理论模型的必要前提。"范畴是内容更为抽象、概括性也更大的概念。"② 范畴的形成是人类认知主客观世界的实践总结，范畴的发展折射出人们对客观世界和主观本体日益深化的认识理性。任何一门科学成熟的标志，无论是自然科学还是人文科学，只要其能够成为体系化的存在，并试图作为对象向社会大众传播，总是表现为将已经取得的理性知识成果——概念、范畴、定律和原理系统化，构成一个科学的理论体系。这种理论体系不是零碎知识的汇集，也不是一些定律的简单拼凑，更不是许多科学事实的机械凑合，而是有着一定内部结构和相对完整的知识体系，或者说，是反映对象本质、对象发展规律的概念系统。概念系统内部的类化是范畴发生的过程，结果是人们通过范畴进一步研究概念，从而实现对于对象更加深刻的认知。

范畴不仅是人类在一定历史阶段理论思维发展水平的指示器，而且是各门科学发展成熟程度的阶段性标志。海德格尔则认为，"任何一门学科都依赖于范畴来划分和界定它的对象领域，都在工具上把范畴理解为操作假设。"③ 对于司法学这一学科来讲，建立完整的、科学的、系统的范畴及其范畴体系，是亟待解决的当务之急。如果没有司法学研究范畴的界定，将很难清晰厘清司法学的问题片区和问题指向。一旦失去问题指向，那么，司法学的理论研究必将回归至先前的问题认识，即超越诉讼法学之后又因为没有自己的研究指向和自留地而不得不下沉，与诉讼法学研究一起依赖同一研发

---

① 张文显：《法哲学范畴研究》，中国政法大学出版社2001年版，第117页。
② 张文显：《马克思主义法理学——理论、方法和前沿》，高等教育出版社2003年版，第285页。
③ ［德］海德格尔：《海德格尔选集》（下），孙周兴译，上海三联出版社1996年版，第124页。

平台发生的对象。其实，关于诉讼这一国家司法制度动态运用的一般学问应属于司法学研究的范畴。然而，如果司法学不能充分认知自己的体系结构，无论是司法学学科内部的纵向结构还是司法学在法哲学里所处的横向位置，都必然导致司法学学科体系的构建与其他法学一级学科，比如诉讼法学、理论法学，甚至与诸如法律逻辑学、法律社会学、立法学、法律心理学、法律史学、法律解释学等二级学科发展交叉，甚至与上述学科之下诸如司法制度学、司法社会学、司法管理学、司法行政学等向发生研究领域的重叠。一旦如此，司法学作为独立的开发对象难以拥有与立法学、行政法学并列站在法学理论下的学科地位，同时也就失去了以司法学作为学科对象进行体系构建的研究价值。

司法学研究范畴的确定如此重要，然而，对于司法学研究范畴的关注却鲜有提及，成果更是凤毛麟角。其中的原因是多方面的，但主要的原因有两个。其一是司法学作为学科构建的地位尚处于探索阶段，还未被法学界完全接受；其二是司法学研究的逻辑始端定位于国家司法，往往被研究者认同为诉讼法学研究的内容。比如，以"司法范畴"作为篇名的学术论文，中国知网期刊数据库中仅有 15 篇论文涉及，而真正论及或者与司法学研究范畴相关的文章屈指可数，不过 4 篇，① 并且论及司法范畴的论文是从实用主义的指导立场与实践理性的工具主义商谈"范畴"，而非以学科的视界和标尺研究与司法活动相关的"范畴"。在司法学已被法学界关注的时代，随着司法学学科构建的推进，界定司法学研究范畴的研究倍显必要和紧迫，研究范畴的体系化在一定程度上决定司法学学科体系构建完整的程度。离开研究范畴的界定，至少很难形成能够指导司法学学科建设的基础理论。

学科建设有其自身的独特性、体系性和组织性，学科建设不能简单地等同于"司法+"的概念制造或者任意组合。的确，司法学研究范畴的表述很难摆脱"司法+"的概念组合，然而，并非所有能够通过"司法+"形成的概念抽象都是司法学的研究范畴。习惯于"司法+"的概念往往不是范畴层

---

① 陈朝阳：《司法哲学基石范畴：司法能动性之法哲理追问》，载《西南政法大学学报》2006 年第 3 期；何家弘：《论司法证明的基本范畴》，载《北方法学》2007 年第 1 期；江必新、程琥：《司法程序的基本范畴研究》，载《法律适用》2012 年第 5 期；胡志斌：《司法问责基本范畴的理论界定》，载《盐城工学院学报》2014 年第 1 期。

次的概念，比如"检察官"和"法官"两个概念等可以作为司法主体这一范畴下的两个概念，"司法主体"才是范畴。范畴之间也有等级之分，比如可以把"司法主体"和"司法责任"作为两个范畴，但是不能把这两个范畴并列使用。原因在于"责任"作为一种主观功能是"主体"存在的价值判断，二者之间具有层次分明的组合关系。范畴之间彼此相互的关系构成范畴体系，司法学研究范畴只能属于司法学的研究内容，其他学科无法也难以针对司法学的研究范畴从事自己的理论研究，除非是边缘学科或者是交叉学科。显然，构建司法学研究范畴的界限非常清晰，其内部组织关系亦是同样明确。

司法学作为一门研究司法基础理论、司法规律以及围绕实现社会纠纷解决正义的学科理论，基于司法学的社会实践理性和参与司法活动的主体，就目前对于司法学这一学科层次的认识而言，司法学的研究范畴至少包括六个子系统：司法动议系统、司法过程系统、司法执行系统、司法评价系统、司法纠正系统、司法管理系统。司法动议系统涉及动议权的行使、司法动议的审查和司法动议的确认；司法过程系统涉及推动司法运行的权力、司法过程的控制、司法过程的判断；司法执行系统涉及司法文书的效力、执行过程的控制与执行正义的实现；司法评价系统涉及评价权力、评价标准、评价公信；司法纠正系统涉及监督权限、权利救济、侵权赔偿；司法管理系统涉及行政权与司法权的赋予、司法机关内部行政事务管理、国家权力对司法机关作为政府职能机构之一的管理。无论哪一个子系统，实现司法正义是所有子系统的根本目标。不论是形式正义还是实质正义，不能离开程序保障。程序是正义的灵魂，司法程序是所有六个子系统的核心。显而易见，虽然每个子系统都有着自己独立的研究范畴，但是，六个子系统又都有共同的研究范畴。每一个子系统都涉及权力主体、权力配置、权力运行、权力监督、权力管理、权能实现以及运行程序七个研究范畴。上述这些范畴至少组成司法学研究范畴的主要成员，并构成司法学研究范畴体系的基本框架。

司法学的研究范畴依据每个范畴在整个理论框架体系中的位置，可以分为内核范畴和外围范畴两个集合，其中内核范畴包括基石范畴、核心范畴、边缘范畴；外围范畴包括制度范畴、纠纷解决机制范畴和纠纷解决类型范畴。其中，制度范畴包括司法制度和诉讼制度两个具体对象；纠纷解决机制范畴包括诉讼解决机制和非诉讼解决机制两个具体对象；纠纷解决类型包括司法类型和诉讼类型等具体对象。上述范畴借助在司法过程中的彼此联系，共同组织架构了司法学研究领域的范畴体系。与此同时，上述范畴也是司法基础理论研究的主要内容和理论模型。司法基础理论的建构模型是以现行司法体制日益凸现的五对矛盾为根本考察对象，即官本位主义理念与现代司法理念相冲突、司法权配置与审判独立的要求相冲突、司法行政化与司法内在秉性相冲突、司法职业的专业化与司法评价的大众化相冲突、监督制度的制约与司法作为社会最后一道防线的保障需求相冲突的客观事实。上述范畴体系既涵盖以国家本位主义的规范型司法，也涵盖以纠纷解决为目的的契约型司法，既包括履行国家权力为法定义务的司法官，也包括承担司法权能为道义责任的调解人。司法学研究范畴的确定与完善还需要进一步的探索，仍需要研究者通过对司法实践的阶段性规律总结，以及带有鲜明地方性、历史性与群体性相统一的社会纠纷解决的亲历，从而建构完整的司法学理论研究视阈，实现司法学的学科建设，并为指导当下司法改革输出具有调适功能的基础理论提供源泉。

三、司法学研究方法的确定

任何一门学科的研究，都有其方法上的讲究。无论是自然科学，还是人文社会科学，在其被研究的过程中无一不涉及方法的选择和利用。尤其是人文社会学科，虽然研究方法多数来自自然科学研究过程中的灵感启示，然而，这并不妨碍人文社会科学研究进程中对于研究方法的科学性认知。实际上，世界上大多数学者在其研究过程中一直从事着研究方法的研究，在寻找研究方法的过程中发现了科学的真理。如果说每一个被研究对象都具有与其他被研究对象相比较而言属于自身的特质，那么，每一个被研究对象就意味着拥有与自身特质完全贴合的研究方法。在科学研究过程中，研究对象决定了研究方法的选择和确定，并由此决定了研究者对被研究对象的认知深度。研究方法作为研究者手中的工具，只有哪一种研究方法最能够帮助研究者更加深刻把握被研究对象的选择性结论而已，各种研究方法之间实在并无孰优孰劣的比较。每一个被研究对象的特质决定了在研究者手中的方法体系中只能有一个方法最适合被研究对象，其他的可以用来使用的方法不过是通过与对被研究对象相关联的对象的研究来佐证被研究对象结论的逻辑合理性。就整个研究的过程来看，用来佐证被研究对象的辅助对象的研究方法也有自己的唯一性和对应性。司法学作为学科建设的研究对象，同样与其他被研究对象一样，也需要寻求与司法学这一学科特质相适应的研究方法。

与其他法学二级学科相比，司法学有着显著的特性，因此，在其研究方法上应当有自己独特的选择，并为之进行必要而现实的探索。首先，司法学作为学科建设对象尚处于论证、探索阶段。诸多基本问题诸如哲学基础、理论模型、研究对象等还未能取得共识性认同，在一些问题上尽管没有直接的争议，但是，透过自 2001 年以来学界公开发表的研究成果来看，司法学学科构建的倡议者与此前有关司法领域问题的研究者之间在司法学作为学科构建的认识上并未取得一致性合力。司法学的研究成为学界闲暇之时的浏览对象，只有极少一部分学者和研究机构在坚挺这一学科的探索。由此一来，对于司法学作为学科构建的方法研究自然未能被提到日程上来实属情理之中。

其次，目前有关司法学问题的研究基本上沿袭诉讼法学的研究体系、研究路线，特别是以国家司法为研究的逻辑起点，不仅决定了现有的研究宽度只是司法学学科研究宽度中的一段，而且决定了司法学的研究方法未能摆脱诉讼法学研究图景的束缚，从而使得司法学的研究方法只能沿着诉讼法学研究方法的既定轨道前行。研究方法的套用决定了研究者在从事司法学学科研究的认知进程中必然发生不可避免的工具性不能。研究者采用某种研究方法的心中所指与研究方法本身的现实能指之间存在技术性偏差，这就导致在司法学理论研究的过程中由于研究方法的非对称性从而使得研究者无法甚至偏离研究对象的底部。司法学研究方法与司法学理论体系一样具有自己的体系性，方法体系取决于研究对象的体系，与此同时，方法体系对研究对象体系的构建又具有直接或者间接的反作用。尽管不得不接受同一种研究方法可以适用不同研究对象的经验，但是，来自微观世界元素的唯一性决定了具体问题需要具体的研究方法，具体的研究方法就是与研究对象最为匹配的唯一方法。就此而言，司法学研究方法至少包括三个子体系：一是确定和研究司法学研究对象的方法体系，二是界定和研究司法学研究范畴的方法体系，三是厘定和研究司法学具体问题的方法体系。如此方法体系互为借鉴，彼此支撑，方能共同筑起司法学学科理论研究体系与学科体系的大厦。

（一）确定和研究司法学研究对象的方法体系

司法学学科的研究对象应属于宏观层面哲学扫描的区域，诸如司法基础理论、司法基本规律和司法价值判断等均是哲学视界待议、发现与研究的客体。因此，司法学学科理论的研究应遵循哲学的研究规范。哲学研究往往是前期哲学思想研究成果中既成观点、立场和思想的运用，虽然某些观点、立场和思想不被当代研究者所全面接受，但是就研究对象来说，不同的观点、立场和思想成为研究者的方法指南并无争议。无论是一元论、二元论，还是唯物主义、唯心主义，抑或唯名论、唯实论都是指导当今研究者基于哲学层面进行研究的出发点。承认哲学思想的时代局限性并不否认哲学思想作为研究方法的时代共存性，所以，司法学学科研究对象的方法应当是哲学的研究方法，而哲学研究方法的灵魂是逻辑与事实的有机合成。

司法学理论研究的对象包括三个部分，即司法基础理论、司法基本规律以及司法价值，每一个部分在自成体系的同时，与其他部分构成更大的理论体系，并决定与之对应的研究方法。就司法基础理论来讲，基础理论包括原理、公理。原理和公理源自理性的思辨，思辨的工具是逻辑。与司法基础理论的研究不同，司法基本规律的认知基础是以已发生的司法事实为研究客体，借助主体的思维活动，通过类比的运用，实现司法基本规律的发现与概括。司法价值则涵盖了司法基础理论与司法基本规律的特性，既是逻辑推理的结晶，又是事实认知的发现。所以，司法学理论主要的研究方法应是逻辑方法、归纳方法。其他研究方法，诸如实证方法、田野方法、文献分析方法等，都是为了使逻辑方法、归纳方法更好地发挥作用的辅助方法，这些方法共同构成了研究司法学理论对象的方法体系。

随着计算机的高端运用，特别是云计算，为司法实践事实的统计分析提供了更加方便和快捷的数据库。在未来的研究中，可以通过建立关键词数据库，根据对比成像重合率的比例，总结提炼一段时期司法实践的规律，并在此基础之上通过人工的重读，从而建立更加系统完善的规律统计。也就是说，传统的逻辑推理在其方法上不妨借助现代技术，拓展逻辑推理的广度、深度以及速度，从而实现对事物规律更好的研究。

（二）界定和研究司法学研究范畴的方法体系

司法学研究范畴是衔接司法学研究对象与司法学学科理论体系中具体问题之间的联系纽带，范畴作为概念群的再抽象，既是司法学研究对象的具体化结晶，又是司法学学科理论体系中具体问题的抽象化提炼。一方面，司法学研究范畴体现出司法学研究对象在司法学学科理论体系中的模块结构，另一方面，对于司法学学科理论中具体问题的研究具有指导性功能和作用。司法学研究范畴所处的特殊层次与自身功能决定了其作为研究客体之时必须为之选择恰切的研究方法。司法学研究范畴体系中的每一个范畴都有自己的特性，由此决定了不同范畴应当采用不同的方法，这些方法共同构成了司法学研究范畴的方法体系。

比如，司法制度范畴既可以采用概念分析方法进行研究，也可以采用实证方法进行研究；司法权能范畴既可以采用逻辑方法进行研究，也可以采用访谈方法进行研究；司法过程范畴既可以采用观察方法进行研究，也可以采用人类学亲历的方法进行研究。司法学研究范畴的特质决定了研究方法的多样性和匹配性，涉及具体实践行动的范畴往往多采用实证、问卷调查、个别访谈、田野调查、亲历等研究方法，涉及抽象思维的研究范畴多采用逻辑推理方法、概念分析方法或者事实归纳方法等。除上述研究方法以外，诸如历史学科的研究方法、人类学科的研究方法以及社会学学科的研究方法都可以作为辅助的研究方法，从而使得司法学研究范畴的界定更加精准，认知深度更加符合司法学这一学科发展的形态。范畴发现和范畴研究的方法尽管同属于研究方法，然而，作为客体发现的方法与作为研究的方法之间有着本质的区别。比如，通过个人访谈可以发现审判权与审判管理权之间存在着严重的"被动性"关系，但是，研究者继续采用个人访谈的方法作为深入研究"两权关系"的方法，显然不合乎被研究主题内在特质的要求。

范畴的研究远比对象的研究更加具有抽象性、概括性，所以，范畴始于概念的搜集和归类。然而，通过概念提炼的范畴又高于概念。于是，范畴的研究过程是归纳与演绎的往返重叠，而其方法则表现为归纳法与演绎法的交叉运用。相比研究对象而言，范畴的研究更加注重既存研究成果的采用，其研究方法的选择更加多元。

（三）厘定和研究司法学具体问题的方法及其体系

司法学学科研究的具体问题的厘定不能仅限于诉讼空间的梳理，而是要扩大到整个社会纠纷解决机制运行空间的梳篦。司法作为社会纠纷解决机制中的主要形式，在其肯定正式组织立场首先应当得到国家和社会维护的前提下，并不否认非正式组织甚至个人参与到社会纠纷解决机制中来的现实存在。前文也已就司法学研究的对象范围作了简单的阐述，其目的在于归正司法学作为学科研究对象时"司法"这一社会行动的能指与所指。显然，在此语境下，司法学学科研究的具体问题已不再是国家正式司法所关注的规范型问题，而是包括所有围绕社会纠纷解决过程中发生的一切正义追问。

司法学学科研究视野的宽度决定了司法学具体问题的复杂与多样，因此，基于司法事实发现的具体问题首先应当得到初步的分类，界定其归属，而后根据其性质作出研究方法的选择。比如，纠纷解决正义是一个价值判断问题，纠纷解决过程既是一个价值判断，又是一个事实判断，纠纷解决主体则是一个事实存在。类似上述问题都是纠纷解决过程中存在的客观事实，每一种事实都有自己的特质，所以也就决定了这些具体问题都有着与自己特质达到最佳匹配的研究方法。"人类的天性不是将疑问坚持到底，而是尽快地解决疑问。"① 遗憾的是，人们错误地认为给出解决疑问的方法就是解决了疑问。由此一来，人们只解决了疑问何处去的实用主义的回答，却未能给出疑问何处来的历史主义和价值判断的回答。真正的答案在于当人们坚持打破砂锅问到底追究疑问，直到无问可追之时，疑问就得到了彻底地解决。回归疑问的本质才是真正的解决了疑问，所以，司法学学科具体问题的研究首先要寻找问题的归属，即被研究存在属于研究对象还是研究范畴，是属于价值判断还是事实判断抑或二者共融。只有确定了问题的属性和层次，才能为其量身选用最为恰当的研究方法。

长期以来，对于上述问题的研究基本上是以文献分析为主要方法，间杂少许的社会实证研究。之所以未能走出从借鉴西方理论到翻新传来理论的窠臼，原因在于研究起点被定势为国家活动的实践客体，忽视甚至是忘却社会

---

① ［美］约翰·杜威：《约翰全集》（中期著作第一卷），刘时工、白玉国译，华东师范大学出版社 2001 年版，第 107 页。

纠纷的社会性、民间性与国家性的有机团结。也正是由于理论输入与理论输出的同轴性，导致对于司法学学科理论研究方法的未加思索和惯常沿用。而研究方法的不被严肃对待，又导致研究者对被研究对象的认知在深度和广度上面不能达到与研究者本人所拥有的研究条件对等的比例。

结　论

司法学作为学科建设对象仍处于学界思考和探索阶段，正走在达成共识的路上。提出司法学学科建设体系的构想有其理论基础和客观需要，司法学学科建设不仅仅只是补全、完善法学理论下的学科体系结构，而且还是建构中国社会纠纷解决体制机制的理论前沿集成。其重大意义在于中国社会纠纷解决体制机制的建构与运行有了自己的本土理论支持，若没有理论研究和理论体系建构，学科建构只能是无源之水。而要进行理论体系建构，必须确定该理论的研究对象和范畴及其研究方法。在司法学学科理论研究与体系构建的脚步缓慢步入法学界谈及的主题范围之时，回归并弄清司法学理论研究对象、范畴和方法的研究至关重要，事关司法学学科建设的可行与可用。

司法学学科体系框架内子学科的
命题确定及相互关系

葛天博[*]

2015 年 9 月 7 日，《人民日报》刊发了华东政法大学司法学研究院崔永东教授题为《司法学研究大有作为》的署名文章。在当代中国特殊的政法语境背景下，一门法学二级学科理论研究的重要性和必要性得到《人民日报》的认可和定位尚属首次。就当代中国法学理论研究的学科视阈而言，司法学作为一门学科概念的正式提出始于 21 世纪初期。《人民日报》的定论无疑进一步推动与强化了司法学研究的兴起。"'司法学'是一门正在探索中的学科，其理论体系尚不成熟，但该学科的建立无疑具有重要的学术价值和现实意义，它不仅会进一步完善法学的学科体系，也会对司法文明的进步起重要的作用。"[①] "司法学在中国的兴起，反映了在社会主义法律体系形成后，人们关注的焦点已经从立法转向了司法。因为司法是使法律得以实施、法治得以实现的前提条件之一，优良司法的缺席必然使所谓的法治国家成为空中楼阁。"[②] 显然，司法学成为受到法学界目光关注的研究对象，既是传统法学理论学科建设过程中认知的共识结晶，也是现代法治国家建设进程中理论研究的发展所致。"积极推进司法学的学科建设和理论研究，将为司法改革提供有力的学术支撑和方法优化，有助于推进法治国家、法治政府、法治社会的一体建设"。[③] 按照学科体系建设的一般进路，一门理论体

---

[*]　葛天博，华东政法大学司法学研究院博士后，长江师范学院副教授。

[①]　陈光中：《一门正在探索中的学科——〈司法学原理〉》序，《检察日报》2012 年 2 月 10 日第 6 版。

[②]　崔永东：《司法学论纲》，人民出版社 2014 年版。

[③]　刘家楠：《为司法改革提供学术支撑》，《检察日报》2014 年 12 月 23 日第 3 版。

系一旦进入学界视阈并被确定为学科研究的对象，那么，学科基本理论的研究与学科体系的构建必然成为该门学科发展的关键基础。面对司法学这一不断被法学理论界和司法实务界用实际行动的一致倾向性促使其不断呈现重大现实意义和深远历史意义的学科研究对象，[①] 探讨司法学学科基本理论和学科体系构建倍显突出和紧迫。特别是司法学学科体系的构建，尽管早在2008年，有学者针对这一问题提出比较系统的探索和研究。[②] 不过，直到现如今，由于司法学的新生性，导致司法学学科体系内部各子学科研究边界的框定及其相互之间依存关系的辨析成为一座挑战性与争议性并存的富矿，亟待理论界和实务界的开掘。

一、司法学学科体系中各子学科研究命题的框定

学科是一个难以获得统一公认定义的概念，不同的学科世界观必然导致观察、分析和探究学科的角度不同，同时导致学科定义的标准不同。总体上讲，学科是基于对某一同类问题进行专门性研究的基础之上所形成的系统化知识体系，并在哲学高度的指导下形成一个确切性的命题，也就是学科的称谓。司法学作为学科建设对象，其学科体系中子学科研究命题的确定不能跃出司法学这一学科命题的研究边界。因此，有必要针对司法学的学科定义做出简单的梳理，从而事先为确定子学科的研究命题划出符合命题内涵的边线。

---

① 2012年11月23日，由中国政法大学司法理念与司法制度研究中心承办的"司法学论坛暨首届司法管理学研讨会"在北京远望楼宾馆隆重举行。2013年10月23日，由中国政法大学司法理念与司法制度研究中心、山东省德州市中级人民法院合作建立的司法学重点研究基地在山东省德州市举行。成立于2013年11月的山东政法学院司法研究院，在2014年4月12日至13日在山东省邹平县召开了《中国司法学》编修专题讨论会。会议聘任山东省高级人民法院原院长周玉华为政法研究院院长并牵头撰写我国第一部司法学专著《中国司法学》。该书将系统地就司法原则、体系、职能、运行、伦理等做出科学论述，对于指导司法实践和法学教育具有重要指导意义，计划于2014年年底完成初稿。2014年6月，华东政法大学成立司法学研究院并赋予该院独立的人事、财政和管理权。同年12月，由华东政法大学司法学研究院主办的"首届司法学论坛暨'司法改革与司法管理'研讨会"在上海召开。

② 参见熊先觉：《司法学》，法律出版社2008年版。

就国内现有可以看到的资料显示，司法学作为概念最早用于国外关于刑事司法学研究领域成果的译介，而非始于学科研究视阈的规定。"刑事司法学可定义为，为了根据刑法规定进行行为处理而定出的制度，是把重点集中在诸如警察、刑事审判、矫正等的职能和作用上的一个研究领域。"① 尽管刑事司法学未从学科视角给出司法学学科性质的定义，但是可以从刑事司法学的定义所确定的研究内容得到借鉴，反推司法学的研究内容与边界。司法学是为了实现法律功能而进行的一系列的司法实现。2001 年，马铁夫在其硕士论文《司法学若干问题研究》中提出，司法学是现代法学体系中一门新兴而重要的分支学科，是以司法现象、司法规律以及其他相关事物为研究对象的一门法学学科。② 2006 年，笔者在硕士论文《司法学初论》中提出，司法学是以一定范围或阶段的司法实践为对象，揭示基本规律以及特有机制，并因此对具体司法活动发挥指导作用的学科。③ 2008 年，谭世贵先生指出："司法学或司法制度学作为一门学科尚未受到学界应有的重视，这是首当其冲的一个问题。与发展相对成熟的刑法学、民法学、诉讼法学等学科相比，司法学或司法制度学甚至还未建立起来。"④ 结合该篇文章的整体内容，可以做出这样的判断，司法学是以研究司法制度为主旨的一门学科。同年出版的《司法学》专著中，著者熊先觉先生认为：司法学是指对司法现象与事实进行系统的组织的研究所获致的原理、法则和方法等系统知识。⑤ 2011年，崔永东先生在其《司法学原理》一书中认为：司法学研究人类社会生活中的"司法"现象，是法学中的一门新兴学科。它是研究司法理念、司法实践、司法制度、诉讼制度、司法体制和司法行政体制等的学问。⑥ 随后崔永东先生在其 2014 年出版的新著《司法学论纲》中基于《司法学原理》一书中司法学学科概念的基础之上拓展了概念内涵：司法学既是一门探讨司

---

① ［日］藤本哲也：《美国刑事司法学与犯罪学研究现状》，高作宾译，《国外社会科学》1985 年第 7 期，第 52—57 页。
② 马铁夫：《司法学若干问题研究》，湖南师范大学 2001 年硕士学位论文。
③ 葛天博：《司法学初论》，河北大学 2006 年硕士学位论文。
④ 谭世贵：《建构法治国家的司法学体系——中国司法制度研究的反思与展望》，《司法》2008 年第 3 期，第 1—12 页。
⑤ 熊先觉：《司法学》，法律出版社 2008 年版。
⑥ 崔永东：《司法学原理》，人民出版社 2011 年版。

法理念、司法制度、司法实践的学问，也是一门探索司法传统与司法现实之关系的学问，同时也是一门总结司法管理规律、研析司法运作程序、论证司法改革问题的学问。① 至此，关于司法学学科的命题定义基本上尘埃落定。沿着司法学学科定义的时间纵轴，不难看出，对于司法学学科的认知路线呈现两个思路，一个思路是两篇硕士论文中以司法规律、司法现象和司法体制机制为研究对象的界定，一个思路是谭世贵先生以司法制度为研究对象的界定。这两个思路在崔永东先生的两本专著，尤其是第二本专著中得到了综合概括与拓展。应当说，崔永东先生在其《司法学论纲》中关于司法学学科研究内涵的定义十分准确而又全面地理清了这一学科的研究边界，为司法学子学科研究范畴的界定和命题的称谓指明了方向与地标。

司法学子学科研究命题的框定必须沿着司法学学科研究命题的确定内涵而形成系统的格局，因此，司法学各子学科应当围绕司法哲学、司法规律、司法理念、司法规则、司法制度、司法管理、司法文化、司法与社会的互动、司法方法、司法过程、司法程序、司法判决以及围绕司法而发生的历史性研究，诸如司法制度史、司法思想史。从学科建设的角度来说，对比各国司法理论研究也应成为司法学各子学科的研究内容。实际上，司法学学科研究命题内涵的厘定也就是各子学科研究命题的划定。不仅如此，而且为司法学学科体系中各子学科研究边界的划线打下了界桩。

二、司法学学科体系中各子学科研究边界的厘定

学科体系下各子学科的研究无论是从命题上还是从内容上均要服从司法学学科的内在规定性，司法学学科体系中各子学科的研究边界受制于研究命题与对象的指向，各个子学科彼此之间应当存有严格的界限。这种界限在保证每个子学科研究命题专一的同时，确保子学科群的完整性，从而支持司法学学科命题的体系性。

关于司法学子学科的设置，学者之间也有不同的学术见解。目前，学界内接受司法学作为学科建设对象的学者们对于司法学学科体系建设的主张并

---

① 崔永东：《司法学论纲》，人民出版社 2014 年版。

无本质的分歧，主要的争点在于司法学这一学科体系的框架结构和内容组织。如有学者认为，应从司法原理学、司法体制学、司法管理学、司法程序学、司法辅助制度学、民间司法学、比较司法学、国际司法学、司法文化学九个方面构建司法学学科体系，并提出在更广泛的意义上，司法学学科体系还包括司法社会学、司法经济学、司法技术学和司法制度学。① 上述观点对于之后其他学者定位司法学学科体系构建的思维进路起着路标的作用。有学者基于司法学原理的立场提出以司法史学、司法证据学、司法行政学、司法伦理学、司法行为学、司法社会学、司法改革学、比较司法学、西方司法理念和司法制度为内容结构的学科体系。② 透过学者们对于司法学学科体系建构格局的表述不难看出，国内现有关于司法学学科体系子学科定位的主流观点基本上相同，只是在内容组织和名称表述方面略有差别。值得一提的是，崔永东先生从司法学学科的交叉性和独立性给出了学科体系中各子学科孵化的路径。司法学借用其他学科的视角和方法来研究司法问题，可以派生出司法哲学、司法文化学、司法伦理学、司法社会学、司法行政学、司法管理学、司法心理学等子学科，而司法学的独立品格则直接生成了司法体制学、司法理念学、司法制度学、司法监督学、司法方法学、司法行为学、司法传统学、民间司法学、国际司法学等子学科。③ 从前述中不难看出，学者们建构司法学学科体系的理论依据是广义上理解的"司法"，④ 并由此在中国政法语境下形成了公、检、法、司四部门职能全被纳入司法学研究对象的存在主义学科观念。

尽管"司法学的研究范围既有国家司法，也有民间司法；既有国家司法层面的诉讼程序，也有民间司法层面的多元纠纷解决机制；既有法院审判，也有民间调解；既有司法现实，也有司法传统；既有司法理念，也有司

---

① 参见谭世贵：《建构法治国家的司法学体系——中国司法制度研究的反思与展望》，载《司法》2008 年第 3 期。

② 参见崔永东：《司法学原理》，人民出版社 2011 年版。

③ 参见崔永东：《司法学研究大有作为》，《人民日报》2015 年 9 月 7 日。

④ 广义的司法是指国家一切行使司法权职能机关解决社会纠纷活动的总称；狭义的司法是指以人民法院为司法主体的解决司法诉讼的活动的总称。那么，司法学究竟研究广义的司法还是研究狭义的司法不仅决定了司法学的研究范畴和边界，而且决定了司法学学科体系中各子学科的设置，并影响到司法学学科体系的建构。

法实践；既有司法制度，也有司法制度背后的思想基础；等等"，① 但是，在子学科体系建构时应当以促进法院为审判主体的司法价值实现为己任。于是，其他一些针对如何实现司法价值的辅助性研究能否被独立设置成为司法学学科体系下的子学科便值得商榷。

在整个司法学学科研究中，如何实现司法权的正当、正义的运行是核心内容，依据学科体系建构的一般原则，只有直接参与、影响司法权运行的专题性研究而形成的知识体系才能够成为子学科。按照这个逻辑思路，司法学学科体系中子学科的设置应当考虑该子学科与司法权运行的关系距离和影响力度。由此一来，司法哲学作为基本理论的专题研究应当成为一门子学科，司法程序、司法方法、司法技术、司法证据、司法行为、司法管理、司法制度等专题性研究可以被设置为子学科，而对于研究司法与社会互动关系的司法社会学、司法主体与公众主体之间伦理关系的司法伦理学，世界各国司法制度的比较研究等是否作为司法学学科体系的子学科，或者被置于学科体系中的何种地位，不能不被视为在建构学科体系进程中必须引起重视的思考对象。于是，司法学学科体系中各子学科之间结构关系的离析当然成为学科体系建构的另一个有待深入思考的问题。

三、司法学学科体系中各子学科之间的结构关系

"司法学既是一门探讨司法理念、司法制度和司法实践的学问，也是一门探索司法传统及其现代转化的学问，同时它还总结司法管理规律、探索司法运作程序、论证司法改革。它不仅研究司法权的行使，还研究辅助司法权行使的体制、机制及方式等问题。"② 显然，司法学学科体系中各子学科之间的结构关系表现出一定的组织层次、半径距离与依附程度。无论依据何种标准划分，每类子学科内部之间应是平等、互补和界限分明的合作关系，当然也存有局部的交叉关系。

按照组织层次来划分，亦即三维空间关系的审视，司法学学科体系中可

---

① 崔永东：《司法学研究大有作为》，《人民日报》2015 年 9 月 7 日。
② 崔永东：《司法学研究大有作为》，《人民日报》2015 年 9 月 7 日。

以分为基础子学科、核心子学科、外围子学科、辅助子学科与边缘子学科。比如，司法哲学为基础子学科；司法权学、司法程序学、司法管理学、司法方法学、司法制度学属于核心子学科；司法统计学、司法心理学、司法行为学、司法社会学属于外围子学科；司法传统学、司法文化学属于辅助子学科；比较司法学、司法语言学等属于边缘子学科。基于上述组织层次划分学科体系内子学科结构的目的在于为司法学学科建构对象的轻重缓急和问题研究秩序的主辅逻辑提供了规范性指南，有利于整合已有的研究资源，最大限度降低学科体系建设中的非研究性成本，从而提高研究性建设的边际成效。

　　按照与核心研究内容的半径距离划分，司法哲学的研究属于整个司法学学科体系中研究视阈的核心。由内及外，第一层次的子学科包括司法管理学、司法程序学、司法社会学；第二层次包括司法统计学、司法行政学、司法组织学、司法制度学等；第三层次包括司法传统学、司法行为学、司法伦理学、司法史学；第四层次包括司法制度史、司法思想史、司法文化学、司法语言学、司法心理学等。另外还有一门独立的但在司法学研究中不可忽视的子学科，即比较司法学。在比较司法学这门子学科中，既可以按照地域划分为西方比较司法学、东方比较司法学，也可以按照法系划分为普通法比较司法学、大陆法比较司法学，还可以从西方司法思想史、西方司法制度史两个方面从事比较性研究。根据子学科与核心研究内容的半径距离建构子学科体系，便于分层次组织学科研究队伍，分类别归纳现有的研究成果，搭建学科层次的同时减少非方向性努力导致的偏差性功效。

　　各子学科之间虽然呈现统一下各自为政的格局，但是，每个子学科并非绝对孤立的自由体，而是彼此相互之间有着不同程度的依附性，并决定了子学科之间的线性脉络关系。按照子学科彼此之间的依附程度划分，司法哲学可以分为司法规律学、司法基本理论、司法权学；司法管理学的理论渊源是管理学、经济学、心理学。因此，其可以分为司法心理学、司法行为学、司法统计学、司法经济学、司法制度学。司法传统学可以分为司法文化学、司法史学。其中，司法文化学又可以分为司法语言学、司法文书学；司法史学可以分为司法制度史、司法思想史。当然，也可以把司法制度史纳入司法制度学之中。司法程序学则可以分为司法方法学、司法证据学、司法逻辑学等。另外，司法社会学、司法比较学以及司法改革学都可以细分子学科。做出如此细密的子学科体系结构梳理，一方面，有利于理清理论研究进程中经典与流派之间的关系；另一方面，有利于建构学术归属主张的自觉性。同时，对于司法学基本理论的研究提供明确的指向，从而可以先行展开司法学基本理论的研究，为后续学科体系的建构和完善奠定坚实的理论基石。

"构建司法学学科的理论意义在于，为司法学的学术发展贡献智慧，其实践意义在于有助于法治国家、法治政府、法治社会一体建设。"① 司法学学科体系框架内子学科的命题确定及相互关系是实现理论意义和实践意义的前提性和基础性相统一的研究，相对于其他法学二级学科体系而言，司法学学科建设是沿袭以往从框架设计到填充框架的学术风格，还是采取从整合学科现有建设成效到规范学科未来发展完善的学术气魄，需要多方面的思考和多层次的努力。

结　语

司法学学科体系的建构不能离开司法哲学的深入研究，作为哲学部门的分支，从法哲学的纯粹思辨到司法哲学的纯粹思辨和现实实践的统一，预示着司法学学科体系的建构必须要以司法基本理论研究作为其发展和完备的基础。在现有的研究成果中，虽然诸如研究成果与司法学学科体系的内涵有着非同一般的同质性。但是，由于研究者选择了诉讼法学的理念和立场，致使相关司法学的已有成果自觉或不自觉地陷入到"审判空间"，忽略了司法的社会属性，特别是司法内在的公共规定性。不仅如此，就司法运行自身而言，离开立法权、行政权的存在，司法权如同失去了两轮的车子。在理论界接受司法学这一学科体系，司法实务界认可司法学这一理论体系，又适逢司法改革向纵深挺进的时代，突破诉讼法学的思维习惯，建立司法学的思维路径，显然是建构司法学学科体系不二的选择。

---

① 崔永东：《司法学研究大有作为》，《人民日报》2015 年 9 月 7 日。

司法学：从形式到实质

——评《司法学论纲》

刘家楠*

　　《司法学论纲》一书是崔永东教授继 2011 年出版《司法学原理》之后围绕司法学自身定位、司法学学科体系构建进一步深度探索后的研究成果。在该书后记中，作者称本书"系《司法学原理》的姊妹篇"。① 实际上从司法学项下子学科构建的角度言之，"论纲"一书确属于"原理"一书的姊妹篇，但由司法学自身的内涵和整体学科体系构建的角度言之，"论纲"无疑充实和丰富了前著。居于司法学学科的核心地位，对学科整体发展具有宏观指导意义的"司法哲学"在"论纲"中得以集中阐释，作者认为："近些年来，部门法哲学勃然而兴，有'刑法哲学''民法哲学''诉讼法哲学''知识产权法哲学'等等，难以尽数，唯独尚无'司法哲学'，不能不说是一大缺憾。"② 随后作者鲜明地指出："司法哲学是从哲学的高度对司法制度和司法实践等司法现象进行的宏观考察与理论升华"，③ 并从作为司法哲学基础的司法人性论、作为司法哲学核心的司法价值论、作为司法哲学方法的司法平衡论和司法能动论以及作为司法哲学目标的司法秩序论和司法权威论六个方面对司法哲学展开论证。杜宴林教授认为："部门法哲学就是以法哲学的方式去反映、讨论部门法的原理和部门法的基本问题。部门法哲学的基本使命就是立足部门法学并超越部门法学，在法哲学层次上对各部门法的生成、发展及变迁规律，对各部门法的本质，部门法的理论与实践的互动加以

---

　*　刘家楠，法学博士，济南大学政法学院讲师，华东政法大学司法学研究院兼职副研究员。

①　崔永东：《司法学论纲》，人民出版社 2014 年版，后记。

②　崔永东：《司法学论纲》，人民出版社 2014 年版，第 21 页。

③　崔永东：《司法学论纲》，人民出版社 2014 年版，第 22 页。

追问、反思进而重构形成新的法哲学理论体系。"① 由是观之，崔永东教授于司法学这一新兴学科场域下对司法哲学研究着力尤甚，一方面说明其司法学研究"预流"于学界，另一方面可见其对司法学的实践指向，司法哲学研究的实践哲学的理念指向把握精当，意欲形成实践性上的司法学与司法哲学的良性互动，以司法哲学为基石，进一步充实司法学的理论体系。

一

《司法学原理》一书出版前，学界专以"司法学"为研究对象的著述仅有熊先觉先生的《司法学》，其他研究著述多将重点置于司法权研究、司法制度研究、西方司法制度及中西司法制度比较、司法理念的探讨及司法改革等方面。② 司法学并未获得独立的学科属性，制度成为研究的主要面向。有研究者认为对司法的有限关注及司法学学科的缺失有着两方面的原因。一方面，传统中国的主流知识体系阻碍了相关理论的生成与发展，司法职能与行政事务并列，司法活动从属于行政管理，此种根深蒂固的思维在当下仍可概见。另一方面，当下法学学科的划分及其研究模式将司法研究分散于其他部门法学之中，遵循此种既定的模式，对整体的"司法活动"的关注便被弱化了。③ 被学科壁垒捆缚的司法研究自然失去了本应具有的视阈和思考空间，对于法学研究的整体而言，司法学的缺位意味着新视角和新方法的缺位，可谓憾事。

早在《司法学原理》一书中崔永东教授就呼吁建立司法学这一新兴学科，以进一步完善法学学科体系，促进司法文明进步。不过该书对司法学旨趣的探讨虽轮廓初具，却尚不够充分。而在后出版的《司法学论纲》中，作者明确定义了司法学的概念，"司法学既是一门探讨司法理念、司法制

---

① 杜宴林、苗炎：《驯化法律：部门法哲学的基本使命》，载《法学评论》2011年第6期，第64页。

② 如熊先觉：《司法学》，法律出版社2008年版。由于涉及著述较多，此处不一一开列，具体可参见范愉、黄娟、彭小龙编著：《司法制度概论》（第二版），中国人民大学出版社2013年版，第322—325页。

③ 参见余寅同：《丘浚司法思想研究》，中国政法大学2013年博士学位论文，第7—8页。

度、司法实践的学问，也是一门探索司法传统与司法现实关系的学问，同时也是一门总结司法规律、研析司法运作程序、论证司法改革问题的学问，它不仅研究司法权的行使问题，还研究辅助司法权行使的体制、机制问题。"① 可以说，这个概念突破了以司法制度为研究对象，以"法院""审判"和"法定标准"等为主词的传统司法研究的藩篱，以司法现象、司法法规与司法实践作为司法学项下的研究客体，也就是说，司法学关注的焦点是有关"司法"的诸多层面的总体的有机组合，而不单于制度描摹与理念探讨，也是司法从单一的个体研究模式转变为司法学这一主体的、自足的、动态的研究体系的过程。同时，作者在"论纲"中并未完全遵从西方语境下司法既是代表国家权力的法院审判或国内通常意义上理解的狭义的司法概念，而是强调以"宏观和开放的视野，即超越国家意志、国家权力之外，具备一种社会视野，体味司法或司法权的社会属性。"② 可见，在对"司法"的认知上，作者遵循的是富有张力的广义理解下的"司法"，此种认知最终便经由传导在司法学的"视界"上得以体现。

如果仅以自身研究和打破学科壁垒为指向，司法学学科的建立显然不足以确证自身的价值。司法学学科的构建不应止步于打破壁垒，提供一种全新的整合式的法律研究上的思维模式和研究方法，而是应以学科之建构，学说之推陈出新为自体发展提供有力支撑，同时，通过对司法学及其子学科的研究为司法改革与司法文明的建设提供理论支撑。"司法是使法治从'应然'到'实然'的必由之路，只有深化司法改革，才能使国家的法律得以实施，才能保障各种利益冲突协调平衡，才能实现公平正义，才能树立法律权威，才能推进国家治理体系和治理能力的现代化。"③ 关切司法改革是司法学研究的题中应有之意，司法学学科的构建并非意欲形塑闭门"书斋式"的学问，司法的实践性必然要求司法学能够卓有成效地把握理论与现实的结合点，其"过人之处"也恰恰在于整合分散的司法研究，形成体系明晰、逻辑自洽的司法学学科，扩大研究视阈，最终在法治建设中展现出学科自身的意义。

---

① 崔永东：《司法学论纲》，人民出版社 2014 年版，第 1 页。
② 崔永东：《司法学论纲》，人民出版社 2014 年版，第 3 页。
③ 崔永东：《司法学论纲》，人民出版社 2014 年版，第 10 页。

二

一门学科的形成，仅有作为基础的概念支撑是不足的，很容易倒向自说自话的想象性存在，成熟的学科在发展之初就应当明确其与既有学科之间的关系，明晰自身研究的对象及其结构。学科的发展是历时性的，是随着社会整体及研究者的认知不断更生逐渐发展并呈现出来的，如果不能很好地把握自身的边际，便很容易在其发展的过程中遭遇到边际模糊的瓶颈，最终限制了学科的发展。以思想史为例，这门 20 世纪初期渐次发展起来的"学科"，一直遭遇与其他学科的边际分野及自身的研究对象及结构不确指等问题，治日本政治思想史多年的丸山真男先生认为："'思想史'还没有获得独立的市民权，所以在此也难谈出学界共同的对于思想史的方法、对象、范围的定论。"① 葛兆光教授更是坦言："至今，思想史仍是一个难以把握的领域，它的中心虽然清楚，但是叙述的边界却相当模糊，致使它常常面目不清，也无法像邻近学科那样清楚地确立自身的边界"。② 司法学作为法学学科体系下的二级学科，其面临的学科情况虽有别于思想史，但对自身方法、对象、范围的界定不仅是必须的，也是学科良性发展不可或缺的，如果不能很好地予以回答，司法学在未来的发展中同样可能陷入与思想史类似的困境。崔永东教授意识到上述问题的存在，在《司法学论纲》一书中有针对性地进行了解答和论证。

（一）司法学的范围界分

崔永东教授认为司法学不等于诉讼法学，诉讼法属于程序法。诉讼法学是以诉讼法为研究对象、具有很强的现实针对性的部门法学，在我国主要包括刑事诉讼法、民事诉讼法和行政诉讼法三大类，其研究的重点是国家司法权在处理纠纷中所发挥的作用。司法学的研究虽然一定程度上涉及诉讼法，但司法学关注的领域是超过诉讼法学的，司法学关注国家司法权运行机制的

---

① ［日］丸山真男：《日本近代思想家福泽谕吉》，区建英译，世界知识出版社 1997 年版，第 185 页。
② 葛兆光：《中国思想史导论：思想史的写法》，复旦大学出版社 2004 年版，第 68 页。

同时，还关注"准司法"权力在处理纠纷中的运行机制。① 事实上对非诉讼程序的关注应该是司法学与诉讼法学较大的区隔，司法程序是指司法活动必须遵循的法定程式，广义的司法程序包含司法机关的组织规范、行为准则、司法行政程序和非诉讼程序，只有狭义的司法程序才特指诉讼程序。② 就学界目前的研究而论，诉讼法研究并不涉及非诉讼程序，而这恰是司法学关注的重点，司法学关注和研究的纠纷解决机制就包含了国家和社会（民间）两个维度，司法学研究所采是广义的司法程序，不能直接等于诉讼程序。同时，司法学关注的研究视界与诉讼法学也不相同，司法学研究的很多关注点，如司法伦理学、司法行政学、司法文化学、司法管理学等，不能简单地转等为诉讼法学下的研究领域，既然二者有着研究对象及其结构上的差异，那么将两个法学学科项下的子学科认为是相等一致的显然不够确切，如将司法学与诉讼法学分别视为两个集合，即使两者有重合的部分，也不能认为两者是叠合的。

司法学不等于司法制度。司法制度是司法学研究的内容之一，或者说"司法制度学"是司法学下的子学科之一。司法制度研究侧重于研究由国家制定的静态的制度，对制度背后的思想、文化基础关注较少。而"司法学对司法制度的研究不仅停留在静态的国家立法的层面，还要研究这种制度背后的思想基础和文化脉搏；不仅要研究体现'国家意志'的司法制度，还要研究其与司法传统的关联；不仅要研究'死法'（僵化的法律），还要研究'活法'（支配社会生活的法律），特别是主要研究后者与司法活动的关系。"③ 司法的重要面向之一便是实践，而非相对固定的甚至带有一定滞后性的制度，纯粹以司法制度为研究对象，就制度谈论制度，易陷于背离实践的局面，而离开实践性，司法的要义将会大打折扣。由此一层面言之，厘清司法学与司法制度之间的关系，有助于在一定程度上纠正脱离实践或理念及文化层面指引的盲目的制度崇拜。司法学所特重者乃实践与规则体系之间的互动，并探求这种运动背后的原动力，而非将目光锁定于一个僵化的既定点

---

① 参见崔永东：《司法学论纲》，人民出版社 2014 年版，第 4 页。
② 参见范愉、黄娟、彭小龙编著：《司法制度概论》（第二版），中国人民大学出版社 2013 年版，第 223 页。
③ 崔永东：《司法学论纲》，人民出版社 2014 年版，第 4 页。

上。从学科研究的哲学层面而言，实践与理念是一体两面的问题，无法以截然分开的方式加以思考，更不应该截然分开。虽然实践与理念存有时空上的"位差"，形成暂时的"先后"，就"长时段"而言二者是互显的，非单一决定的，受理念影响的实践活动始终作为理念更生的重要环节存在着。① 这是理想化的认知与研究"宣言"，就所面临的情况而言，司法制度天然带有实践与理念的双重属性，现实中却成为研究者思想中纯理念化的探讨，对司法制度包含的立法实践及执行实践均涉及有限。当然，现实生活中或者说司法环境中，完全以学术研究的样态展示实践与理念乃一体两面存有很大的困难，不过在司法学的体系之下，通过司法理念学、司法文化学，包括作为部门法哲学之一的司法哲学来综合既有司法制度研究的偏颇之处，正是司法学学科以现实"行动"解决上述困惑的方案。同样，在司法学学科框架的整合研究之下，经由对实践的关切可以有效地考察制度与理念之间的关联。司法学不等于司法制度，绝非司法学不关注司法制度，对司法制度的研究及考察是司法学研究的重要内容之一，因为司法学的考察建立在新的方法与思考的指引下而有别于既往。

司法学不等于司法文明。"如同'文明'是指人类创造的物质成果、精神成果及制度成果一样，司法文明也包括了与人类司法活动有关的物质成果、精神成果和制度成果。因此可以说，司法文明这一概念展示了一种'宏大叙事'的特色。"② 应当说，司法学与司法文明之间的最大差异是司法学体现为一个学科，而司法文明是一种社会状态或样态的体现，司法学与司法文明之间可以拟制为一种多对一的映射，司法学研究中体现出的或者说分属司法学不同子学科研究中体现出的部分或全部的"指征"，其所表征的恰是司法文明的状态。本文以为司法文明作为状态或者说一种目标性的概念并不适宜成为司法学下的子学科，藉由司法学的研究足以展示司法文明的现状，包括意欲达到的理想状态和达至此种状态的路径选择。

（二）司法学的学科体系与基本内容

崔永东教授在《司法学论纲》一书中对司法学的研究对象及其结构进

---

① 参见刘家楠：《樊增祥的司法实践与司法理念研究》，中国政法大学 2014 年博士学位论文，第 134 页。

② 崔永东：《司法学论纲》，人民出版社 2014 年版，第 5 页。

行了明确的概括，并详细指出了司法学项下子学科各自的研究内容，本文以"论纲"一书的阐述为主进行总结概括，并与学界研究较多的司法制度内容进行比对，制下表：①

司法学子学科	研究内容	司法制度
司法哲学	部门法哲学。	
司法伦理学	法学与伦理学的交叉学科，以司法道德为主要研究对象。	
司法社会学	通过实证研究考察司法现象与社会现象的互动，探索社会因素对司法的影响及介入。	
司法行政学	以司法行政现象及其发展规律为研究对象，主要包括监狱学、律师学、司法鉴定学等。	法律援助制度、律师制度、公证制度
司法行为学	以法官、检察官、律师等司法主体的行为为研究对象。	
司法管理学	主要研究审判管理、检察机关案件管理、公安机关案件管理、监狱行政管理。	
司法方法学	研究司法过程中基于法律事实和法律规范，处理合法性与合理性的关系而裁判案件、解决纠纷适用的具体方法。同时还包括对既有方法进行的反思性研究，也就是司法方法论的维度。	
司法制度学	主要以司法组织和司法活动为研究对象。	审判制度、检察制度、警察制度
司法体制学	以参与司法活动的国家专门机关在机构设置、组织隶属关系和管理权限划分等方面的体系、制度、方法、形式等司法体制为研究对象。	
民间司法学	以仲裁、人民调解等民间司法活动为研究对象。	调解制度、仲裁制度
司法理念学	关于"司法"理智的、系统的思想、认识和态度，以中外历史上的司法理念为研究对象。	
司法监督学	以对司法活动进行的监督为研究对象。	司法监督
国际司法学	以国际司法问题为研究对象。	
司法传统学	从思想与制度结合的角度考察司法传统及其现代转化。	

---

① 参见崔永东：《司法学论纲》，人民出版社 2014 年版，第 15—19 页。需要说明的是，结合《司法学原理》与《司法学论纲》两书而言，由于司法学尚属新兴学科，其子学科包括并不限于表中的 14 个，这点从两书对司法学子学科的已有研究及其阐述中就能够明显看出。所以崔永东教授在《司法学论纲》一书后记中写到："在此谨提醒读者，欲了解司法学的整体风貌，最好将两书并观。"

仅就表格有限的列举可以看出，司法学研究的视阈要超出目前司法制度方面的研究，并且司法学以自身的理论体系和子学科的划分将司法制度研究分属于不同的子学科之下加以考察，说明司法学可以也能够对既有的司法制度研究进行整合，形成更加完善的研究体系。同时，虽然司法学以独立的学科样态呈现尚属较晚，但其对自身研究范围与结构的界定无疑是十分清晰的，与其他法学二级学科，以及相关的社会科学学科之间的界限与联系也是明晰的，"疆域"确切，已经具有了一定的学科成熟度。

<h2 style="text-align:center">三</h2>

"对于文学作品来说，开端有多么重要？这些关于开端的问题是否值得一提？如果值得，那么能否对它们做具体的、清晰的、给人启迪的研究或回答？"这些都属于"开端性问题"，也是在"开端"中应该厘清的问题。"开端不只是一种行为；它也是一个思维框架，一种工作，一种态度，一种意识。它是实用性的——就像我们读一个艰难的文本，思考从哪里开始可以理解它，或者作者是从哪里开始，为什么从这里开始的时候"。指定一个"开端"都是用于得出、阐明或界定一个"在后"的时间、地点或行为的。一言以蔽之，指定一个开端，通常也就包含了指定一个继之而起的意图。开端其实是一个持续的、有意义的时间或过程（在实践、地点或行为上）的起始点。这样，开端就是意义产生意图的第一步。①

萨义德有关开端的研究是以文学作品或文学评论为出发点的，他在试图找寻文学作品的开端与此种开端引发的意图之间的关联，或者说何种开端是决定了特定意图的生成。本文以为就司法学学科的设立及其研究言之，可以据萨义德的讨论进行比拟，亦即考察如果视司法学为开端，这个开端决定了何种意义产生的意图，这样的"开端"对法学学科本身、对法治建设有着何种影响。

首先，就学科而言。司法学意味着制度研究与理念研究良性结合的

---

① ［美］萨义德：《开端：意图与方法》，章乐天译，生活·读书·新知三联书店2014年版，第14—15、21页。

"开端"，如前文所述，这样的结合可以有效地纠正以制度为主的研究现状，从而使研究本身摆脱僵化的桎梏，于开启一种新的研究方法和研究思维的同时，能够令有关司法的研究更好地契合于现实中的司法状况。从崔永东教授以往的研究中也不难发现，他为此种唯制度倾向的研究进行的价值纠偏时选定的开端——思想史研究或说是司法思想研究，甚至可以说司法思想的研究是作为崔永东教授研究体系中开端的开端而存在的，在其代表性的著述中此点表露无遗。[①]

其次，在学界既往的研究中，司法改革通常作为单独的一项研究面向而存在，此种单独存在的司法改革研究在促进改革实践的同时，也一定程度上出现理论上的"乏力"，未能更好地为改革提供理论支撑。"我国司法改革之所以尚未进入'深水区'，原因即在于缺乏'顶层设计'，也就是说理论准备不足，我们认为，之所以出现这种现象，主要原因之一就是中国目前还没有建设好专门研究司法问题的司法学这一学科，司法学的缺席才导致当今中国司法改革理论支撑不够，理论基础薄弱。"[②] 党的十八届三中全会提出"建设法治中国，必须深化司法体制改革，加快建设公正高效权威的社会主义司法制度，维护人民权益。要维护宪法法律权威，深化行政执法体制改革，确保依法独立公正行使审判权检察权，健全司法权力运行机制，完善人权司法保障制度。"[③] 党的十八届四中全会进一步提出"全面推进依法治国，总目标是建设中国特色社会主义法治体系，建设社会主义法治国家。"[④] 四中全会在提出法治国家建设的总纲及其着力点的同时，也表明了就具体的法治建设问题而言，尚有许多领域应当进行理论上的深度开拓，以理论上的深度开拓来为实践铺平道路。司法学学科可以为司法改革，包括法治中国的建设提供相应的理论支撑，这正是设立司法学这一新兴学科的"开端"意义，司法学的开端最终表达的是符合中国现实的司法改革与法治中国的理论图景

① 参见刘家楠：《对中国传统司法思想的考察与评估——评崔永东新著〈中国传统司法思想史论〉》，载《江苏警官学院学报》2012 年第 6 期，第 80—85 页。

② 崔永东：《司法学论纲》，人民出版社 2014 年版，第 7 页。

③ http：//news.xinhuanet.com/house/tj/2013 - 11 - 14/c_ 118121513.htm，2015 年 3 月 27 日访问。

④ http：//news.xinhuanet.com/politics/2014 - 10/23/c_ 1112953884.htm，2015 年 3 月 27 日访问。

和现实。一如崔永东教授所言:"司法学学科的创立有助于'法治国家、法治政府、法治社会一体化建设',有助于司法体制改革的推进。"① 司法学学科在研究上的整合性特质直接决定了将其作为开端,生成的意义是至关重要的,因为整合后的司法学视阈更有利于为改革提供理论性的"顶层制度"设计,他将既有的分散在法学研究中的不同问题和不同视角,纳入司法的整体结构下进行思考,更易统筹兼顾的进行考量,尤其是司法改革涉及的问题复杂、面向较广,有些问题不独存在于司法之中,还牵连到社会问题,那么借助司法学与其他学科交叉形成的学科便能够很好地以跨学科的视角来审视之,从而提供更切实有效的解决问题的方案。甚至可以说,作为开端的司法学学科的创立,其意图就是产生能够为司法改革和建设法治中国提供理论指引的意义,"开端"亦起到了充实法学学科体系和助力法治建设的目的,由是观之,选择司法学作为这个"开端"有着深刻的现实诉求。

四

从《司法学原理》《中国传统司法思想史论》到《司法学论纲》,崔永东教授的一系列著述使司法学学科的旨趣与方法越来越明晰,作为一门新兴学科,司法学愈来愈获得其独立存在性,也将其从既有的形式性的研究中抽离出来,开始得到实质性的充实。如果说既有的司法或司法学研究是从形式上描摹存在,那么经由本文的讨论可以发现,《司法学论纲》一书实际上完成了司法学的实质建构,这也是本文从形式到实质的题旨所在。

---

① 崔永东:《司法学论纲》,人民出版社 2014 年版,第 8 页。

法律续造的历史演进与当下空间再辨析

——基于新《立法法》 第 104 条对司法解释的限定[*]

石东坡[**]

引　言

　　尽管在法律史和法学史上，"法官作为立法者的开创性设计在瑞士民法典中正式完成"，[①] 法官造法被予以明确的承认，可以在一定条件下不拘法条进行法律续造不失为在丰厚和绵延的私法实践和司法历程中一个迷人的客观法律现象，[②] 但是这不意味着其在不同的法律文化背景中是一种被普遍接受的、普遍的司法规律与法治实践上的通行做法。由此，一方面要看到，司法审判中为裁判案件之需，在法律规范模糊乃至缺失的前提下，需要遵循有关原则和方法，审慎地进行法律续造，这是广义法律解释中的特殊情形，是法官裁判中的抽象拟制和类型思维的必然体现。但是另一方面，也要思考：司法机关对法律的"续造"是一个理论问题，那么是不是一个现实问题？

---

* 此系作者主持的教育部人文社会科学研究项目"立法审议行为及其法律规则研究——以《立法法》的修改为指向"（编号 12YJA820059）、浙江省高校中青年学科带头人入选计划、学术攀登项目（编号 PD2013033）阶段成果。
** 石东坡，法学博士，教授，浙江工业大学学术期刊社主任、文化与法制研究中心主任。
① 史广龙：《法官作为补充性的立法者——比较法视野下〈瑞士民法典〉的百年历程及其对中国的启示》，载陈金钊等：《法律方法》（第 13 卷），山东人民出版社 2013 年版，第266—276 页。
② 有论者将法律续造概括为通过法律解释的手段，"以制定法内（Auslegung intra legem）、制定法外（Auslegung praeter legem），甚至反制定法（Auslesung contra legem）的解释这些形式进行法律续造，法官在必要时也可以，甚至应当将民法典之外的法律渊源引入私法领域的法律适用过程。"金振豹：《论我国私法领域的司法续造——司法在我国私法秩序中地位和作用的重新界定》，中国政法大学 2011 年博士学位论文。

是一个在司法能动主义之下的重要的规范生成途径及其发挥司法政策导向作用的问题，那么是不是一个在各种司法理念之下均得以存活的司法实践问题？可能是一个在有关法律文化传统、法律文明类型的国家或地区的一个极具挑战的深邃而前沿的问题，那么是不是一个"法治中国"的实践中应予采纳和焕发的举措？固然，法律续造可能带来一系列的所谓追求实质法治、具体法治和个案正义乃至于法律发展的积极成效，但是不是在我国的司法环境之中、司法体制之下同样滋生出不应有的后果和危害？进言之，有没有其在法治中国建设进程中伴随着实现国家治理体系和治理能力现代化而得以容许和作用的制度空间？假定有，法律续造的权力依据和权力属性是怎样的？是不是要赋予其明确的权力？如何对法律续造加以应有的规范调整？这些疑问既是司法学回应和引领司法体制改革的科学发展和稳健深化所应予以回答的，也是立法学瞩目和助推法律规范体系的有效完善和质量提升所不应回避的，为此，本文基于新近《立法法》修改中的有关条款规定尝试进行论述，以期交流探讨。

一、法律续造的实质及其争鸣

（一）法律解释是法律续造的渊薮

法律续造，又可称司法续造。准确而言，除去一定范围的行政主体以被授权立法的方式，或者在多效力位阶的立法体制基础上，获得明确的"行政立法权"①，开展行政法规、部门规章或地方政府规章②等的创制之外，法律得以续造——不论是在单一的判例法情形中，还是在集成的司法解释——特别是主动地在某法律通过公布实施之后的衍生性、充实型或者说细化式的系统"解释"这一"极限"形式，均来自司法主体，或者说司法机关及其中的审判主体，因此，司法续造就进而如"司法方法"之于"法律

---

① 对此范畴是存在争议的。参见王磊：《对行政立法权的宪法学思考》，载《中外法学》1998 年第 5 期，第 58—63 页。姜明安：《行政法与行政诉讼法》，中国卓越出版公司 1990 年版。

② 我国《立法法》第二条在调整对象和适用范围上分别两款规定，蕴含着将规章不作为"法"、至少是不完全意义的"法"的意味，尽管该法将规章在其主体、权限和效力等级上进行了规定。

方法"一样，成为"法律续造"的更为精准的替代表达。

法律续造，是指司法解释中的较为能动进而产出与本应作为依据的成文立法或其原则、理念之间相异甚至相左的创造成分及其规则结论，而不是对法律规范本身进行的在具体适用中的解释阐发等的一般活动，是特殊的司法解释的情形和状态。司法解释与法律续造之间貌似是剪不断理还乱的关系。如就扩张解释与限缩解释而言，以扩张或限缩进行"解释"，是对于法律术语的内涵外延、对于法律规范的适用范围，乃至于在一定法律主体之间的权利义务关系带来变异。在性质上，已经"是制定法续造的方法或法律类推的方法"①。再例如，以"想象性重构"为指称的法律解释技术与方法中，努力将解释者置于立法者当时所在的历史环境和立法情境中，想象着"假如立法者面对此种情形将如何"，并以此力图促使所进行的解释与立法者在价值、利益与行为范型和责任认定上的可能判断之间相切合或吻合，减少与立法者的意图和诉求之间的误差，但是已经"带有明显的法律续造的性质。"②

（二）类推是续造法律的津桥所在

司法者对本应悬置其上的法律进行续造以使其"发展"，何以正当和可以接受？何以出现和如何扩展？这得由"类推"谈起。我国台湾地区学者王玉成认为："类推适用之性质，殊值研究。从其探究法律精神，适用于类似案件观之，固属法律解释之范畴；然就其将新事实，于法律无规定之情形下，适用于类似之法条，以填补法律漏洞之点言，则又迹近'法官立法'（Judicial legislation）。"③ 这里已经很直接地指出类推并不属于严格意义的法律"解释"，而是具有"造就"法律规则——原本不列于和不明于成文法规范之中——的性质和功能。

那么，在法律解释和法律续造之间可否区分？应否区分？如何区分呢？

---

① 姜福东：《扩张解释与限缩解释的反思》，载《浙江社会科学》2010 年第 7 期，第 50—56 页。

② 见刘翀、龚廷泰：《美国制定法解释中的想象性重构》，《江海学刊》2014 年第 4 期，第 201—208 页。

③ 王玉成：《社会变迁中之罪刑法定原则》，大伟书局 1988 年版，第 316 页。德国学者科殷亦此见解，认为类推"处在造法的领域里了"。参见［德］科殷：《法哲学》，林荣远译，华夏出版社 2002 年版，第 224 页。

二者是何种关系？我们认为，法律解释和法律续造呈现出一般与特殊、源与流、引申与变异的关系。深受德国法学方法与理论观点的影响，我国台湾地区学者杨仁寿将法律解释进行了严格的区分，划分为三种。其中狭义的法律解释、价值补充——在文本或规范中针对其"不确定法律概念之补充"以及"概括条款之补充"——尚且在文本既有的价值、原则以及语境之中。而第三种"漏洞补充"，包括类推适用、目的性限缩、目的性扩张、创造性补充。这里的第一类实际上是寻求单一的法律规范或者说法律规范群内的互证与互补，通过语义与语境等之间的依赖关系，进行法律规范的阐述和解析。第二类则是在法律文本中的原则与规范之间寻求其生成或者演绎关系上的行为模式与责任对应的明晰化。这种抽丝剥茧式的推演，愈加在一个几乎抽离或高于本源的法律原则或法律规范之上的抽象前提下开展，已然具有"规范设计"的色彩。第三类则是已经非常鲜明地在"无法"之下的相对游离的去"发现、寻找和生成法律"，是在所谓的法律价值、社会公序、宪政体制等的法律生态构设的基础空间与间接支持下，以案件事实所包含的伦理困境或其他的两难处境等提出的规范诘问为契机，以"立法者"的角色和思维进行的典型的"立法设计"。因此，就这两类而言，德国法学家 Karl Larenz 在其《法学方法论》中，将"法律补充"称为"法的续造"，以区别于法律解释。并就法律续造，指出这两种即"法律内的法的续造"，其性质乃是漏洞的填补。而假使法的续造更逾此等界限，惟乃在整体法秩序的基本原则范围内者，则属超越法律的法的续造。①

由解释而创造的进程中，类推②——不论是类推解释还是类推适用，其根本上是通过比附的、横向的、迁移化的解释、比对，以实现原本已存法律规范的扩展适用或者说"平行"适用，是已经蕴含着一种"法律续造"的成分的。也正是由于类推在实质正义（法治）导引下，兼顾或者说尚未割舍形式正义（法治）——以此作为明修栈道，暗度陈仓之"栈道"，得以存续或者转化形态的运用（哪怕仅仅是这种思维的应用），使得在司法审判

---

① 参见宫冬冬：《司法过程中的法律续造》，载陈金钊等：《法律方法》（第4卷），山东人民出版社2005年版，第183—195页。

② 对此在刑事法中的分析，可参见周少华：《"类推"与刑法之"禁止类推"原则——一个方法论上的阐释》，《法学研究》2004年第5期，第58—70页。

中，法官或者说审判机关的法律续造逐步蔚为大观起来。

（三）关于法律续造正当性的分歧

实际上，我国法治实践中已有的林林总总司法解释，已经远不止步于狭义的司法解释，而业已包含着漏洞填补甚至在无法之下的、有法之外的所谓"漏洞填补"。对此，是承认、认可，还是辨析、澄清？学界观点可以概括为肯定说和否定说。在其中又有不同的具体观点上的差异。

在"肯定说"中，有学者根据宪法的福利最大化原则、立法的具体化优先权的约束即宪法对于立法和司法的权力分工原则、我国的宪政权力配置体制，以及在法律原则上的导向要求和法律解释的方法序位等提出，我国保障了或者说容许了司法续造作为权力、机制和事实的存在。[1] 有学者认为，"我国在充分尊重立法权，并与司法解释权相区别的前提下，有必要赋予最高人民法院司法规则创制权。"主张就司法规则的创制主体、范围、程序和效力诸方面进行再完善。[2]

与上述肯定说截然相反的，则是对作为法律续造典型表现的司法解释文件的存续予以质疑和否定。有学者认为，在立法粗疏、概括和缺失的情况下，司法解释超出了既有规定的内在含义、内容与范围，"即进入了司法续造的领域，司法解释在性质上也就成了一种'补充立法'或者说'辅助立法'。"是"立法权限向司法解释权的违规转化，以及立法的司法化……必然导致立法规定的虚化与低阶化。这是我国现代程序法制权力运行的一种反法治现象。""需要警惕，也需要纠正的。"[3] 这一立场和观点不再无奈地强调其"必须、必然、必要"，而是在现代程序法治理念、程序法治原则之

---

[1] 金振豹：《论我国私法领域的司法续造——司法在我国私法秩序中地位和作用的重新界定》，中国政法大学 2011 年博士学位论文，第 53 页。另有学者在比较法的角度强调参考瑞士民法典的成熟做法，在民法典中明示其续造的权力与遵循的原则和限制。史广龙：《法官作为补充性的立法者——比较法视野下〈瑞士民法典〉的百年历程及其对中国的启示》，载陈金钊等：《法律方法》（第 13 卷），山东人民出版社 2013 年版，第 266—276 页。

[2] 赵钢、王杏飞：《论民事司法权中的司法规则创制权》，载《中国法学》2011 年第 3 期，第 21—30 页。赵钢：《我国司法解释规则的新发展及其再完善》，载《现代法学》2008 年第 4 期，第 180—186 页。

[3] 廖中洪：《一种值得商榷的立法倾向——对〈民事诉讼法〉公益诉讼立法规定方式的质疑》，载《河南财经政法大学学报》2013 年第 5 期，第 28—35 页。

下，强调立法欠缺不应成为侵越立法权限的司法解释权的借口。在制定主体、规定权限、制定程序、地位效力诸多方面，司法解释并不具有其合宪性、合法性、正当性、民主性、中立性以及有效性等应有的法律规范的形成性质和本体属性，因此，对司法解释文件作为法律续造的中国版本的主要途径，应当严肃对待。

二、法律续造的实例及其后果

（一）实例：某省高院有关人身侵权损害赔偿的《解答》

实践中的法律续造的具体表现是怎样的呢？以下便是一个在其内容与形式上都值得解剖的活态样本：

针对消费者在旅客运输合同中受到来自承运方在其服务活动过程或其服务设备设施的人身损害，某省高院以刊载于《XX审判》上的《民事审判法律适用疑难问题解答》的方式指出，侵权责任法已将侵权损害和消费损害两类人身损害赔偿标准统一。当事人对此纠纷起诉的，即便可以按照消法起诉，但是主张应当适用侵权责任法，并因此不再适用依照消费者权益保障法所制定、实施、依旧有效的该省地方性法规——《Z省实施消法办法》规定的标准，未将该办法第五十三条、第五十四条规定作为裁判依据。

该《解答》貌似仅仅在实然法中给出适用法律规范的拣选与甄别，但却包含着对消费者权益保障法、侵权责任法的关系、消费者权益保障法的修改与其实施性的地方立法之间的关系、合同法律关系中的消费者人身权受到侵害的法律救济性质以及法律规范"竞合"等一系列的、并非来自实然法逻辑本身、也非来自对有关法律规范的整合型解释的审判机关单方面的判断与决断，最终创设了"消费者人身侵权损害赔偿不再适用消费者保障法、不适用依照消费者权益保障法修改前制定并依然有效的消费者权益保障的地方性法规，而适用侵权责任法中的侵权责任认定与赔偿范围与额度的规定"这一司法审判的直接依据，构成了"司法续造"。按照上述《解答》所"指引"的在上述两种法律规范的适用上，仅依据侵权责任法。据此进行赔付的种类与额度的计算，会使得该类型案件的被侵权人获得的赔偿款严重减少。

（二）该《解答》的"法律续造"功用及其失当性

在学理上，该《解答》是法律规范冲突的解决？是法律解释特别是体系解释？还是已经构成法律续造？是哪种法律续造？这是应予首要解析的问题。

我们认为，存在"法律的空缺结构"①，是法律续造、出释入造的基本前提和客观条件；存在法实施中可能带来的价值冲突或正义缺损，是法律续造、尤其是利益衡量乃至于拟制规则的"法律之外""法秩序之内"的"超越法律的续造"的基本动因和主观旨趣。这种空缺，完整地分析，就不仅仅是一种在法律规范体系的规则形态上的，而且是在其规范内容上的，甚或是在其价值整合上的。并且这种空缺存在于"结构"之上，不是仅仅在静态的、平面化的规范之上，而且也会存在于动态的、立体化的法律规范实施过程中的不同环节之间的衔接与整合之上，所以，针对法律的空缺结构的续造，可能是在一定的行为实体内容上进行权利义务与责任的补充创设，以此界分利益；也可能是在程序方式上给出有关权利义务实现中的行为方式及其具体要素的弥补设定，以此评定行为；还可能是在适用过程中对纷纭规则的空隙或重叠之处确立尚未存在的规则，以能切中案情。所以，如以法律续造的指向对象及其对应的产出规则的类型为标准划分法律续造，则可以将其划分为实体型法律续造、程序型法律续造和适用型法律续造。

在适用型法律续造中，虽然有冲突选择规范在其中的作用（往往成为其开展续造的逻辑前提和方法保障），但是就其问题本身而言，如并非仅在诸种规则中选择其一者，而是由诸种规则中分别摘取其中的主体、权利义务等要素，进行实质性的组合匹配，移花接木，貌似进行选择或者语义的解释，实际上却是生成和制造了一个新的规则内容，并同时确立了在司法审判中该情形下的适用规程（不再是一般意义的冲突选择规范），即几乎同时产生了如本文中所谈的转致规则和实体规则，则就不是一个法律冲突及其选择适用的问题了，而是一个硬生生的、活脱脱的法律续造。

对此，最高人民法院公报中刊载的"公鸡啄眼案"即是典型。在公鸡

---

① ［英］哈特：《法律的概念》，张文显等译，中国大百科全书出版社 2006 年版，第 126 页。

啄眼案件中①，法官的"解释"并不是在《民法通则》第 127、131 条之间进行某一规范的选择，而是径行产生了一新的规则，即将第 127 条和第 131 条进行"嫁接"，将"受害人的过失"置换为"受害人一方的过失"，从而出现了"饲养的动物造成他人损害的，动物饲养人或者管理人应当承担民事责任；由于受害人一方的过错造成损害的，可以减轻动物饲养人或者管理人的民事责任。"——这一"解释"不仅在表述上，而且在意涵上都是《民法通则》所没有的规则、规定。正如有学者商榷中所指出的②，又绝非是所谓体系解释能够涵盖的，因为其中实质性地改变了权利义务主体及相应的责任担负。由是观之，本文中对于旅客运输合同中消费者人身权益受损的赔偿问题遭遇到的所谓"解答"，同理，并非是一个法律规范冲突适用的问题，也并非是一个一体化地解释问题，而是已经跨越合理边界转而成为法律续造的问题了。那么这一"续造"性质的《解答》何以错误呢？

首先，在法律的实体内容和适用关系上，该解答严重错误地进行了法律续造。这种续造不仅涉及单一法律文本中的某一条文，而且涉及两部规范性法律文件及其相互之间的效力关系，是在一种简单归总、二者择一的形而上学的思维偏好下做出的。

第一，混淆了合同履行的法律关系和人身侵权的法律关系。在道路客运合同这一服务法律关系中，承运人即客运公司，不仅有着运输的核心义务，而且应当首先尽到保障乘客人身安全的最基本的义务，这一义务尽管有学者将其称为理论上的附随义务，但这是基础义务，即作为运输义务的作为义务的最基本前提和全过程负担，这样，在这种消费者权益保障中，存在着的是复合形态的法律关系，而不是单纯或者说单一的法律关系即道路运输的法律关系，所以，在这一合同之诉的类型中，出现人身损害，是破坏了客运服务法律关系的履行前提，是承运人的全部合同规定的特定义务的前提义务的违反，所以，既不能将此混同于一般的人身侵权损害赔偿，抹杀其中人身损害处于消费者权益受到侵害的范畴；也不能因为其属于合同履行中的侵害，而

---

① 梁慧星：《裁判的方法》，法律出版社 2003 年版，第 106—108 页。
② 姜福东：《扩张解释与限缩解释的反思》，载《浙江社会科学》2010 年第 7 期，第 50—56 页。

无视其对于公民人身权利侵犯这一层面。所以，尽管新的消费者权益保障法在规定的表述上与人身损害赔偿的侵权责任法相一致，但是仅仅是在表述上的一致，而不是在法律关系上的单一化。这是必须澄清的。

第二，混淆了侵权责任法和消费者权益保障法两者在法律（规范）体系中的属性、地位，以至于在解释消费者权益保障法之中转而切入或者说转致侵权责任法。侵权责任法，尽管采取了总分结合的立法体例，但是总体上还是属于民事法律规范的"通则"或者说一般法的层次效力和地位；只有在针对特别法的法律解释出现相互之间的规范冲突等的情形下援引并因此发挥作为基础的民事法律的作用，而在特别法相对明晰的情形下，则是不首先被适用的。消费者权益保障法，尽管是调整的合同法律关系，但是其作为经济立法，或者准确而言，在近代纯粹形式正义和交易安全意义上的合同法之后，作为一种特别权益保障的、兼具市场交易秩序的实质正义保障以及在民事权益保障方面的特别矫正、特别保护的性质和功能的法律，具有社会立法的性质，与侵权责任法不在一个效力层次和规范层级的水平面上，哪怕针对同一侵权问题，却有着"特别法"的地位和效力。所以，笔者认为，不应该在针对消费者权益保障法的法律理解和解释，再转而以侵权责任法去跟进；而是应当相反——尊重特别法的优先适用。

第三，混淆了审判权作为职权与同时作为职责的一体两面的复合性，过于专断的强调和突出了法院裁判的主导性和决断性，而忽视了作为审判主体，特别是民事诉讼的审判主体，应当首先和全程地悉心尽到回应当事人诉权主张的审判职责或者说裁判义务。法院单方面确定纳入侵权责任法作为法律依据，有欠妥当，显然是扩展了审判权及其能动性。换言之，这一《解答》应用在审判实践中就会导致对当事人诉权的权能属性明显弱化的同时，过分强调当事人遵守和服从判决的义务。因此，有变相剥夺当事人诉权中的选择权之嫌，有悖于消费者权益保障法的初衷。①

其次，含混地以消费者权益保障法进行了修改为由，判断实施性立法的

---

① 但是，就学理上的辨析而言，笔者主张即便作为当事人，在法律规范规定形式上的"竞合"的情形下，当事人尽管有着诉权的选择权，但就消费者这一并非一般意义的民事主体而是特定消费法律关系主体的诉讼提起，似乎只能是提起消费者权益保障的合同之诉，而不存在选择的问题。

地方性法规与侵权责任法之间存在"不一致的地方",忽视了地方立法的"不抵触原则"等的基本要求,从而取消了该地方性法规的适用,隐含着对地方立法的否定。《Z省实施消费者权益保护法办法》的制定机关是Z省人大常委会,是一部地方性法规,应为法院作出裁判的依据,即使其是依据旧消法制定的,但并不因为所依据的法律的修改而自行失效,也没有被废止。事实上该办法与新消法并无积极冲突,省人大和全国人大常委也并未撤销或者改变该法规,那么法院在未说出具体理由的情况下,就不适用该法规,显然有着该《解答》事实上废止该法规之嫌疑。

第一,地方性法规是我国法律体系的重要组成部分,是完善中国特色社会主义法律规范体系中的有机载体,并且随着设区的市获得《立法法》修改之后赋予的立法权限,地方性法规在我国法治实践中的作用和角色将进一步不可或缺。

第二,地方性法规有着执行性立法、试验性立法等类型,就本案所涉及的《消费者权益保障法》的地方立法,是实施办法,即执行性的立法,这意味着其立法应当有着贯彻、细化的基调,在其法定的权利义务设定上,不应违反、超越和抵触。但是这并不意味着没有作为地方立法的在"不抵触原则"下的地方立法的特色或者说"因地制宜"创设内容与自主设定,否则就难以体现作为地方立法的存在意义,难以表现我国《宪法》《立法》法本意中的"发挥中央地方两个积极性"的原则和旨趣。因此,在本案中的消法实施办法,有着在消法所没有的赔付项目,是可以的,合理合法存在的,不应否弃。

第三,不因消费者权益保障法的修改,使得地方立法归于无效。新法替代旧法,不必然导致地方立法——即便是执行性立法的效力归于消灭。在地方管辖的空间、事项范围内,依旧具有其法律效力——除非是其与国家法律相抵触的部分内容。具体到本案,在没有国家法律对此予以禁止性规定的情形下,推定为不再具有效力,似乎是过于武断的。因为地方立法与国家法律的修改不是一个效力时序关系问题,而是一个在整体的法律规范依据上的调适问题。不因为其效力等级或者时间更替而使得地方立法无效。

最后,在"解释"的职权主体和文本形式上,这是一种严重越权、很不严肃的"法律续造"。该《解答》在客观上的"造法",是以径自规定

"选用其一"的结论叠加和取消了《消费者权益保障法》与《侵权责任法》在人身损害赔偿上的两个规范。第一，有违最高院、最高检的通知中所禁止的制发具有司法解释性质的文件之嫌，主体上不具备进行司法解释的权限。第二，《侵权责任法》作为一般法、《消费者权益保障法》作为特别法，两厢差异，不应、不能去"实现统一"。第三，以内部交流材料上的工作问答方式，行司法适用规则创制之实，显然即便在司法系统本身而言，也是违反司法解释的法定文件类别、名称等形式要件的。①

（三）法律续造"合法性"欠缺导致的后果与危害

该《解答》有悖于之前的判决，在其后亦未被本省有关裁判所认可和遵循，反而招致司法乱象，有损司法公信。在Z省各级法院有很多个支持消费者选择以消法标准索赔并按消法判决的案例：除去该省高院在2008年第2期《案例指导》中刊发《康明甩诉奉化溪口公路运输有限公司客运合同损害赔偿纠纷案》外，2014年6月23日，H中院终审（民终1669号）判决H公交集团公司按消法标准赔十级伤残的乘客范某30万余元。2014年8月21日，H铁路运输法院按消法标准作出铁民95号判决书。

首先，此间法院有滥用司法裁量权、审判监督权之嫌。在针对个案上，法院运用自由裁量权只能是在案件已有法律规范之下、之内的就酌定情节和法律适用中的利益衡量以及当事人处分权范围内进行合理裁夺。在针对全局上，法院应当针对具有普遍性、倾向性和典型性的问题，在对法律进行其理念、原则和规范的具体适用中的问题进行复核法律本意的解释，并在法律允许的范围内制定和实施司法政策，向国家权力机关请求予以法律解释或进行法律的废改立、授权开展有关的司法体制机制的改革创新，而不是自行以行政化的方式和手段突破法律的已有规定，或者置法律于不顾而进行所谓的创新。

其次，法院在该《解答》中专横地拒绝了当事人诉权的期待和选择。针对当事人的起诉，应当分别在证据材料是否具有可定案证据的性质与地位、诉请依据是否具有正当性、针对性和可适用性、诉讼主张是否具有事实根据、法律依据和可执行性等方面在裁判文书中依法回应，这是裁判权力同

---

① 2006年《最高人民检察院司法解释工作规定》第17条确定了"解释""规定""规则""意见""批复"等形式作为司法解释，2007年最高人民法院《关于司法解释工作的规定》第6条确定了"解释""规定""批复"和"决定"等四种形式作为司法解释。

时作为司法职责的必备内涵。进而言之，信赖利益保护原则不仅是行政执法中的法律原则之一，而且是公法——包括司法裁判同样应当遵循的基本原则之一，信赖利益的保护及于因该法律的效力存续而涉及的利益相关者，因此被侵权人有权利主张其所依据的法律规范、有权利选择所诉请的案件事由。所以，在当事人信赖审判并提出其所主张的法律规范依据时，法院不应无视和忽视，径行以很不规范的行政发文的方式取代裁判论理。更遑论是严重不妥的扭曲既有法律的"续造"。

最后，这冲击破坏着我国的立法体制，以及立法与司法之间的良性关系，也给地方立法的权威性带来损害。法制统一是社会价值和法律秩序一体化、通约化的必要条件，而一省高院进行如此法律适用上的轻率解答，必然撕裂相应的法律适用的一致和公正。再者，该《解答》使得地方性法规被"虚置"，尽管没有如此前河南"种子条例"案件①中那样在判决书中直白判断，但是已间接地对该地方性法规中的法律规范进行了否定。这就导致地方立法权与司法审判权之间的抵牾。

三、法律续造的禁足及其意义

（一）司法机关法律续造的权力属性

在学理上，法律续造权力的形成模式大致有三种。第一种来自习惯。第二种是法律的授权，如1907年《瑞士民法典》规定。第三种则是从"隐含在立法者、法秩序或一般价值秩序中之一般性法条演绎出来"②的。那么，在我国成文法发展处于"后体系时代"的背景下，如何对待法律续造？法律续造的权力是何种性质？对其来源和存在是继续默示，还是加以明示？是全然肯定，还是严格限制甚至全然抑制？这一方面必须深究法律续造的权力

---

① 参见杨春福：《法官应该是司法能动主义者——从李慧娟事件说起》，载《现代法学》2009年第2期，第158—167页。杨世建：《法制统一的反思：中央与地方立法权限的节分及冲突解决——以"洛阳种子案"为例》，载《南京大学法律评论》2006年秋季号，第46—54页。廖奕：《立法审查的实践逻辑与理念反思：司法法及其中国未来》，载《唯实》2010年第7期，第64—68页。

② 梁兴国：《法律续造：正当性及其限制》，载葛洪义主编：《法律方法与法律思维》（第4辑），法律出版社2007年版，第188—204页。

与司法解释的权力、司法审判的权力之间的关系，将其适度区分而不是混为一谈；也必须将其置于法律规范的拟定、设计、制定和变更等的立法权力的关系中进行反思，透视和把握其权能本质。另一方面，也必须由现实出发，审视和评判司法续造的情形与后果。

诚如论者所指出的，"从实质而言，法律续造更是一种权力，它是法官所享有的、在一定情况下像立法者一样行使制定法律规则的权力。"但是，"这种权力包含于法官的审判权之中"① 吗？我们认为并非如此。这种法律续造的权力，是不是本身就属于立法性质的权力？回答应该是肯定的。法律续造的"权力"是一种"造法"的创制权、创设权、拟制权。而审判权，归根结底，作为"判断权"和裁断权，是一种针对特定案件的裁判权②。那么，不仅其在三权分立的西方国家民主宪政框架以及公法学说理论中备受质疑，而且在我国的根本政治制度基础上，倘若将其视为司法系统的当然权力，则似乎是相去甚远的。

在现实中，不论是 2006 年《最高人民检察院司法解释工作规定》，还是 2007 年最高人民法院《关于司法解释工作的规定》，都在主体、程序和形式等诸方面努力对自身的司法解释权限进行固化，同时客观上这也是一种权限自律的外在表征。而在《关于司法解释工作的规定》中规定涉及群众切身利益司法解释出台前要向社会公开征求意见。这实质上是在超越本已存在的法律规范，进行创设性或者说原创性的所谓解释之中，为自身寻求其合法性和正当性支撑，进而对抗对其批评的一种自我塑造的武器而已。事实上，正如上述实例所表明的，非常令人遗憾的是，"以会议纪要的形式立法的现象现在正愈演愈烈"。③ 甚至还表现为这种难以归类其中的更为"灵

---

① 梁兴国：《法律续造：正当性及其限制》，载葛洪义主编：《法律方法与法律思维》（第 4 辑），法律出版社 2007 年版，第 188—204 页。

② 孙笑侠：《司法权的本质是判断权——司法权与行政权的十大区别》，载《法学》1998 年第 8 期，第 34—36 页。胡建淼主编：《公权力研究》，浙江大学出版社 2005 年版。唐丰鹤：《论司法判断的性质》，载《前沿》2013 年第 8 期，第 69—71 页。

③ 赵素祯：《受贿款可劫富充公》，载《法制早报》2006 年 9 月 7 日。孟庆华、王法：《"意见"是否属于刑事司法解释表现形式问题探析》，载《临沂师范学院学报》2010 年第 5 期，第 72—74 页。孟庆华、王法：《"座谈会纪要"是否属于刑法司法解释问题探析》，载《新疆石油教育学院学报》2010 年第 4 期，第 39、41 页。该作者主张，"意见"属于刑事司法解释，"座谈会纪要"不应属于司法解释表现形式，但可归入"规范性文件"范畴。

活"的"解答"。如此，不论是最高人民法院的司法解释或是个案审理中法官对法律的解释，即便能够获得在其内容上的民众认可，但是毕竟不具有其在代议民主、参与民主与协商民主等的复合民主基础上的创制的实质合法性与权限、主体和程序上的合法性，以此名义来"完善法律、推动重要的社会变革"①，实际上是违反我国的人民代表大会制度、立法法律制度乃至于立法与司法在内的国家政体原则和结构的。如对其容忍，则是很难被认为是以法治的思维和法治的方式进行的国家治理体系和治理能力现代化能够兼容的。

所以，既然围绕法律续造的权力性质和归属，属于审判权，抑或立法权？是法律解释权、判例或司法规则创制权，还是立法创设权？有着上述的认知和评价，那么如何进行定位和规范？这种定位和规范的体例和方式，是在人民法院组织法中，还是立法法或者监督法中予以承认或否认？在一个国家的根本政治制度的深化与细化以及法治体系的建构和运转中，这是应当严肃对待的。甚至，在直面法律续造的客观性、必要性的同时，如何不至于使得这种司法续造成为司法系统的自我膨胀、从而导致法治体系中的不同组成部分、不同运行机制之间难以协同和和谐的恶果？是否需要在法律反馈机制、修正机制的意义上，将其在立法法中予以特别规定？确立在立法解释的特别授权规定和立法监督的限制规定中？当然，在这种规定既是授权性规范的同时，又是义务性、禁止性规范；还是对其心存忧惧，着力健全法律实施到法律再完善的回路，或者说法治系统工程中针对法律规范及时、顺畅地予以更新的闭合循环子系统，而不是将"续造"存留于司法的"自留地"之中？这无疑是对当代中国法治在战略谋划及其实施步骤上的大智慧和创造性的考验。

（二）立法法对司法解释的限制规定

司法解释中的法律续造情形对立法权的侵越现象不仅严重，而且第一，已经自行制度化，将最高审判机关的审判委员会作为形同最高权力机关常设机关之实质"立法"主体，并努力将其在内部的工作规程外部化，寻求和

---

① 张榕：《司法能动性何以实现？——以最高人民法院司法解释为分析基础》，《法律科学》2007年第5期，第42—51页。另见贺日开：《司法解释权的复位与宪法的实施》，载《中国法学》2004年第3期，第5—13页。

固化其所谓的民主基础。第二，在内容上，已经非常明显地具有法律续造的质地和作用。所制定的司法解释有的"实际上是一部全面、系统的配套规定"；有的无依据而"解释"，行创制之实；有的虽有法律依据但是实际上构成对法律的"修改"。① 第三，在主体上，近乎失控，多地的审判机关、检察机关以所谓的司法创新、服务大局、维护稳定等，制造和加剧了司法的地方化——这种地方化不是司法被地方所裹挟，而是司法寻求和纳入地方党政治理之中从而"主动地"背离了严格依照、执行和实施法律的最基本的职能定位。第四，在形式上，司法解释远非单一，很多游走在相对正式"司法解释"和虽非正式、但却"管用"的各种柔性形式的边缘，甚至越是有着"创造因子"的越是采取非正式的形式表现，从而致使案件当事人在受其权利救济遭遇阻却，而又难以对此向有关方面提出审查请求。在上述案例中的"解答"即是一典型例证。第五，在效果上，如此情形的"法律续造"，超出审判系统而成为通过司法解释过于强烈地作为公共政策的制定机关的角色和功能，直接在审判职能之外干预和介入社会公共事务的法律调控。

必须申明，法律规范之间的冲突是难以禁绝的，这不仅因为多主体的立法所导致的不同效力等级、不同时段确立的法律规范性文件并存的客观事实，而且因为在法律文本的理解和运用中，有着认知上的差异和重叠等主观情形的存在。② 法律续造可能是被禁止的，但是司法解释并非被禁止；法律续造可以是被限制的，但是司法解释绝非可以被取消的，因为即便是被喻为（这样是一种理想类型化的假定）"自动售货机"一般的司法裁判，其中也必需有着对作为大前提的法律规范的理解、解说，因而，司法中对法律规范的解释只可以被规制。那么在司法解释和法律续造之间是不是可以划出一定

---

① 信春鹰：《全国人民代表大会常务委员会法制工作委员会关于司法解释集中清理工作情况的报告》，2013 年 4 月十二届四次全国人大常委会会议。武增：《2015 年〈立法法〉修改背景和主要内容解读》，载《中国法律评论》2015 年第 3 期，第 210—216 页。

② 对此，有学者将法律规范冲突界定为"调整同一个问题的两个以上的法律规范在内容上不一致，适用于个案时所获得的法效果不能兼容的情形"，并按照冲突的两个及以上的法律规范是否均具有其在法律体系中的成员资格及其合法效力，将法律规范冲突划分为"合秩序性冲突和反秩序性冲突。"参见董书萍：《论法律规范冲突——以同一部宪法下的法律规范为分析对象》，载《法学论坛》2010 年第 5 期。

的界限？将可能的法律续造转而通过一定的回路装置再行输入或曰反馈到立法的过程中？一方面，保持司法所应恪守的严谨和审慎的法律适用，另一方面，促使立法机关被激活并因此在维系法制统一和法律权威的前提下增强立法的更新能力和回应能力？这样的理想境状是不是可欲、可行？这就要在具体的制度设置方案上进行考量。有鉴于此，十八届四中全会决定中明确提出，审判机关严格依照法律保证法律适用，实现制度正义和个案公正。这就意味着司法过程中的解释不能够逾越应有的尺度，为严格限定司法解释、禁止司法续造奠定了政治基础、指明了制度方向。

在具体的设计方案上，有学者主张司法解释"是适用法律的补充，""建议立法法将其列入调整范围，增加司法解释一章，以规范司法解释的合法性"①。还有建议立法法增加司法解释的权限、制定、公布以及效力等的规定。② 另有学者坚持认为，直接把法律解释权归类于立法权，在立法法中规定法律解释制度，是欠妥的。③ 还有论者认为立法法有关法律解释的规定一直"呈虚置化状态"。主张取消最高人民检察院的法律解释权，以全国人大常委会和最高人民法院为主体构建法律解释法。全国人大常委会保留最小范围但最可能影响法律性质的解释事项，而主要加强对最高人民法院行使法律解释权监督制度建设；加强对最高人民法院行使法律解释权制约制度建设。并进一步提出了：法律解释法应当包括解释权限划分、解释主体、解释原则，以及最高人民法院法律解释审议、通过、公布程序、报送备案、审查适用、法律效力等内容。④ 除此之外，针对行政领域的法律规范解释制度的完善，在此次《立法法》修改中并未予以增补的着墨，这是一个需要进一步关注和剖析的问题。尽管早从旧《立法法》就有法律规范效力位阶制度、适用选择标准制度、冲突判断与裁决制度、提请审查和撤销制度，但是在行

---

① 邹川宁：《关于修改〈立法法〉的几点思考》，中国法学会立法学研究会 2013 年学术年会论文集，第 11—15 页。

② 高绍林、王洋：《〈立法法〉的历史贡献及其修改建议》，中国法学会立法学研究会 2013 年学术年会论文集，第 1—10 页。

③ 我们不赞同此观点。参见陈金钊：《何谓法律解释——对〈立法法〉中设置"法律解释"一节的认识》，载《法学论坛》2001 年第 1 期，第 22—27 页。

④ 张立刚：《决议体制与立法法体制：法律解释的缺陷与冲突》，载《广东行政学院学报》2012 年第 5 期，第 43—49 页。

政法律规范的解释制度上，没有更为细密的程序和标准等的规定。在第一版《立法法》颁行之初，即有学者建言"建立行政法规范的解释制度，并通过该制度控制行政法的冲突。"①

在议定的立法决策中，有趣的是，在新《立法法》全文中，共十处法律解释的用语，均以全国人大常委会为主体，其他法定主体为提请进行法律解释的请求权主体②。在"第二章法律"中以"第四节法律解释"的立法体例规定由全国人大常委会享有和行使"法律解释权"。而在"第六章附则"第104条中方才规定最高人民法院、最高人民检察院对法律进行的"解释"。该条共三款，其中第1款规定："最高人民法院、最高人民检察院作出的属于审判、检察工作中具体应用法律的解释，应当主要针对具体的法律条文，并符合立法的目的、原则和原意。遇有本法第45条第2款规定情况的，应当向全国人民代表大会常务委员会提出法律解释的要求或者提出制定、修改有关法律的议案。"第2款规定："最高人民法院、最高人民检察院作出的属于审判、检察工作中具体应用法律的解释，应当自公布之日起三十日内报全国人民代表大会常务委员会备案。"第3款规定："最高人民法院、最高人民检察院以外的审判机关和检察机关，不得作出具体应用法律的解释。"

这表明，首先要澄清的是，此条内容并非授权最高审判机关、最高检察机关"法律解释权"，因为这里完全没有出现"法律解释"，而只是表明最高审判机关、最高检察机关对于法律在具体应用中可以解释。有鉴于附则在成文法律文本中，与该法其他组成部分统一编章，相互之间呈现出主要构成与辅助构成之间的关系，具有"辅助性"③，一般包括术语条款、本法解释权限与程序条款、时效条款以及本法与关联法之间的效力关系条款等，居于

---

① 天水：《论立法对行政法规范冲突的控制及其完善》，载《中国法学》2001年第1期，第90—101页。另，2015年5月1日开始实施的新版《行政诉讼法》进一步规定了附带审查行政规范性文件的制度。

② 严格地基于文本分析，"提出法律解释的要求"，难以类比为行政许可法等规定的申请，或者诉讼程序法规定的请求，这种"要求"的职权属性及全国人大常委会对其予以回应的作为义务由此难以清晰界定。我们姑且将其统称为"请求权"之中。

③ 周旺生：《立法学教程》，北京大学出版社2006年版，第530页。黄文艺主编：《立法学》，高等教育出版社2008年版，第155页。

全文之末①，因此在《立法法》上述第 104 条中，将检察解释、审判解释规定其中，似乎在刻意凸显其根本不属于立法或者具有立法性质的权限与行为、根本不应该染指和出现在这种具体应用法律的解释中的"续造"的可能与成分。这是立法者在《立法法》中透彻传递的"司法解释"必得恪守其边界、限度——换言之，即在司法解释和法律续造之间严令不得越界的信息和意蕴。② 其次，这反过来印证和明确了在我国的法治体系中，不存在学理意义上的多主体法律解释情形，也不存在此前有关法律解释的决定中的那种解释权限分立的体制格局，法律解释的唯一主体是全国人大常委会，法律解释权是一种专有的立法性质的权限，不被分置和分享。该条中的第一个"应当"标定了司法解释的执行性而非创设性，指出审判解释、检察解释"应当主要针对具体的法律条文，并符合立法的目的、原则和原意。"最后，该条中的第二个"应当"——"遇有本法第四十五条第二款规定情况的，应当向全国人民代表大会常务委员会提出法律解释的要求或者提出制定、修改有关法律的议案。"——划定了审判解释、检察解释的"禁区"的同时，规定了最高人民法院、最高人民检察院负有的职责和义务，即在此情形下，不得"自行"开展"司法续造"，而"应当"提出释法的要求或变法修法的议案。这样，即在最高人民法院、最高人民检察院的立法建议权和立法提案权之中（或者说之外），增设了其"应当"的法定情形和作为义务，从而使得不再"法律续造"之际回转启动释法或变法、修法的衔接环节得以贯通，搭建、弥合了法律实施过程中的信息反馈回路与法律更新途径，是法治"系统工程"中的关联机制的强化。

（三）严格禁止法律续造的现实意义

长期以来，在我国司法特别是审判体制中，法官倾向于认同审判系统"自己"的司法解释性质的各种文件，甚至每每寻求解答或者类似的答复或

---

① 还有学者认为附则中的是"非规范性条文"，除上述之外，还有"实施性立法条文""参照解释条文"等部分。对此我们认为，将附则规定的内容称之为"非规范性条文"似乎以偏概全，并且会弱化附则部分应有的效力。而其中实施性立法条文的表述过于生硬和含混。参见徐向华主编：《立法学教程》，上海交通大学出版社 2011 年版，第 337 页。

② 另，既然在本法调整对象上的职权职责及其权限边界，实体权利义务与行为程序规范和法律责任的认定与追究等，不宜规定于附则之中，那么就《立法法》新版和旧版均将有关军事法规、军事规章的创制权限、主体及其效力等规定在其中如何看待？容另文考察。

指导。这种消极思维方式和裁判依赖心理，不仅使得在特定案件上的审级监督形同虚设，而且势必将立法的"产品"——法律规范本身架空和虚化，并因此导致司法解释泛滥，即便并非司法解释，但实质上具有该性质甚至具有立法性质的文件——不论是解答还是批复、咨询等大行其道。这种情形不仅降低了司法效能，削弱了法制统一和司法公正，而且在长远的意义上不利于司法能力的提高和司法权威的树立，更不利于法治体系的建立和健全，使得法律实施的成效长期徘徊。

为此，新《立法法》① 在肯定和运用司法解释的同时，对司法解释和法律续造予以界分，防范司法解释的越界和变异，强调司法的归司法、立法的归立法，揭示法律续造之非，禁足法律续造之行；同时充实和强化代议机关享有和行使的法律规范创制权、设计权和选择权，发挥人大主导立法全局的地位和作用，贯通立法到法律实施乃至于法律实现，将司法审判中应当转换为立法的制度需求和规范设计的实践诉求疏浚、引导、反馈和回输到法律规范的创制领域之中，理顺法律规范体系和法治实施体系之间的关系，健全法治体系的内部协同机制，具有重要意义。

结 语

综上所述，《立法法》对司法解释界碑的划定、对法律续造可能的禁绝、对立法回应司法的强化，似乎昭示着在我国形成和确立的法治在其最低限度上，一定是严格规则主义的法治，更加强调人大主导立法并以此引领和规范法治实践本身乃至于改革发展全局。这样来纠正和抑制所谓司法能动主义的过度冲动，似乎预示着我国的法治发展道路，不是一条期待通过司法审判的法律续造和判例创制而去提质增速的道路，而是一条激活、加重和发挥国家权力机关及其常设机关科学立法、民主立法、提高立法质量，加强立法供给，良法善治并进，并因此带动全面依法治国的路径。

也是在这种意义上，我国的这部《立法法》，不仅仅是彰显公民、公众

---

① 石东坡：《怎么看公众有序参与立法》，载《学习时报》2015 年 2 月 16 日第 5 版。石东坡：《新〈立法法〉确立的理念与举措》，载《学习时报》2015 年 4 月 6 日第 5 版。

和社会的立法权力并使之与立法权力相辅相成的"民主之法",不仅仅是对立法权限及其活动过程与结果形态进行调整的"立法之法",不仅是在中央与地方立法权限、国家权力与自治权力等予以划分的"结构之法",还是对于立法权、(国家权力机关的)监督权、(包括行政法规创制和规章制定在内的)行政权、法律监督权和审判权等进行权能调适的"政体之法",进而更是一部基于但不限于立法的、融通立法、法律解释、法律实施中的法律执行、法律适用①及其监督保障的全程化、全时段和全主体的法治运行"系统之法",实在可谓一部宪法性法律,而超越了有论者所提出的立法法是立法体制法、立法程序法和立法技术与标准法的三合一的立法法的质料、结构与功能形态。②

党的十八届四中全会的决定一再强调司法要"严格",要"推进严格司法。加强和规范司法解释和案例指导,统一法律适用标准"。《立法法》关于司法解释的规定和这一决定精神是完全一致的,是着眼于立法和司法之间的有机关联,对该要求的具体落实和刚性规定。这一对司法解释、对法律续造的正反两方面的规定、限定和禁定,促进了司法复归"定纷止争"的本原。简言之,严格禁止法律续造,是严格司法、统一标准的必然要求和必要保障。这在一定程度上,也可谓是对于相当时段以来的司法能动主义进行了制度上的纠偏,因为司法能动主义的主要表现就是司法解释文件及个案审判中的规范补足或规则创建。而释法、释明的义务和职责必须履行,释法不同于"造法"、不流于"续法"、不滑向"无法",司法的节制本质、克制本性必须坚守。所以,《立法法》第104条这一规定本就作为司法实践中的重要前提、制度准则和行为标尺的同时,理应同样成为根植于本土法治的、富有理论自信、道路自信和制度自信的司法学理念更新与研究深化的新契机。虑及司法学仅有极少数学者倾心探索其基础理论、努力揭示司法基本规律和

---

① 请注意这里是在司法意义上的狭义的法律适用,仅仅是《立法法》"第五章 适用与备案审查"中的"适用"的一种表现形式和行为阶段。在《立法法》第五章的标题和规定上,"适用"相对于立法和监督而言是广义的,是在法律规范置于特定的客观事实中关系、行为、利益和价值的调整实效的转化过程之意,包括了行政执法和司法审判以及专门法律监督等活动,不限于司法适用之谓。

② 参见周旺生:《论立法法与其历史环境——关于立法法研究的一个方法论问题》,载《法学论坛》2001年第5期,第5—16页。

司法实践机理①，近年来的司法管理学又过于偏重在司法机关内外部管理之上，而与之关联的宪法学对于国家权力结构的分析过于聚焦宏观层面问题，因此，司法解释乃至法律续造上的是非明辨、制度解析这一不可小觑的关乎宪法对国家权力体制科学和秩序合理的尖锐而又细微的问题，不应被遮蔽掉，反而应当成为透视的切入点和折射的聚焦点，牵引着司法的本质、价值、结构、类型、功能及其在法治体系中的新定位、新作为，以及司法体制改革的原点、起点、节点和终点等的一系列重大理论与实践问题的研究不断走向纵深。

---

① 见张文显：《新时代新阶段的中国理论法学》，载《法制与社会发展》2004 年第 1 期，第 3—6 页。张文显：《在新的历史起点上推进法学理论创新引领中国法学思潮》，载《法制与社会发展》2013 年第 1 期，第 3—9 页。谭世贵：《建构法治国家的司法学体系——中国司法制度研究的反思与展望》，载《司法》2008 年第 3 辑，第 1—12 页。鲁千晓：《司法方法学》，法律出版社 2009 年版。顾培东：《能动司法若干问题研究》，载《中国法学》2010 年第 4 期，第 5—26 页。作者使用了"立法性解释"这一折中的词汇，并认为："我国不承认法官造法，因而对立法缺失的弥补主要依赖于最高法院的司法解释，甚至在某些情况下需要最高法院部分地承担立法性解释的责任。"这是我们不能苟同的。葛天博：《司法基础理论范畴探析》，西南交通大学出版社 2012 年版。刘家楠：《推动法律监督立法与司法学研究》，载《群言》2012 年第 2 期，第 22—25 页。李杰：《推进司法学与司法管理学研究——司法学论坛暨首届司法管理学研讨会会议综述》，载黄进、曹义孙编：《中国法学教育研究 2013 春季论文集》，中国政法大学出版社 2013 年版，第 139—164 页。季卫东：《司法体制改革的关键》，《东方法学》2014 年第 5 期，第 110—114 页。崔永东：《司法学原理》，人民出版社 2011 年版。崔永东：《司法学论纲》，人民出版社 2014 年版。江必新：《辩证司法观及其应用》，中国法制出版社 2014 年版。江必新：《良善司法的制度逻辑与理性构建》，中国法制出版社 2014 年版。

【司法责任制】

司法责任制：问题意识与制度进路

崔永东[*]

司法责任制是指司法官（法官、检察官、侦查员）因其不当行权并产生严重后果而承担责任的制度，其目的在于达到"权责统一"（权力与责任统一），实现司法的公平公正。司法责任制与司法人员履职保障制度实为一体两面，二者缺一不可。有的学者还专门提出了建立"法官责任制度"的构想："法官责任制度是指监督法官职务行为、规范法官职业道德和法官日常行为，规定法官责任的范围及具体责任内容及形式的制度性设计。"[①] 这一界说也有助于我们细化对司法责任制的理解。

在当今中国司法改革的话语谱系中，"司法责任制"乃基于问题意识而提出，也是基于问题意识而论证，更是基于问题意识而建构。面对万众瞩目的司法改革，人们的问题油然而生：如何改革才能成功？司法改革的关键点和着力点在哪里？司法责任制是司法改革的关键点吗？如何落实司法责任制？如何化解司法人员对司法责任制的抵触情绪？诸如此类，成为摆在改革决策者和学理探究者面前亟须回答的问题。

---

[*] 崔永东，华东政法大学司法学研究院院长、科学研究院副院长，教授、博士生导师。
① 李建波主编：《司法和谐与社会主义司法制度革新》，中国民主法制出版社 2008 年版，第273 页。

一、司法责任制：何以成为问题？

司法责任制强调司法官要为自己不当行权的后果承担责任，其核心在于错案责任追究制度。但落实错案责任追究制度在司法改革实践中却遭遇重重阻力，据称华东某重点城市在数年内先后两次出台错案责任追究办法，均因基层司法人员的抵制导致无果而终。司法责任制的落实为何成为问题？为何如此之难？笔者的初步分析是，在司法改革的利益博弈中，利益的攸关方基于利害考量往往对改革举措做出抵制或迎合的反应——对不利于自己的改革措施往往加以抵制，而改革的决策者们往往因意志不够坚定而致改革前功尽弃。因此，改革的决策者须有毅力和定力，不能因为遇到阻力就放弃改革的努力，因为这关乎改革的成败和改革的公信力。确实，改革攻坚战是对改革决策者之意志力、抗压力和耐受力的一种考验。当然，对改革计划的设计者来说，如何让计划变得科学、合理，如何让利益攸关方认同、接受，也是对其智慧和能力的一种考验。

另外，司法责任制之所以难以落实还在于我们总是片面强调司法责任的追究而忽视了司法官履职保障制度的构建，如国外司法官队伍的高薪制、终身制及非因法定事由、非经法定程序不得进行处罚罢免的制度等，我们还付诸阙如。只有将司法责任制度与司法官履职保障制度同步构建并实施，才有利于司法改革的整体推进和功效凸显。

当前，我国司法改革的基本目标是实现"权责统一"，用中央文件的话说就是"让审理者裁判，由裁判者负责"。而司法改革的价值取向是司法公正。"基本目标"与"价值取向"有别，前者是具体的、制度性的，后者是抽象的、精神性的；但前者的达成更有助于后者的实现。

实现权责统一的基本目标有两条基本途径：一是"还权"即把权力归还于一线办案人员；一是"归责"即落实司法责任制。前者属于"让审理者裁判"，后者属于"由裁判者负责"。目前的司法体制改革，倡导"去地方化""去行政化"，主要解决"还权"问题；而当前司法机关加强司法队伍建设的种种举措，主要是解决"归责"即落实司法责任制（核心是错案责任追究）问题。

习近平总书记在一次会议上称司法改革的关键是落实司法责任制，必须牢牢牵住司法责任制这个"牛鼻子"，可谓一语中的。司法责任制的价值取向在于实现司法的公平正义："促进社会公平正义是实现政法工作的核心价值追求。从一定意义上说，公平正义是政法工作的生命线，司法机关是维护社会公平正义的最后一道防线。政法战线要肩扛公正天平、手持正义之剑，以实际行动维护社会公平正义，让人民群众切实感受到公平正义就在身边。"① 司法责任制实际上是在制度上防范司法官不当行权的行为，从而促进司法公正："要坚守职业良知、执法为民，教育引导广大干警自觉用职业道德约束自己，做到对群众深恶痛绝的事零容忍、对群众急需急盼的事零懈怠，树立惩恶扬善、执法如山的浩然正气。要信仰法治、坚守法治，做执法、懂法、守法、护法的执法者，站稳脚跟、挺直脊梁，只服从事实，只服从法律，铁面无私、秉公执法。要靠制度来保障，在执法办案各个环节都设置隔离墙、通上高压线，谁违反制度就要给予最严厉的处罚，构成犯罪的要依法追究刑事责任。"② 司法责任制是司法官执法办案的"隔离墙"和"高压线"，旨在抑制其不当行权行为，实现司法的公平正义。

司法责任制是世界司法通例，也是中国古代、近代司法惯例。早在秦汉时期就已确立了司法责任制，如当时的一些罪名"不直"（重罪轻判或轻罪重判）、"纵囚"（将有罪者判成无罪）、"失刑"（因过失而导致量刑不当）等均与司法责任制有关。《唐律》中的"出入人罪"罪名也体现了司法责任制。所谓"出人罪"指将有罪者判成无罪、将罪重者判成轻罪；所谓"入人罪"指将无罪者判成有罪、将罪轻者判成罪重。出入人罪的法律后果是"反坐"，即法官反受其罚。

司法体制改革的"去行政化"成为大家关注的焦点之一，因为只有去行政化才能真正做到"还权"，即将本属于办案者的权力归还于办案者，而还权本身又是落实司法责任制的前提，没有独立且完整的司法权，落实司法责任制无异于缘木求鱼。就法院系统内部来说，司法权的"行政化"主要表现在如下几个方面：一是案件审批制度，指院庭长对案件的审查批准，一般认为

---

① 《习近平谈治国理政》，外文出版社2014年版，第148页。
② 《习近平谈治国理政》，外文出版社2014年版，第149页。

应当废除该制度；二是请示汇报制度，指下级法院就个案处理请示于上级法院，上级法院给予指导性处理意见，多数人认为应当废除该制度，但也有人主张对其进行诉讼化改造；三是审判委员会制度，即审委会讨论决定个案的判决，对该制度虽屡有废除之声，但一般认为目前应当对其进行改革，即淡化其决定具体案件的功能，而强化其总结审判经验、实行类案指导的功能。

可以预见，如果"去行政化""去地方化"做得足够好的话，那么当然就可以防止出现所谓的"司法独裁"现象。"去行政化"使主审法官、主任检察官不会唯上命是从，否则错判将被追责。"去地方化"使目前的人财物归省级司法机关统管过渡到将来归中央机构（独立的中央司法委员会）统管，使地方法院、检察院不再受制于地方党政系统。

司法改革的内在逻辑是：司法改革的关键是落实司法责任制，而落实司法责任制的前提是"还权"（不是"扩权"），一线办案人员只有独立行使完整的司法权（审判合一），才能独立承担责任（合议庭是主审法官承担主要责任，其他法官承担次要责任）；"还权"的前提是形成一支司法精英队伍。如果司法队伍非精英化，如业务不精、能力不强、品质不高，甚至贪赃枉法，那么还权于此类司法人员还有积极意义吗？他们不可能正确行权，而是有可能行权不当甚至以权谋私。

衡量一个司法人员是否"司法精英"，我认为至少有这样三个标准：一是恪尽职守，其前提是有优良的业务素质和道德素质；二是责任担当，即敢于为自己的行为负责，办了错案要勇于承担责任；三是独立判断，其前提是具有独立人格，能够独立思考。符合上述三个标准者可谓司法精英。当然，这也需要在制度上加以保证。

总之，队伍建设是基础，体制改革是保证，司法责任是关键，其最终目标是实现"权责统一"，而权责统一更易促成司法公正。只有牢牢抓住司法责任制这个"牛鼻子"，司法改革才能"纲举目张"，取得成效！

二、问题化解之道：司法责任制与司法人员履职保障制度须相向而行

目前，我国再启新一轮司法改革，并强化贯彻"让审理者裁判，由裁

判者负责"的指导原则。十八届四中全会出台的《中共中央关于全面推进依法治国若干重大问题的决定》指出："完善主审法官、合议庭、主任检察官、主办侦查员办案责任制，落实谁办案谁负责。""明确各类司法人员工作职责、工作流程、工作标准，实行办案质量终身负责制和错案责任倒查问责制，确保案件处理经得起法律和历史检验。"①

最高人民法院出台的《人民法院第四个五年改革纲要（2014—2018）》第28条则提出了"完善主审法官、合议庭办案责任制"的要求。指出："按照权责利相统一的原则，明确主审法官、合议庭及其成员的办案责任与免责条件，实现评价机制、问责机制、惩戒机制、退出机制与保障机制的有效衔接。主审法官作为审判长参与合议时，与其他合议庭成员权力平等，但负有主持庭审活动、控制审判流程、组织案件合议、避免程序瑕疵等岗位责任。科学界定合议庭成员的责任，既要确保其独立发表意见，也要明确其个人意见、履职行为在案件处理结果中的责任。"

应该说，四中全会的精神和"四五改革纲要"有关司法责任的规定，为司法责任的落实指明了一条制度化的进路。此后，全国各级法院群起响应，对司法责任的制度化展开了积极探索。如重庆市第四中级人民法院出台的《关于瑕疵错误案件责任追究的规定》，将过错案件分成瑕疵案件与错误案件两类，对瑕疵案件又分为一般瑕疵案件和严重瑕疵案件，前者是指文书制作、网上办案、卷宗装订归档等方面不恰当不规范，但社会影响不大的案件；后者是指在事实认定、法律适用、审判程序上存在错误，或者文书制作有重大错误，或者超过审理期限，给当事人诉讼权利与司法公信力造成一定损害，但未造成实体裁判、执行结果错误的案件。

对一般瑕疵案件的处分是：对主要责任人进行批评教育，在一个统计年度内累计出现2件一般瑕疵案件的，给予主要责任人通报批评；累计出现4件一般瑕疵案件的，责令主要责任人书面检查；累计出现6件一般瑕疵案件的，主要责任人离岗学习或者调整其审判、执行岗位。

对于严重瑕疵案件的处分是：在一个统计年度内出现1件严重瑕疵案件

---

① 《中共中央关于全面推进依法治国若干重大问题的决定》，人民出版社2014年版，第22—23页。

的，给予主要责任人通报批评；累计出现 2 件严重瑕疵案件的，责令主要责任人书面检查；累计出现 3 件严重瑕疵案件的，主要责任人离岗学习或者调整其审判、执行岗位；累计出现 4 件严重瑕疵案件的，对主要责任人调离审判、执行岗位或者提请上级法院降低其法官等级，主要责任人是审判长（执行长）的，同时免去其审判长（执行长）职务。

该规定第 9 条对错误案件的解释是："认定案件基本事实错误、适用法律明显错误或严重违反审判程序的案件。"第 18 条规定了错误案件责任：在一个统计年度内出现 1 件错误案件，责令主要责任人书面检查、离岗学习或者调整其审判、执行岗位；累计出现 2 件错误案件的，对主要责任人调离审判、执行岗位或者提请上级法院降低其法官等级，主要责任人是审判长（执行长）的，同时免去其审判长（执行长）职务；累计出现 3 件错误案件经考核不称职的，提请有关机关免去主要负责人法官职务。

另外，该规定第 13 条还称"瑕疵、错误案件责任追究方式包括对合议庭的负面绩效评价和对主要责任人的组织处理。组织处理的方式主要有：（一）批评教育；（二）通报批评；（三）书面检查；（四）离岗学习；（五）离岗调整；（六）降级免职。

从以上关于司法责任的制度化探索看，在大方向上是正确的，即追求"权责统一"目标的实现。但是，对错案分类、错案标准的科学性及可操作性仍有进一步提高的空间，而且认定权和处分权都由法院系统内部的组织（如法官惩戒办公室等）或领导行使，其权威性、公信力及客观性等均值得怀疑，应当建立独立于法院之外的由检察官、律师、记者、人大和政协委员等在内的人员组成的法官惩戒委员会，负责对违反司法责任制的法官行为的认定和处理。在这方面可借鉴法治发达国家的经验。

目前，一些人认为在中国推行司法责任制不符合国情，不能照搬西方国家的相关经验。其实，中国古代司法中就存在着司法责任制的传统。早在西周时期，如果司法官"惟货"（贪赃枉法）、"惟来"（受人请托）而导致错判案件，则"其罪惟均"（《尚书·吕刑》），意思是说司法官所承担的司法责任与其错判的刑罚是一样的。

从云梦睡虎地秦墓出土的竹简法律文书看，战国后期的秦国已经确立了司法责任制度。秦简《法律答问》云："论狱何谓'不直'？可（何）谓

'纵囚'？罪当重而端轻之，当轻而端重之，是谓'不直'。当论而端弗论，及易其狱，端令不致，论出之，是谓'纵囚'。"这里的"端"是故意的意思。"不直"即不公正，作为一个罪名，其具体含义是对重罪故意轻判，对轻罪故意重判。"纵囚"的含义指放走罪犯，即审判官让有罪者逍遥法外。另外，秦时尚有"失刑罪"，秦简《法律答问》有"吏为失刑罪"的说法，秦简整理小组解"失刑"为"用刑不当"，这是一种定罪量刑方面的过失行为。可见，不直、纵囚、失刑三个罪名，均与司法责任制有关，是对枉法裁判的司法官员的刑事追责制度。

1989 年出土于湖北云梦龙岗秦墓之中的一块木牍，是迄今所能见到的有关秦代司法判决文书的唯一实物，对研究秦代司法制度具有很高的价值，它反映了秦代错案责任追究制度的实施情况。这篇文书全文如下："鞫之，辟死论不当为城旦，吏论失者已坐以论。九月丙申，沙羡丞甲、史丙免辟死为庶人。令自尚也。""鞫"在此指复审，"辟死"为人名，"令自尚"的意思是相关判决文书让当事人持之以为"常法"（长期有效的法律凭据）。这是一个对错判案件进行复审判决的法律文书。其经过是：一个名叫辟死的人被司法官员误判城旦刑，相关官员因此而受到了法律制裁。九月丙申，沙羡丞甲、史丙签署了关于辟死免除刑责、重新成为庶人（自由民）的文书，让当事人持有该文书作为长期有效的法律凭证。

从中可以窥见秦代有关错案责任追究制的落实情况，错案责任追究制度是司法责任制度的核心，它是保障司法公正的一种制度措施。从这个案子看，司法责任制度在秦代并不是用来"装潢门面"的，而是落到实处、"接地气"的。这是印证秦代"司法严明"的又一例证。

湖北张家山汉墓出土的竹简《奏谳书》（案例汇编）中还记载了秦王嬴政时的一个案例，称当时有数名官员因错判受到了法律的追究。早期汉律继承了秦律中的司法责任制度。张家山汉简《二年律令》中的《具律》规定："鞫（鞫）狱故纵、不直，及诊、报、辟故弗穷审者，死罪，斩左止（趾）为城旦，它各以其罪论之。"鞫，亦作"鞫"，指审判。故纵，指故意放纵罪犯，将有罪判成无罪，将重罪判成轻罪。不直，《汉书·景武昭宣元功臣表》注云："入罪为故不直。"汉简《二年律令》中的《具律》云："其轻罪也而故以重罪劾之，为不直。"这是说将无罪判成有罪，将轻罪判成重罪。

上引律文的意思是：在审判中故意为罪犯开脱责任使其逃避法律制裁，或者轻罪被判为重罪，以及在检验、判决、审理中审查不清者，如果导致当事人被判为死罪，有关审判官员要被处以斩左止（趾）为城旦，如果导致当事人被判为其他罪，审判官员则被反坐（判处被告人的刑罚由负责判案的司法官来承担）。

唐代也实行司法责任制。《唐律·断狱律》规定："诸官司入人罪者，若入全罪，以全罪论；从轻入重，以所剩论；刑名易者：从笞入杖、从徒入流亦以所剩论；从笞杖入徒流、从徒流入死罪亦以全罪论。其出罪者各如之。断罪失于入者，各减三等；失于出者，各减五等。"《唐律疏议》解释道："'官司入人罪者'，谓或虚立证据，或妄构异端，舍法用情，锻炼成罪。……'若入全罪'，谓前人本无负犯，虚构成罪，还以虚构枉入全罪科之。'从轻入重，以所剩论'，假有从笞十入三十，即剩入笞二十；从徒一年入一年半，即剩入半年徒，所入官司，各得笞二十及半年徒之类。刑名易者，徒笞入杖，亦得所剩之罪；……'从笞杖入徒、从徒流入死罪亦以全罪论'，假有从百杖入徒一年，即是全入一年徒坐；从徒流入死罪，谓从一年徒以上至三千里流，而入死刑者，亦依全入死罪之法，故云'亦以全罪论'。"

上引律文的意思是，审判官员从事审判，有入人罪的，如果入人全罪，则以所入全罪的刑罚论处审判官员；如果将轻罪重判，则以其加重的刑罚幅度论处；刑名有变化的：从笞刑加重为杖刑、从徒刑加重为流刑的也以其加重的刑罚幅度论处；从笞杖刑加重为徒流刑、从徒流刑加重为死刑的也以全罪论处。对故意出人罪者也按上述办法处理。因过失而导致断罪入人罪的，减三等处罚；出人罪的，减五等处罚。

这里有几点需要注意：一是"出入人罪"的准确含义，"出人罪"指将有罪者判为无罪、将罪重者判为轻罪；"入人罪"指将无罪者判为有罪、将罪轻者判为罪重。二是因过失而导致的出入人罪，处罚有所减轻。三是对"无中生有"式的判罪，按"全罪"反坐审判官员；"从轻入重"的判罪则以轻重之间的差额论处审判官员。由此可见，唐律对"出入人罪"这一罪名的界定严谨而周详。

　　总之，秦、汉、唐律基于维护司法公正、规范司法权力运行的立场，都规定了司法责任制度，并且落到了实处。秦汉律中的"不直"（重罪轻判或轻罪重判）、"纵囚"（将有罪之人判为无罪）、"失刑"（因过失导致量刑不当）与唐律中的"出入人罪"等罪名就是该制度的体现。唐律中的"出入人罪"包括了秦汉律中"不直""纵囚"（"故纵"）和"失刑"三个罪名的含义，并且更加严谨而周详。另外还规定了处罚"出入人罪"的具体标准，从而提高了惩办该罪的实际操作性，反映了当时立法技术和司法技术的进步。毋庸讳言，司法责任制的落实对维系当时的司法公正、促进司法权的规范行使起了积极作用。

　　在西方，古罗马时期就已经出现了司法责任制。罗马帝国时期，建立了当事人上诉制度，当事人如果不服判决，就可起诉原审法官，原审法官一旦败诉，则会被追究法律责任。现代西方各国均建立了司法责任制。考虑到西方国家的司法机关一般指法院，因此，以下介绍现代西方国家的"司法责任制"时实指法官责任制而言。

　　在美国，联邦和州法院系统都建立了法官责任制，对违反该制度的法官进行惩戒，惩戒措施一般包括私下训诫、斥责、警告、短期停职、撤销法官资格等。联邦与各州均设有专门处理法官行为不端及违法违纪的法官行为调查委员会或者类似组织。对联邦法院系统法官的惩戒，主要由国会下的一个委员会负责。

　　有关材料在介绍美国的相关经验时指出："在美国，13个联邦司法巡回上诉法院均设有巡回法院司法委员会。司法委员会由巡回上诉法院首席法官以及相同数量的上诉法院法官和联邦地区法院的法官组成，上诉法院的首席法官主持该委员会的会议。巡回法院司法委员会的主要职能是，制定巡回上诉法院管辖区内的司法管理政策，依据联邦法律的有关规定对相关错误案件或者不合格案件的申诉进行审查或听证，对法官渎职、贪污、违反司法道德的行为以及因酗酒、精神健康问题是否胜任审判工作等问题进行调查并作出决定。"[1]

---

[1]　陈建德：《关于美国和加拿大法院审判管理情况的考察报告》，载《审判管理研究与参考》第1辑，法律出版社2014年版。

可见，在奉行"司法独立"的美国，也有一套行之有效的法官责任制度，它是一套对司法权力进行监督制约的制度。不受监督的权力必然导致腐败，因此，任何权力都应当受到监督制约，司法权也不例外。

正如学者所言："司法有着自己的客观规律，司法权力也要受到制约，在中国是如此，在美国也是如此。美国是奉行三权分立的联邦制国家，美国法院处处彰显着司法独立的精神，包括美国国会在联邦司法会议的提议下，设立联邦法院行政管理办公室，掌管联邦法院的预算和行政管理，也是司法机关不受其他机关制约这一司法独立精髓的体现。但是，司法独立不是司法不受制约，更不是法官不受制约。"①

在德国，其法官责任制强调坚持"司法独立"的原则。《德国法官法》第26条规定：法官只在不影响其独立的范围内接受职务监督。在德国，法院的院长以及纪律法庭行使对法官的职务监督权，对法官的违纪行为采取惩戒措施，这些惩戒措施包括：警告、罚款、减薪、降职、开除公职等。对于法官行为构成犯罪的，则由普通法院进行审理。

日本对法官的惩戒处分主要包括告诫和一万元以下罚款两种。日本法律规定：除依宪法规定的程序罢免法官外，不得违反法官本意而免职、转职、调动工作、停职或者减薪。法官的免职分为受国民审查、受弹劾法院审理后罢免、因身心障碍被罢免三种。最高法院、高等法院具有罢免法官的权力②。

有的学者在研究西方司法责任制后认为从中可寻绎出如下启示：（1）司法责任制是一个由严厉到宽松、由注重追究法官职务责任到注重法官日常行为责任的过程；（2）坚持法官责任制的制度化、体系化；（3）对权力扩张性的约束。没有责任的权力就如同一个定时炸弹，随时可能爆炸。权力如果得不到有效的管理和监督，人们就会为它所伤。对权力的监督制约是为了更好地体现权力的价值和实现权力最大的潜力③。

---

① 陈建德：《关于美国和加拿大法院审判管理情况的考察报告》，载《审判管理研究与参考》第1辑，法律出版社2014年版。
② 参见韩波：《法院体制改革研究》，人民法院出版社2003年版，第295页。
③ 李建波主编：《司法和谐与社会主义司法制度革新》，中国民主法制出版社2008年版，第277—279页。

当然，司法责任制与司法官任职保障制度应当相向而行。在西方国家，还建立了完善的法官任职保障制度，如实行法官任职终身制、高薪制、退休保障制度及法官职务罢免原因、罢免程序法定化制度等。在美国，法官非因可弹劾之罪并经法定弹劾程序，不得被免职、撤换或强令退休。弹劾法官的程序与弹劾总统的程序一样都是司法程序，当事法官有权为自己辩护。其程序是：由众议院提出弹劾案，参议院审理，参议院以出席人数三分之二多数通过时才可判决。美国联邦法院自成立二百余年来，联邦法官受到弹劾的只有十几人，其中被判有罪的更少。

西方国家法律一般规定，法官非经法定程序、非因法定事由不得被罢免，以保障法官独立。各国法律规定的法官去职事由主要有以下几点：有严重渎职和其他违法行为；担任其他公职；因身心障碍不能履职；国民不信任；本人请求辞职；等等。

司法官履职保障制度是司法责任制的辅助性制度，同时它也有助于司法官独立行使职权。论者指出，当今世界法治发达国家都"确立法官独特的人身制度，以保证法官的良好素质、较高地位以及职务的稳定性、专门性，许多国家都规定了法官的任免、调动、待遇、退休、纪律以及与之配套的制度。以美国为例加以说明。（1）联邦法官必须具有律师资格和经历。这是从主观条件保证法官的素质。（2）联邦法官必经参议院通过，总统任命。这是产生程序的保障措施。（3）联邦法官是终身制，没有法定原因，不得调任、免职。弹劾式免职的唯一法定程序。这是保障法官职务稳固性的重要制度。（4）对联邦法官实行高薪制。最高法院首席大法官的年薪与副总统持平，其他大法官与其接近。上诉法院法官、地区法院法官略减。这是从物质条件上保障法官具有较高的社会地位。（5）联邦法官实行自愿退休制。法律虽然规定年满70岁并且任职10年，或者年满65岁并且任职15年者可以退休，但必须经本人同意。这种制度对于保障法官独立也是有益的。"[1]

法官的物质待遇是法官履职保障的物质基础，它是指法官的在职物质待遇和退休后的物质待遇受到法律保障。在西方国家，法官在社会中处于较高的社会职业阶层，且法官审理案件的行为是一种复杂的劳动，他获得较高的

---

[1] 王以真主编：《外国刑事诉讼法学》，北京大学出版社1994年版，第21—22页。

物质待遇理所当然。另外，西方国家给予法官优厚的物质待遇也是出于高薪养廉的考虑，高薪可助法官抵御外界的物质诱惑，使其能够在经济上无后顾之忧地安心从事审判工作。"西方国家都普遍规定法官（治安法官除外）不得兼任行政职务、不得兼任议员、不得兼任其他营利的职务，也不得有政党身份和从事政治活动。规定法官专任制的目的旨在保证法官以超然的态度独立执法，但也决定了法官收入的单一性特征。……英美法系国家法官的培训、选任和晋升都不同于职业文官，其社会地位、名誉、威望远较文官高得多，因此，法官的待遇也远比文官要丰厚。在英国，法官的待遇是很高的，高等法院法官年薪最低32000英镑。大法官的年薪与首相相同。法官的工资由统一的基金支出，不需每年经议会讨论决定。法院的预算、法官的工资由大法官提出经人事部门同意即可。法官的工资只能增加不能降低。"[1]

学者指出："在理论上支持法官罢免原因和罢免程序法定化的理由与支持法官终身制的理由是相通的。如果立法、行政机关或其他有权势的团体或个人总是很容易地找到办法使法官遭受被免职的命运，那么法官的独立审判将成为一句空话。对罢免事由和罢免程序的专门规定，一定程度上避免了这种情形的发生，从而与法官终身制一起，构成法官任职保障的两大支柱。"[2] 该学者还呼吁在中国建立合理的法官特权规则："要使法官在审判时免受外界的干涉，在审判活动中保持独立与公正，就必须赋予法官特殊的权利与地位。'司法豁免'特权规则旨在保证法官完全自主独立地执行其审判职能，并且能在一种合理限度内拥有某种外在及内在的自由。当然，法官的司法豁免权是相对的，它应保持一种合理的限度。如果法官在审判过程中有行为不检或其他触犯法律的行为，他们仍应承担相应的行政、民事或刑事责任。"[3]

还有学者主张将法官责任制度分为对法官职务行为的监督、对法官职业道德表现和日常行为的约束三个部分。对法官职务行为责任进行豁免，对法官职业道德表现和日常行为进行严格的责任监督，保证其司法公正。对职业道德表现的监督主要是对法官在立案、审判、执行等方面是否符合职业道德要求加以监督；对法官日常行为的监督主要是对其个人生活和其他社会活动

---

① 陈业宏、唐鸣：《中外司法制度比较》，商务印书馆2000年版，第204页。
② 陈文兴：《司法公正与制度选择》，中国人民公安大学出版社2006年版，第175页。
③ 陈文兴：《司法公正与制度选择》，中国人民公安大学出版社2006年版，第181页。

进行监督，如果有违法违纪的内容要予以追究。该学者还提出了建立法官责任豁免制度的设想："所谓法官责任豁免制度，是指在法官执行公务的过程中，只要程序合法，即使出现过错和不良的法律结果，也不认为是渎职，不应该受到法律的监督和惩罚。法官责任豁免制度是坚持法官独立的最彻底的制度性设计，给予法官有高度的自由和空间。""只要是法官在履行职务的过程中实行的行为，无论是否出于恶意，无论是否造成了不利的后果，都不受法律的追诉和制裁，对法官的职务行为实行完全意义上的独立和信任。"[①]

笔者认为，将法官责任制度区分为对法官职务行为的监督、对法官职业道德表现的约束以及对法官日常行为的约束三个部分是可取的，但强调法官在履行职务过程中只要程序合法，即使出现过错和不良的法律后果也不应受到追究则失之于偏颇，这是从一个极端走向了另一个极端。如果法官出于恶意而不当履行职权且造成严重后果，受到法律追究自不待言。否则，如果无原则地"对法官的职务行为实行完全意义上的独立和信任"，又如何能保证司法公正和司法公信？又如何能树立司法的权威？要知道"不受制约的权力必然腐败"这一定律，任何权力都应受到监督和制约，审判权也不例外。

应该说，我国司法改革的决策者们也已注意到司法官履职保障机制（含司法人员责任豁免制度）的建设问题，这在十八届四中全会的决定中也有体现："建立健全司法人员履行法定职责保护机制。非因法定事由，非经法定程序，不得将法官、检察官调离、辞退或者作出免职、降级等处分。"[②]可以说，司法责任制与司法人员履职保障制度之间的相向而行是司法改革成功的前提条件之一。

三、"科学化"与"合理化"是落实司法责任制的关键

近一段时期以来，学界对我国司法责任制存在的弊端、危害以及完善司法责任制的必要性和具体途径都进行了探讨，提出了一些有见地的观点。如

---

① 李建波主编：《司法和谐与社会主义司法制度革新》，中国民主法制出版社2008年版，第293—294页。

② 《中共中央关于全面推进依法治国若干重大问题的决定》，人民出版社2014年版，第21页。

认为错案的认定标准存在问题，忽视了判决的不确定性，这种不确定性包括案件事实的不确定性、法律问题的不确定性以及思维逻辑的不确定性等，程序都合法合理而判决结果"因法官而异"是再正常不过的现象。另外，追究法官责任的法律依据位阶低而且程序不明。上述弊端有可能损害法官独立审判，降低司法权威，它束缚了司法工作人员的积极性，加重了司法职业风险，并且会妨碍司法公正公平。

"坚持以实体裁判结果的唯一正确性考察来追究法官责任的制度性设计所带来的后患之一就是可能妨碍司法公正。由于很多不确定的因素存在，下级法院为了保证案件能够经得起上级法院的检验，就会在判决之前请示上级法院的意思，以求意见一致。而不是想办法寻求实体的解决方案和措施。'二审终审'的审判制度可能被束之高阁，成为花瓶和点缀，进而损害司法的程序性规定。同时，当事人的上诉权无形之中就失去了意义。甚至下级法院为了使得自己办的案子成为铁案，通过错案责任追究这一关，和上级法院搞好关系，请示汇报案件处理意见，疏通交流渠道，而不顾当事人的利益，也为司法腐败构建了一个天然的温床。"①

当然，存在上述问题并不意味着司法责任制就没有意义和必要性。有的学者就指出："司法官在司法活动中的任何违法乱纪、玩忽职守的行为，都会损害司法权的神圣威信和法律的尊严，破坏法制建设，情节严重的可能触犯刑律，构成犯罪。为了严肃法纪，树立司法工作的权威性，对违法乱纪、玩忽职守的司法官必须追究法律责任。建立司法官责任制度，具有重要意义。"②

司法责任制的意义主要表现在：（1）有利于增强司法官依法办案的责任感。（2）制约和规范独立审判。在法治国家，独立司法权的任意性需要司法责任制加以制约和监督，对于法官的不当审判行为，应当从不同侧面进行有针对性的预防和惩治。任何权力的独立都是相对而言的，我们不能以影响法官独立审判为借口而取消必要的监督。法官独立审判的实现以司法责任制的完善为前提，独立审判与司法责任之间应当保持一种稳定的平衡。（3）

---

① 李建波主编：《司法和谐与社会主义司法制度革新》，中国民主法制出版社 2008 年版，第 284 页。

② 陈文兴：《司法公正与制度选择》，中国人民公安大学出版社 2006 年版，第 216 页。

具有警示和教育的作用。从美国两百年的司法实践看，联邦法官被追责而免除法官职务的仅有数起，因此可说司法责任制的教育作用更大于其实际意义。（4）有利于遏制司法腐败，也有利于公民权利的维护。建立司法责任制，增强司法官的责任心和使命感，减少和避免工作失误，有利于维护公民的各项法定权利。

那么，如何才能完善我国的司法责任制呢？第一，司法机关依法独立行使司法权是建立司法责任制的基础，因此要以理顺司法机关与党政机关之间的关系及司法机关人财物的统管为前提，以改善司法机关的外部执法环境。第二，建立司法责任制必须扩大法官与合议庭的职权。第三，建立司法责任认定机制。司法官只有实施了违反法律、职业道德和职业纪律的行为，才应当受到追究，他们对案件的判断和认识不应当成为其受追究的理由。司法人员如果故意造成案件的错误处理，无论何种动机都应追究责任，但由于对法律法规理解上或对案件事实及证据的认识上出现偏差而导致错误裁判的，则不认为是主观故意，未造成损失的一般不给予处分。第四，建立和健全外部监督制约机制。第五，建立和完善惩戒制度。第六，统一司法责任立法。由国家立法机关出台一部《司法责任法》，对有关司法责任制的基本原则、适用范围、构成要件、基本种类、责任形式、确认机构、认定程序等作出专门、系统的规定①。

也有学者认为，司法责任制的实施不能仅仅立足于司法机关的内部监督，而是应当设立独立于法院系统之外监督法官行为和法官职业道德的机构，来行使监督权和处分权。针对司法结果的不确定性问题，我们建议应当着重对法官的日常行为、职业道德表现及审判程序等进行监督而不是对法官的实体裁判结果进行唯一的正确性审查。"现行的法官责任制度主要采取的是法院内部监督和检察院的外部监督的模式，监督的主体主要是法院内部人员（如法院院长、监察室的同事或者聘请的人民监察员）和检察院办案人员。但是因为法院内部监督是一种自律体制，其本身效率就存在疑问，而检察院又面临公诉权、批捕权、部分案件的侦查权和审查起诉的压力，少有精力完成监督法官的任务。我们认为，可以参考美国和德国的做法，从法院、

① 陈文兴：《司法公正与制度选择》，中国人民公安大学出版社 2006 年版，第 220—223 页。

检察院、律师、法学教授、记者、其他社会人士中选择相应的人员组成一个相对固定的法官责任监督委员会。直属于最高人民检察院管理，安排定期和不定期地对基层法院、中院、省高院及最高院在职的法官进行系统和随机的考察，对法官的日常行为、职业道德表现、职务行为的表现进行监督。"①

该学者还对建立我国的法官责任制度提出了构想：（1）制定《法官责任法》，构建法官责任制度体系。现今的法官责任制度体系主要由司法解释和法院内部规定组成，位阶太低，影响力和权威性不够。（2）明确法官责任豁免的原则及内容。在《法官责任法》中明确法官在职务行为中受到完整的责任豁免，同时对法官职业道德表现和日常行为实行严格的监督，对监督的内容、监督的程序、监督的主体、处分的形式以及监督的例外情况进行具体的规定。（3）建立法官责任制度的机构体系。机构体系的设计主要针对法官职业道德的表现和日常行为的监督来展开，当然对职务行为中严重违法乱纪的查处也是不可忽视的一个环节。（4）完善法官责任制度的辅助性措施。如完善法官保障制度、法官遴选制度、法官培训制度、个人财产申报制度、消费管理制度、高薪管理制度等，作为法官责任制度的支撑和依托②。

司法责任制的核心是错案责任追究制度，而错案责任追究制度的设立也必须符合"科学化"与"合理化"的标准，如在错案的分类和认定标准等方面必须科学、合理，否则在效果上必然适得其反。重庆市法院系统在这方面进行了有益的探索。重庆市高级法院与第四中级法院成立的关于《错案评价问责机制若干问题研究》的课题组认为，应当秉持主客观标准相统一原则，即错案在主观上表现为法官有过错，在客观上裁判结果被嗣后的法律程序所改判或发回重审。错案存在三种表现形式：案件基本事实认定错误，适用法律错误，严重违反法定程序。

错案评价问责应坚持四个基本原则：（1）坚持问责的司法性，用司法手段解决司法问题；（2）坚持实体与程序并重；（3）坚持以法官的行为为

---

① 李建波主编：《司法和谐与社会主义司法制度革新》，中国民主法制出版社 2008 年版，第292 页。

② 李建波主编：《司法和谐与社会主义司法制度革新》，中国民主法制出版社 2008 年版，第298 页。

依据；（4）坚持以提高法官素质为核心。

健全评价问责的组织机构，包括案件评查合议庭和错案惩戒委员会。错案的认定标准包括三个层次：（1）裁判错误。即裁判结果被嗣后的法律程序所改变。（2）违反实体法律规定和程序法律规定。（3）具有故意或者重大过失。错案责任追究要重视程序规范，遵循启动、认定、听证、追责四个环节，申辩、听证程序必不可少。

错案的责任形式包括质效责任、经济责任、纪律责任和法律责任。质效责任可在合议庭内按照审判长、承办法官、其他法官 30%、50%、20% 的比例分担，承办法官同时为审判长的，按照 60%、20%、20% 的比例分担。

在经济责任方面，主要方式是扣减法官办案补贴或者岗位津贴。另外，建立法官办案质量保证金制度也是一个可能的思路。纪律责任并不局限于《法官法》的规定，还包括待岗学习等组织处理措施。纪律责任适用实行累加原则，累积错案达到一定数量的，提请有关机关免去其法官职务。

华东某重点城市作为中央司法改革的试点单位，最近也对司法责任制及错案责任追究制度进行了探索，并计划出台《案件差错和违法审判责任追究办法》，笔者通过私下途径获得了该办法的征求意见稿，以下略作介绍，以供大家参考。第 3 条规定："对依法适用简易程序和特别程序审理的案件，由独任法官依法对案件审理全程、全权负责。对依法适用普通程序审理的案件，合议庭成员平等参与案件的审理、评议、裁判等工作，对案件审判共同负责，共担责任。科学界定合议庭成员的责任，根据合议庭成员独立发表的个人意见、履职行为确定其在案件处理结果中承担的责任。审判长除应当承担由合议庭其他成员共同担责部分外，还负有主持庭审活动、控制审判流程、组织案件合议、避免程序瑕疵等岗位责任。在案件审理中承担法官助理、书记员、司法警察等工作职责的审判辅助人员，负有与其工作相适应的责任。"

该办法第 9 条规定："案件差错责任是指在审判工作中，因过失导致案件的程序、实体、法律文书等方面存在错误而产生的责任。案件差错责任分为一般差错责任和重大差错责任。"

所谓一般差错责任，是指案件处理结论正确，但在审理程序、文书制作等方面存在比较明显的不规范、不合理而应承担的责任。案件在认定事实、适用法律、审理程序方面存在一定差错，导致案件结论被改变，但尚未构成重大差错责任的，可视为一般差错责任。

所谓重大差错责任，是指认定事实严重偏差或适用法律明显错误，导致案件处理结论错误，或者审理程序明显违法而应承担的责任。

第18条规定了对案件差错责任人的处分："被认定承担差错责任的，有关责任认定结论应记入个人工作业绩档案，作为个人工作业绩考核、等级晋升、职务任免等事项的重要依据。法官在一年中多次被追究案件差错责任的，可按照考核规定对其暂缓晋升法官等级或降低法官等级，或调离审判岗位。"

该办法的一个特点是在差错案件责任之外，又提出了违法审判责任问题："违法审判责任是指在审判工作中，故意或者因重大过失违反与审判工作有关的法律、法规造成严重后果而应当承担的责任。"违法审判的行为包括：故意违反法定程序，严重损害当事人诉讼权利的；故意不履行法定职责或履行职责不当，造成严重后果的；利用职务便利作出舞弊行为，意图妨害司法公正的；存在贪污贿赂、徇私枉法、滥用职权等违法行为的；严重违背司法职业道德的；等等。

笔者认为，上述法院对错案责任追究制度的构建及其实践性探索是有积极意义的，它展示了推进司法责任制的一种制度化进路和实践化进路，尽管其探索还有进一步完善和深化的空间，还需要理念的引领和理论的支撑，但勇敢地走出第一步至关重要。错案责任追究制度是司法责任制的核心部分，错案责任追究制度的科学化、合理化关系到司法责任制改革的成败，甚至关系到整个司法改革的成败。对"错案"的分类应当科学、合理，对错案标准的设定也应当科学、合理。错案的分类、标准的设定等，其中的关键还是要符合人类认识的规律。众所周知，人类的认识是有相对性的，人们因地位、背景、经历、学历、素养及价值观等的差异而对同一事物产生并不一致的认识，如古代禅宗所谓"如人饮水，冷暖自知"——每人饮同样的水，但对水之冷暖的感知却因人而异——这揭示了人的认识的相对性。这一箴言给我们的启示是：对法官来说，面对同一案件，在事实认定和法律适用方面也难免会有不尽一致的认识，因此不能因这种认识的差异而成为错案追究的目标。当然，我们还应当看到，人的认识又有一定的统一性，即对同样的事务往往会有较为一致或接近的认识。那么，在对错案进行分类和标准设置的时候，如何平衡人的认识的相对性和统一性也成为一个颇费思量的问题，这需要以科学的态度进一步探索。

四、结语

司法责任制是指司法官（法官、检察官、侦查员）因其不当行权并产生严重后果而承担责任的制度，其目的在于达到"权责统一"（权力与责任统一），实现司法的公平公正。司法责任制是世界司法通例，也是中国古代的司法惯例。早在秦汉时期就已确立了司法责任制，如当时的一些罪名"不直"（重罪轻判或轻罪重判）、"纵囚"（将有罪者判成无罪）、"失刑"（因过失而导致量刑不当）等均与司法责任制有关。《唐律》中的"出入人罪"罪名也体现了司法责任制。所谓"出人罪"指将有罪者判成无罪、将罪重者判成轻罪；所谓"入人罪"指将无罪者判成有罪、将罪轻者判成罪重。出入人罪的法律后果是"反坐"，即法官反受其罚。

在当今中国重启司法改革的背景下，中共十八届四中全会的精神和最高人民法院"四五改革纲要"有关司法责任的规定，为司法责任的落实指明了一条制度化的进路。此后，全国各级法院积极响应，对司法责任的制度化展开了积极探索。这种制度化探索的大方向是正确的，即追求"权责统一"的司法改革目标的实现。但是，对错案分类、对错案标准的科学性及可操作性仍有进一步提高的空间，而且认定权和处分权都由法院系统内部的组织（如法官惩戒办公室等等）或领导行使，其权威性、公信力及客观性等均值得怀疑，应当建立独立于法院之外的由检察官、律师、记者、人大和政协委员等在内的人员组成的法官惩戒委员会，负责对违反司法责任制的法官行为的认定和处理。在这方面可借鉴国外法治发达国家的经验。

司法改革的内在逻辑是：司法改革的关键是落实司法责任制，而落实司法责任制的前提是"还权"（不是"扩权"），"还权"的前提是形成一支司法精英队伍。只有牢牢抓住司法责任制这个"牛鼻子"，司法改革才能"纲举目张"，取得成效！

司法责任制强调司法官要为自己不当行权的后果承担责任，其核心在于错案责任追究制度。但落实错案责任追究制度在司法改革实践中却遭遇重重阻力。司法责任制的落实为何成为问题？为何如此之难？笔者认为，在司法改革的利益博弈中，利益的攸关方基于利害考量往往对改革举措做出抵制或迎合的反应——对不利于自己的改革措施往往加以抵制，而改革的决策者们往往因意志不够坚定而致改革前功尽弃。因此，改革的决策者须有毅力和定力，不能因为遇到阻力就放弃改革的努力，因为这关乎改革的成败和改革的公信力。确实，改革攻坚战是对改革决策者之意志力、抗压力和耐受力的一种考验。当然，对改革计划的设计者来说，如何让计划变得科学、合理，如何让利益攸关方认同、接受，也是对其智慧和能力的一种考验。另外，司法责任制之所以难以落实还在于我们总是片面强调司法责任的追究而忽视了司法官履职保障制度的构建，如国外司法官队伍的高薪制、终身制及非因法定事由、非经法定程序不得进行处罚罢免的制度等，我们还付诸阙如。只有将司法责任制度与司法官履职保障制度同步构建并实施，才有利于司法改革的整体推进和功效凸显。

我国某些法院对错案责任追究制度的构建及其实践性探索是有积极意义的，它展示了推进司法责任制的一种制度化进路和实践化进路，尽管其探索还有进一步完善和深化的空间，还需要理念的引领和理论的支撑，但勇敢地走出第一步至关重要。错案责任追究制度是司法责任制的核心部分，错案责任追究制度的科学化、合理化关系到司法责任制改革的成败，甚至关系到整个司法改革的成败。对"错案"的分类应当科学、合理，对错案标准的设定也应当科学、合理。错案的分类、标准的设定等，其中的关键还是要符合人类认识的规律。在对"错案"进行分类和标准设置的时候，如何平衡人的认识的相对性和统一性也成为一个颇费思量的问题，这需要以科学的态度进一步探索。

【附记】本文主体部分完成于 2014 年 11 月。

司法责任制的重心
在于权责界定和权责一致

傅郁林 *

最高人民法院以司法解释文件形式（法发〔2015〕13 号）发布了《关于完善人民法院司法责任制的若干意见》（以下简称《意见》），其内容包括改革的目标和原则、审判权力运行机制的改革、司法人员职责和权限的界定、审判责任的认定和追究、法官的履职保障等，涉及法院组织法、法官法的重要方面，以及程序法的某些环节。可以认为，这是规范本轮司法改革核心部分即审判权运行机制改革的最重要的、正式的法律文件。然而，由于"司法责任"这一概念此前已经被政治化、口语化或情绪化的表达或演绎，当这份《意见》作为一份经过众多法律家参与讨论、质疑和修改并最终经过法定程序反复修订和正式通过的规范性文件出台时，"司法责任制"这一标题性的核心概念可能已经被先验性地赋予了不同内涵和外延。为避免望文生义和先入为主的解读和适用，很有必要回归法律框架对《意见》进行符合改革目标和基本法理的解读和评析。

一、"司法责任制"是什么？

从党的十八届三中全会提出"让审理者裁判，让裁判者负责"，到四中全会提出"实行办案质量终身负责制和错案责任倒查问责制"，再到党的总书记习近平在中共中央政治局就深化司法体制改革、保证司法公正进行第 21 次集体学习时强调"要紧紧牵住司法责任制这个牛鼻子，凡是进入法官、

---

* 傅郁林，北京大学法学院教授。

检察官员额的，要在司法一线办案，对案件质量终身负责。"在党的文件和领导人讲话中，"负责""问责""责任"这几个关键词汇是混同使用的，"责任＝负责＝问责"的混用给"司法责任制"的解读植入了先入为主的底色。但《意见》作为规范性文件，须首先回到法律文本本身去解读，观照其整个内容和宗旨，依据法律概念的特征进行定义和解读，而不能按照某个领导在特定场合的口语化的表达，甚至断章取义地摘取一个词、一句话、一层含义展开不符合法律逻辑的演绎。

（一）司法责任制 ≠ 司法问责制

司法的三大要素，"独立—专业—负责"，是一个完整的体系。"独立"包含司法权限的独立享有和行使，以及确保司法权独立行使的相应职业保障；"专业"指独立行使权限并相应负责的职业能力；"负责"指与独立权限相匹配、以职业能力为基础、以职业保障为前提、以宪法和法律为依据的司法问责。在这个完整的体系中，负责或责任作为与独立、专业并列的狭义概念，往往被替换或翻译为"问责"（accountability）。《意见》第四部分"审判责任的认定和追究"中的"责任"概念基本与"问责"同义。然而，正如第四部分仅仅是《意见》的一个部分，而且是最后一个部分，那么，司法问责显然也仅仅是司法责任制一个层面的内涵，而不是、不应该是、也不可能是司法责任制的全部内涵。

《意见》第一部分"目标原则"中开宗明义地指出，审判责任制的运行要"以科学的审判权力运行机制为前提，以明晰的审判组织权限和审判人员职责为基础"，并且在第二部分和第三部分对于这两个作为前提和基础条件的审判权限重新配置问题进行了专门规定；作为权限行使的相应保障，第五部分专门规定了"加强法官的履职保障"。可见，《意见》在标题上使用的概念"司法责任制"至少包含了权限、问责、保障三方面的内容；此外还包含了审判管理和监督，并且作为完善司法责任制的"保障"。

如果一定要与成熟的司法体系中"独立—专业—负责"三位一体的逻辑进行生硬的比较，那么，当下中国的司法责任制由于尚在改革和转型时期，因而赋予法官的独立审判权和权限独立的相应保障都打了折扣，比如在权限配置上部分保留了审判权的分享机制，并相应地将审判管理和监督作为审判权行使的"保障"；与此同时，法官的问责事由与其权限范围一方面受审判权分享机制的影响因而既非全职也非全责，另一方面法官的职业保障即使按其当下的权限分享和问责分担也远不能匹配。尽管如此，在司法责任制的设计思路上，依然能够看到，在这次从权限与问责的混沌状态走向权限与问责的界分目标的改革中，权限与责任之间的逻辑一致性受到了充分的观照和考量，"权责明晰、权责统一"的改革意向和原则目标十分清楚。

实际上，关于中国司法改革的次序问题，到底是先赋予法官以独立的权限和高配的待遇、吸引精英人才、形成良性循环，还是先实行严格责任和管理监督、以确保现有法官恪守职责、赢得社会信任，一直存在着互不服输、永无结论的争议。在当下司法公信力受到政治和社会层面双重夹击的不利背景下，《意见》所确定的司法责任制作为妥协的产物，对于法官与审判管理、监督者在权限与问责的比重和匹配度不可避免带有过渡性色彩，但这与《意见》自身在目标原则中将"严格的审判责任（问责）制"作为完善司法责任制的"核心"（而不是将独立权限、职业保障置于"核心"地位）是逻辑一致的，也明确体现了改革者对远期目标的追求——法官（而非监督者）将承担（与独立权限相应的）独立责任并享受相应的职业保障。只不过，依本人的评价来看，本次改革在对法官与审判管理监督者之间的关系进行革命性调整时，将法官的责任（问责）比其相应的独立权限和职业保障在步幅上多跨进了半步，我们当然期待改革的另一只脚能以同样的节奏和幅度紧随其后，但无论如何司法责任制都绝对不可能被狭义地解读为司法问责制。

同一核心概念"责任"在同一规范性文件中以不同的内涵和外延使用，很容易造成误读和解释的双重标准。如果将《意见》第四部分所称的狭义的责任（问责）扩大解释，或者将标题上的司法责任制这一广义概念狭义的解读为司法问责制，都会导致司法问责的扩大解释和严重滥用。

（二）司法错误救济（国家责任）≠司法问责（个人责任）

《意见》第四部分规定的审判责任系狭义的司法责任，亦即司法问责，与司法制度为纠正审判错误而采取的司法救济不同。司法救济是国家司法制度为当事人和/或利害关系人提供的补救途径，实质上司法救济是国家作为一个"制度系统"向当事人和社会承担的责任，比如为纠正错案而设立的上诉程序（正常救济途径）和再审程序（特别救济途径），为补偿错案造成的侵害而设立的国家赔偿责任。司法问责是法官或其他审判人员作为一个"司法职业者个人"向国家承担的责任，或者说是国家对法官个人的惩戒。

由于责任的性质、主体、对象、功能、目标等存在明显差异，因此适用条件明显不同。简言之，在责任范围上司法救济明显大于司法责任、国家责任明显大于个人责任，在适用条件上司法救济明显比司法责任宽松、国家对当事人的赔偿责任明显大于国家对法官个人的追究权利。其实道理很简单，司法作为一个体系，形成一项司法结果对于当事人而言只有一个行为主体，那就是国家，因此只要发生法律规定的错误，国家就有义务提供救济；而只要国家机关或工作人员个人发生了法律规定的过错，对由此造成的损害就要承担国家赔偿责任。然而在司法体系内部，即使在法官独立程度最高的司法制度中，每一项司法结果也是由多个主体在多重制度中运行而形成的，包括立法的规范欠缺、模糊或冲突等导致的法律适用困难，也包括法官选任、职业保障、职业培训、职业管理等制度缺陷导致的法官低能，还包括审判程序制度、证据制度、审判管理及案件分流系统等，种种制度缺陷而直接或间接导致的超越现有法官个人普遍智识、能力或正常可控范围所致的司法错误，国家在向当事人提供救济或承担责任之后，不能向法官个人追究责任。只有当法官个人有故意违反法律和司法职业伦理的行为，或者有重大过失导致严重后果的行为时，国家才能追究法官个人的责任。

值得注意的是，《意见》第四部分对"审判责任范围"的原则性表述可能导致误读和对法官个人责任（问责）的扩大性解释，第 25 条第 1 款规定："法官应当对其履行审判职责的行为承担责任，在职责范围内对办案质量终身负责。"尽管第二款进一步将法官个人承担违法审判责任（问责）的条件明确限定于"故意违反法律法规"或"因重大过失导致裁判错误并造成严重后果"两种情形，但第一款却将法官的"终身负责"范围一般性地规定为"办案质量"，而且法官对其正常"履行审判职责的行为"承担何种"责任"？是司法责任制意义上的责任（意即权限和职能），还是审判责任制意义上的责任（问责）？对此，应当结合司法责任制的一般原理，在具体上下文的逻辑中去解释。在立法技术上，作为原则的规范不必列举、甚至不必明文规定，作为例外的规范才需要列举或者明确详细地限定其前提条件；在归责原则上，法官个人对于案件审判质量的责任，以豁免为原则，以问责为例外。《意见》第四部分以第 26 条明确列举了法官问责的具体情形，应该理解为凡是第 26 条未列举的情形均不得追究法官的责任。随后第 28 条又特别强调了不得作为错案追究责任的若干情形。这样从正反两方面进行列举式的规定，在技术上很容易造成解读逻辑的紊乱，但是在如前所述的特定语境下，《意见》为避免错案追究的扩大化和滥用，也是费尽了心思。不过这种表述方法在我国立法中并不鲜见，不应该影响对于原则性（一般性）规范和例外性规范的正常识别和解读。

如果将司法责任与司法救济、国家责任与个人责任、错案救济与错案追究混为一谈，不仅损害审判权的独立行使，而且很大程度上也会增加错案救济的人为障碍、加剧错案救济的困难，比如当事法官出于自我保护或法院出于保护法官的动因，可能有意无意地拖延乃至阻挠错案救济。

二、司法责任制的核心是重新厘定审判法官与审判监督管理者的司法"责任田"边界

毋庸赘述，在司法改革的三个维度——诉讼程序改革、审判机制改革、司法体制改革中，这一轮司法改革的重心是审判权运行机制改革。

依据宪法规定，审判权由人民法院独立行使，那么谁享有"法律赋予"的权限来代表法院行使审判权？在程序法文本中简单地搜索一下关键词便有了相当清楚的答案。

在诉讼程序法所调整的诉讼法律关系中，代表法院行使"审判权"的主体只有两类审判组织，即由一名法官组成的独任庭和由多名法官组成的合议庭。因此，独任法官应当按照简易程序独立审判、独立负责；如果在（民事）案件审理中发现不宜适用简易程序，亦即独任法官无法独立负责的，则转入普通程序，由多位法官组成的合议庭共同（集体）负责。合议庭法官以多数法官的意见作为合议庭的统一意见，对普通程序审判的案件集体负责；非常重大、复杂、疑难、敏感的案件，则可通过增加合议庭的法官人数，依然按合议制进行多数表决，共同负责。

审判委员会作为法院组织法所规定的审判组织，在诉讼程序法中（以民事诉讼法为例），其代表法院对外行使决定权的只有两个事项，即当院长参与审判组织时决定其回避和在法院依职权启动的审判监督程序中决定对生效裁判再审。可见审判委员会在诉讼法律关系中并不享有审判权，而是享有对个别环节和个别事项的审判监督权。

法院院长除以法官身份参与合议庭之外，以院长身份在诉讼法中出现的情形有三大类：一是审判监督权，其事项范围与审判委员会审判监督权相同，即决定审判人员回避和在法院依职权启动审判监督程序中提请审判委员会决定对本院生效裁判再审；二是行政命令权，即代表法院决定采取行政性强制措施（民事诉讼法第116、250条）；三是审判管理权，即决定审理期限的延长。

庭长唯一出现在诉讼法中的情形是关于庭长参与合议庭时由其担任审判长。（民事诉讼法第41条）但其对外身份依然是合议庭的成员之一，按照审判组织的多数表决制，他在合议庭中与另外两位法官享有完全平等的法律地位。质言之，庭长在公开的诉讼法律关系中根本没有任何（单独的）法律地位或角色，当然也不应当有超越于普通法官的审判权和相应责任。

然而，这些在程序法上并不享有审判权的各类"领导"个人和组织，却常常是躲在公开的审判组织背后的实际参与者乃至决定者，这已是众所周知的事实。那么，又是谁赋予了这些法律并未授权、亦不为诉讼参与者知晓的各类主体以分享和干预法律已明确赋予了审判法官、且只能由审判法官独享的审判权？翻开最高法院1949以来各个时期公开颁布的各类规范性文件（包括司法解释），会找到至多一半答案；另一半答案则要去两个方向上寻找，一是各种以审判管理为名或以审判管理为目的长期实施的普遍做法（可归类于"陋规"），二是各地法院以改革为名公开出台或内部传达的地方性文件（可归类于内部文件）。换言之，最高法院和地方各级法院自身便是这些违法授权的"直接"主体（当然是有潜在的外部原因）。因此，审判权运行机制改革首先就是通过法院的内部改革，将法律明确规定应当并且只能由审判法官所享有的权限归还给审判法官。

三、司法问责的原则、条件和标准

《意见》第 26 条在具体认定审判责任范围时，将审判责任主要限定于"违法审判"，特别是作为职业操守缺陷的故意违法行为和属于职业技术错误的重大过失并导致错误的情形。但是第 25 条第一款的一般性规定却将法官承担责任的范围笼统地规定为"对其履行审判职责的行为承担责任"，并且"在职责范围内对办案质量终身负责"（此处责任与问责显然是等义使用的）。这一规定明显违反了司法错误以法官豁免为原则、以问责为例外的基本准则，很可能影响第 26 条在执行中的解释倾向，包括对其列举的各种故意行为和重大过失行为的定义标准，从而导致问责标准的模糊化和扩大化。为此，必须从概念上对两类不同错误进行区分，并且分别采取"（故意）行为"标准和"（重大过失）行为加结果"的不同标准进行解释，以最大限度地符合司法规律。

最后但最重要的是，认定司法责任的标准不能偏离宪法和程序法的具体规定和整体目的，并且应当尽早落实法官的履职保障。没有独立的权力就没有独立的责任，只有责任而没有保障的权力是微弱又危险的权力。

司法改革进程中司法责任制的构建

朱鹏鸣*

随着社会主义法律体系的形成，中国法治建设的重心也由立法转到司法。党的十八届三中全会以来，中国新一轮全面深化改革全方位展开，司法体制改革成为这次改革的显著主题，而司法责任制成为了此次司法改革的重点内容，更是司法改革的关键环节，关乎司法改革成败。本文立足于人民法院司法责任制这个核心，谈一下在司法改革进程中如何构建司法责任制。

一、对司法责任制含义的理解

司法责任制是基于司法机关的法定职权，明确司法责任范围和追责条件、方式等方面的管理制度。

"责任"在现代汉语词典中通常有两种含义：一是分内应做的事，如尽责任；二是没有做好分内应做的事，因而应当承担的过失，如追究责任。司法责任也应该具有两种含义：一是司法机关及司法人员依法应当承担的法定职责；二是在司法过程中违反法律规定或者不当行使司法职权时，应当承担的责任。可见司法责任就是指司法机关及司法人员对于在行使司法职权过程中实施的司法违法行为所应承担的法律责任。

司法责任，同行政责任、民事责任、刑事责任等其他法律责任有着重大或者根本的区别，具有自己独特的属性。

（一）责任主体是司法机关及司法人员。司法责任是对司法违法行为的制裁，是一种职业责任，而这种司法违法行为只有司法机关及司法人员在行使

---

* 朱鹏鸣，浙江文成县人民法院。

司法职权时才能产生，其他任何机关、组织、个人都无权行使，是针对运用司法权力的特定主体。所以，这种司法违法行为所引起的法律后果也就只能由该司法违法行为的行为主体——司法机关及司法人员来承担，而不能由其他的社会主体来承担。因此，司法责任的责任主体只能是司法机关及司法人员。

（二）责任导因违法司法行为。司法行为是司法机关及司法人员作为社会主体在不同的社会关系中处于不同地位，因而可能实施不同性质的行为，如民事行为、内部行政行为、司法行为。并不是所有不同性质的行为都要承担司法责任，只有行使司法职权的司法行为才可能导致司法责任。当司法机关和司法人员不按照法律的规定和要求实施司法行为时，就构成了违法，从而形成了一种特殊的违法行为——违法司法行为。由于司法责任是司法违法行为的不利后果，因而只有当司法机关及司法人员在实施了司法违法行为后才会承担相应的司法责任。

（三）司法责任是司法主体由于司法违法行为而引起的不利后果。司法机关及司法人员依照法律赋予的司法职权按照法定程序实施司法行为，司法行为必须符合法律的规定，司法机关及司法人员超越法定职权或滥用职权、或不按照法定程序司法，都要受到法律制裁，承担相应的不利后果。

（四）司法责任是一种独立的法律责任。司法责任不是基于道义或约定而产生的，而是由法律所规定的，是一种法律责任。司法责任是司法机关及司法人员因实施了司法违法行为所应承担的一种法律责任，而行政责任是行政机关及行政人员因实施了行政违法行为所应承担的一种法律责任，二者在责任主体、责任范围、追究程度等方面存在重大差别。司法责任是因司法违法行为这种国家职权行为所引起的一种法律后果，而民事责任是民事主体因实施属于私人性质的民事违法行为所引起的一种法律后果，因而，二者是两种根本性质完全不同的法律责任。同理，司法责任同刑事责任的根本区别也是显而易见的。这就说明了司法责任是一种与行政责任、民事责任、刑事责任相并列的独立的法律责任，它们之间是不可相互替代的。

二、现行司法责任制存在的问题与障碍

（一）审判不同一，责任主体不明确。我国的刑事、民事、行政三大诉

讼法塑造了基本符合司法规律的诉讼框架，体现了平等、中立、公开、对抗等诉讼原则。但是我国的审判权运行行政化色彩浓厚，承办案件的法官或者合议庭主要负责案件的实体审理，案件作出最终裁判，往往需要向庭长、分管院长汇报，庭长、分管院长对案件的判决结果有不同意见的，则可以要求承办法官或者合议庭重新进行商榷，或者将该案件提交审判委员会讨论，审判委员会作出的案件决议，承办法官或者合议庭必须执行。案件审批制度的存在，造成承办案件的法官或者合议庭无案件结果的最终决定权，法院的分管院长和审判委员会委员未参加案件的实体审理，案件的审理权和判决权分离，严重背离了司法规律，使得办案责任主体不明确。

"司法行政化"，这也是此轮司法改革需要解决的一大问题，2015 年 9 月 21 日发布的《最高人民法院关于完善人民法院司法责任制的若干意见》，对"审者不判、判者不审、权责不明"等突出问题，提出了具体的举措，以求解决审判权运行行政化的问题。但是，长期以来独任法官和合议庭要遵守下级服从上级原则，裁判文书要经过层层把关，经过庭长、分管院长审签，这已经形成了固定的思维模式和行为习惯，而改变司法审判中思维上的定势和行为上的习惯是一个渐进的过程，不可能一蹴而就，在短期内予以消除。

（二）审级制度不合理，上下级法院关系错位。一方面，一审法院有些承办法官不想承担案件责任，将当事人矛盾比较激化的案件或者存在上诉、上访可能的案件，直接向二审法院请示，并将二审法院的答复作为案件处理的最终意见，造成"下审上定""定者不审"的状况，使得两审终审制形同虚设。另一方面，上级法院在工作中，对下级法院审理的案件进行监督、指导、考核，造成下级法院为了适应上级法院的考核而不能独立行使审判权。

（三）司法权多方面受制于行政权。我国长期以来形成的重行政轻司法、重效率轻公平的思想观念根深蒂固，行政权在权力格局中具有绝对的优势，使得司法权对行政权产生依附性。一方面，来自内部行政权干扰，司法人员名义上有抗拒内部人员过问案件的义务和记录权力，因其故意或重大过失的失职行为，追究其司法责任似乎名正言顺。但这还仅仅是理论上的一种可能，因为司法人员在面对个体实体权利保障缺失的情况下，并非具有完全抗拒内部干扰能力。比如对涉及法官任职、评优评先、晋职晋级的业绩考评，掌握在以法院领导阶层为构成主体的法官考评委员，其个体排除对案件的不当干预能力定会大打折扣。另一方面，来自外部行政权的干扰，比如法院党组由当地党委派驻并受其领导，当地党政机关对法院工作业绩的考核影响司法人员考核奖励，工作报告在人大会议上的通过情况影响法院、检察院"两长"的政治前途等。

（四）职权不明确，责权不统一。责任被追究的前提是职权清晰并付诸实践。目前，司法人员对司法责任制落实的主要担心是职权不明确、责权不统一。以法院审判委员会讨论案件为例，审判委员会讨论案件只限于法律适用部分，合议庭对案件事实负责，但在目前实际操作中，审判委员会对案件所讨论决定事项普遍及于事实认定问题。如果在司法责任制落实过程中，对审判委员会的职权改造即只限于法律适用问题（除涉国家外交、安全和社会稳定案件外），事实部分由合议庭负责并承担相应责任，其司法责任基础不存在问题。与之相反，再由合议庭成员承担事实认定责任显然不正当。

（五）非司法本职工作负担过重，司法人员不能真正回归司法本职工作。以法官为例，法官的时间精力被大量审判实务以外的负担牵制，党委政府大小会议、信访处置、业务培训、进社区法治宣讲、维稳与处理突发事件等工作。目前，法院还不可能按照理想状态为法官配备足够的司法辅助人员，同样还要陷于文书送达、案卷整理等杂事。即使法官有了足够的司法辅助人员，司法辅助人员能否心甘情愿为法官做好司法辅助事项，又是一个新的挑战。

（六）职业保障体系不完善，权利保障机制滞后。切实有效地保障法官依法履职是司法责任制的关键点。但现实中，包括出台不久的《关于完善人民法院司法责任制的若干意见》中的权利保障举措也是显得比较无力。比如，法官判决缺乏既判力，投诉、信访压力日渐增大，许多当事人在对裁判结果不满意时，动辄以投诉、信访甚至以自杀自残相要挟，通过信访、上访的方式谋求其他公权力的介入，以期干涉、推翻司法已决事项。在司法权威尚未真正确立、民众惯于有错推定公权力的社会转型时期，闹讼、缠讼现象比较突出，法官随意遭受辱骂、威胁尤为突出，得不到应有的尊重。

我国法官管理体制是单一行政管理模式，法官职业素质要求高、任职条件要求严，此次司法改革没能给法官群体带来充足信心，办案终身制成为法官头上一道永远拿不掉的紧箍咒，而提高法官待遇一直是雷声大雨点小，迟迟未见兑现，导致一些法官缺乏职业荣誉感，难以吸引和留住优秀司法人才，导致贤难招才难留。一则看似平常的网上新闻道出了法院招贤的难处。2015 年 11 月 11 日，北京市公务员考试报名截止的倒数第二天的时候，北京市丰台区法院、西城区法院、朝阳区法院、通州区法院等 11 个法院 54 个职位无人报名。

（七）司法责任问责标准模糊。问责主体也就是惩罚主体是本单位或相应党组织，由本单位进行问责处罚，难保中立，惩戒结果也难逃偏袒之嫌。问责事由没有进行严格限定，在西方法治发达国家，一般不以实体裁判结果作为惩戒法官的依据，因为它从根本上破坏了法官的独立审判和良心自由。在我国，随着一些冤假错案屡屡被媒体曝光，错案责任追究的呼声也日益高涨。2013 年中央政法委发布了《关于切实防止冤假错案的意见》，要求建立健全冤假错案的责任追究机制，党的十八届四中全会又将"错案责任追究制"进一步强化为"错案责任终身追究制"，最高人民法院也发布了一系列规范性文件和"铁规禁令"逐步扩大了法官的追责事由，这些追责事由突破了《法官法》的规定，违反了追责事由法定原则。

三、司法改革对落实司法责任制的要求与期望

从《中共中央关于全面深化改革若干重大问题的决定》要求，探索建立突出法官、检察官主体地位的办案责任制，到《关于司法体制改革试点若干问题的框架意见》提出要完善司法责任制，再到十八届四中全会的决定强调实行办案质量终身负责制和错案责任倒查问责制。这些都清楚地表明，在司法改革的路线图上，司法主体责任越来越被强调，在司法改革的进程中，司法责任制的构建与落实越来越关键。

司法公正要求建立并积极实践科学规范的司法责任制，这也正是司法改革的牛鼻子。司法责任制要求独任法官和合议庭不用遵守国家行政化管理中奉行的下级服从上级等原则，无需经得作为上级的院庭长签字同意，就可以依照自己的意志作出裁判，院庭长从既往的裁判审批者转为受到严格限制的审判管理者和监督者，办案法官从既往的请示汇报者转为依法独立裁判者，

真正做到"让审理者裁判、由裁判者负责",确保司法公正。期望通过实行办案质量终身负责制和错案责任倒查问责制,保障依法独立行使司法权,解决审判分离和责任难以落实问题,维护司法公正和司法权威,努力让人民群众在每一个司法案件中感受到公平正义。

四、解决目前司法责任制出现问题的建议

司法体制改革的目标,是建设公正高效权威的社会主义司法制度。在这一过程中,建立、完善并落实司法责任制是关键。建立完善的司法责任制,既要有系统、规范、具有可操作性的权责运行配置体系制度,又要有内外协助、公正高效的权责运行监督机制;既要有有关司法问责的机制,又要有激励履职尽责的机制,主要体现在法官的管理考核激励机制。

(一)建立司法人员职权清单制度,清晰界定司法人员职权内容与边界

职权不清晰必然导致责任不能落地生根,明确司法人员职责和权限是司法责任制的基础,如果没有对司法人员职权的内容和边界的清晰界定,所谓的"追究责任"也就失去了基础,成了无本之木。最高人民法院《关于完善人民法院司法责任制的若干意见》对独任庭和合议庭司法人员职责作了明确具体的规定,但是对院长、庭长管理监督职责的规定还是比较原则。比如,"副院长、审判委员会专职委员受院长委托,可以依照前款规定履行部分审判管理和监督职责。"这里所指的委托是一事一委托,还是长期委托?委托事项如何进行登记存档或留痕,委托后如何防止院长不当干预等,或者如何防止院长为避免责任将主要职权事项全部委托出去等,如果没有对这些职权事项予以固定,就会发生责任追究推诿和难以落实的局面。

(二)改革裁判文书签署与规范案件请示制

裁判文书签署的改革直接关系到审判权运行"去行政化"的彻底程度,直接影响审理者与裁判者是否同一的问题。《关于完善人民法院司法责任制的若干意见》明确将裁判文书"审签制"改为"签署制",作为改革合议庭行政化问题的技术突破口,即规定了独任法官审理案件形成的裁判文书,由独任法官直接签署;合议庭审理案件形成的裁判文书,由承办法官、合议庭其他成员、审判长依次签署;审判长作为承办法官的,由审判长最后签署。

并且明确了院长、副院长、庭长对其未直接参加审理案件的裁判文书不再进行审核签发。只有审判委员会讨论决定的案件，裁判文书才由院长或者分管副院长审核签发。

要"去行政化"还要规范甚至逐渐取消案件请示制度。下级法院应努力克服依赖思想，按照法律规定的程序独立自主地办好自己所管辖的案子。除少数确实在适用法律问题上有疑难的案件外，其他案件一律不向上级法院请示。上级法院也要严格掌握标准，除了在适用法律上有疑难的案件外其他案件一律退回，不予答复。上级法院对于下级法院审判职权范围内的事项不得以行政手段进行干预。对于重大疑难案件下级法院确实拿不准的，依照法律关于案件审判管辖的规定，下级法院可以要求移送上级法院审理，或必要时上级法院可以提审。

（三）界定追责事由，严格遵循法无规定不追责原则

党的十八届四中全会决定重申"非因法定事由，非经法定程序，不得将法官、检察官调离、辞退或者作出免职、降级等处分"。司法人员应当对其履行司法职责的行为承担责任，在职责范围内对办案质量终身负责。司法权的判断权属性使得法官承担审判责任具有特殊性，即法官承担审判责任的前提必须是故意违法或者重大过失。也就是说法官承担违法审判责任主要有两种类型。

1. 在审判活动中故意违反法律法规的行为。法官作为精通法律的专业人士，在裁判过程中应当严格遵守法律的规定。如果法官在履行审判职责的过程中故意违反程序法和实体法的规定，均应当承担相应的违法审判责任。

2. 在审判活动中因重大过失导致裁判错误并造成严重后果的行为。因过失导致的违法审判责任应当同时具备三个条件：首先必须是"重大过失"。法官应当精通诉讼程序和证明规则，不能违反普通人的注意义务而怠于注意。如因重大过失丢失、损毁证据材料，忽略罪与非罪之间的重要证据，无视当事人一方明确提出与法官内心确信相反的质证意见，混淆证据证明力大小的位阶顺序等。其次必须是"导致裁判错误"。如果法官在审查和认定证据中的过失行为并未导致裁判错误，该过失行为可以通过二审程序或者审判业绩考评机制予以解决，不应纳入违法审判责任予以追究。最后必须是造成"严重后果"。如果法官因过失行为导致裁判错误，但并未造成严重后果的，如一审法官有过失被二审纠正的，证据或诉讼保全过程中的裁定错误被及时纠正的等，也不应纳入违法审判责任来追究。

（四）建立统一的司法人员专门惩戒组织和严格的惩戒程序

建立全省统一乃至全国统一的司法人员惩戒委员会，来统一负责对司法人员的惩戒。这一组织应由资深、公正的司法人员组成，避免由行政机关惩戒司法人员。只有这样才能克服司法机构内的自断其案、官官相护和外行管内行的积弊，从而进一步强化纠错制度，惩戒司法腐败，保证大多数司法人员的办案积极性。这也是西方法治发达国家的共同性做法，如美国联邦和州的司法行为委员会、德国联邦最高法院和州高等法院的纪律法庭、法国的司法官高等委员会等。同时，司法违法行为责任的追究从启动到调查、处理、决定必须要建立一套严格的符合司法规律和法官职业特点的法官惩戒程序。

（五）创造司法人员依法履职的制度环境

首先，要建立司法人员及其近亲属基本的人身及财产安全保障制度。安全是司法人员独立办案的前提，如果司法人员自身和家人的安全都处于不安全状态，就不可能做到公正司法。因此，要依法保护司法人员及其近亲属的人身和财产安全，对恐吓、威胁、侮辱、跟踪、骚扰、伤害司法人员及其近亲属的违法犯罪行为，要依法及时予以惩处。

其次，要创造良好的司法人员履职生态环境。司法的外部环境是确保司法人员独立公正行使司法权的重要条件。法官、检察官依法不受行政机关、社会团体和个人的干涉。任何组织和个人违法干预司法活动、过问和插手具体案件处理的，应当依照规定予以记录、通报和追究责任。同时，要取消地方党委政府对司法机关及司法人员的工作考核和地方性的考绩奖励，才能使司法机关及司法人员摆脱地方的干扰。

【司法改革】

司法改革与司法权配置

崔永东[*]

一、政治话语：司法改革需要如何配置司法权？

司法权配置是当前司法改革的重要一环，司法权配置的关键在于使其科学化、合理化，在于使其符合司法规律。那么，如何才能使司法权的配置科学化、合理化呢？这就是一个见仁见智的问题，而且会因国情不同、体制不同而有不同的处理方式。

2013 年 11 月 12 日，中共十八届三中全会通过的《中共中央关于全面深化改革若干重大问题的决定》指出："优化司法职权配置，健全司法权力分工负责、互相配合、互相制约机制，加强和规范对司法活动的法律监督和社会监督。改革审判委员会制度，完善主审法官、合议庭办案责任制，让审理者裁判、由裁判者负责。明确各级法院职能定位，规范上下级法院审级监督关系。……广泛实行人民陪审员、人民监督员制度，拓宽人民群众有序参与司法渠道。"

2014 年 10 月 23 日，十八届四中全会通过的《中共中央关于全面推进依法治国若干重大问题的决定》提出要"优化司法职权配置"："健全公安

---

* 崔永东，华东政法大学司法学研究院院长、科学研究院副院长，教授、博士生导师。

机关、检察机关、审判机关、司法行政机关各司其职，侦查权、检察权、审判权、执行权相互配合、相互制约的体制机制。完善司法体制，推动实行审判权和执行权相分离的体制改革试点。完善刑罚执行制度，统一刑罚执行体制。改革司法机关人财物管理体制，探索实行法院、检察院司法行政事务管理权和审判权、检察权相分离。"

最高人民法院出台的《人民法院第四个五年改革纲要（2014—2018）》（以下简称"四五纲要"）提出了"优化人民法院内部职权配置"的改革举措，指出："建立中国特色社会主义审判权力运行体系，必须深化人民法院内部职权配置，健全立案、审判、执行、审判监督各环节之间的相互制约和相互衔接机制，充分发挥一审、二审和再审的不同职能，确保审级独立。到2016年底，形成定位科学、职能明确、运行有效的法院职权配置模式。"

四五纲要在优化法院内部职权配置方面提出了如下具体改革措施：改革案件受理制度，完善分案制度，完善审级制度，强化审级监督，完善案件质量评估体系，深化司法统计改革，完善法律统一适用机制，深化执行体制改革，推动完善司法救助制度，深化司法领域区级国际合作，等等。

在改革案件受理制度方面，四五纲要要求变立案审查制为立案登记制，对依法应当受理的案件，做到有案必立、有诉必理，保障当事人诉权。这就意味着，法院的立案权基本上被取消了。在强化审级监督方面，四五纲要要求严格规范上级法院发回重审和指令再审的条件和次数，人民法院办理二审、提审、申请再审及申诉案件，应当在裁判文书中指出一审或原审存在的问题，并阐明裁判理由。这是有关审判监督权的规定，它也是对审判权的一种限制。

在完善案件质量评估体系方面，四五纲要要求建立科学合理的案件质量评估体系，废止违反司法规律的考评指标和措施，取消任何形式的排名排序做法。强化法定期限内立案和正常审限内结案，建立长期未结案通报机制，坚决停止人为控制结案的错误做法。依托审判流程公开、裁判文书公开和执行信息公开三大平台，发挥案件质量评估体系对人民法院公正司法的服务、研判和导向作用。这是对审判管理权的一种限制。

在深化执行体制改革方面，四五纲要提出推动实行审判权和执行权相分离的体制改革试点，加大司法拍卖方式改革力度，重点推行网络司法拍卖模式，完善财产执行制度，推动将财产刑执行纳入统一的刑罚执行体制。

权力的配置既需要权力的分离，也需要权力的整合；既需要弱化部分权力，也需要强化部分权力；既可以赋予权力主体一定的权力，也可以限制或剥夺其权力。司法权的配置也与上述情况一样，在重新分配权力的过程中还要限制权力，以保证司法权的健康运行。重新分配权力必须遵循科学、合理的原则，使权力的配置及运行符合司法规律。

二、学理探讨：司法权如何配置？

实务部门的一些专家指出："优化司法职权配置是党的十七大明确提出的四项司法改革任务之一，大的方向涉及司法在国家政权架构的地位和作用，法院主要是围绕审判权进行优化配置。其中，以法院内部分权制衡实现权力配置的内生优化，从源头保障司法公正，具有深层的制度架构意义，会引导法院、社会、学界和决策者从更宏观、更深刻的权力本质层面关注司法公正。"[1]

"法院内存在审判权、审判指导监督权、审判事务管理权、执行权、执行管理权、执行裁决权、司法政务管理权等形形色色的各种权力。这些权力，既有核心权力，也有辅助权力；既有司法性权力，也有行政性权力，甚至还有兼具行政性与司法性的复合性权力；既有国家机关同有的权力，也有司法机关特有的权力。明确权力属性是优化配置的前提，应根据司法规律科学认定、严谨界定。"另一方面，"对不同性质的权力进行不同的配置。不同性质的权力有着不同的分解模式与制衡路径。某些行政性、辅助性权力可以大刀阔斧分解甚至敞开门户让渡，如司法拍卖权完全可以让渡给第三方阳光交易平台；执行权可细分为实施、裁决等性质迥异的权力交给法院内部不同部门行使；执行实施权可以分段设置交由执行机构的不同部门行使。"[2]

一些地方法院也在审判权运行机制改革中对司法权的配置问题进行了探

① 刘家琛、钱锋主编：《司法职权配置的探索与实践》，法律出版社2011年版，第1页。
② 刘家琛、钱锋主编：《司法职权配置的探索与实践》，法律出版社2011年版，第3页。

索，如北京市昌平区人民法院院长张雯在 2015 年 1 月 13 日昌平区第四届人民代表大会第五次会议上所做的报告中指出："审判权运行机制改革要解决的主要问题是：如何准确界定审判委员会、合议庭、独任法官等法定审判主体之间的关系，如何科学划分审判权与监督权、管理权之间的界限，如何在确保依法独立公正地行使审判权的前提下实现有效的制约监督。审判权运行机制改革的总体思路是：严格遵循审判组织的本质属性，建立符合司法规律的审判权运行模式，优化配置审判资源，摒除审判权力运行模式的'行政化'，为实现司法公正提供制度保障。"

学者陈文兴在《司法公正与制度选择》一书中对司法权与立法权、行政权之间的配置关系也进行了系统探索。他认为，扩张是权力的本性，任何权力都趋向于通过扩张而膨胀成为不受制约的专断权力。掌握权力的人都有野心，野心必须用野心来对抗。人性自身的缺陷与弱点的存在决定了种种主观上的"谨慎"与"防范"不能靠人本身，而必须借助客观化了的人性即合乎人性的法律与制度。经验也告诉我们，政府的权力是必要的，而政府权力本身又是危险的，因此我们必须设计出各种制度防范或减少这种危险。"立法、行政和司法权置于同一人手中，不论是一个人、少数人或许多人，不论是世袭的、自己任命的或选举的，均可公正地断定是虐政"①，都是对宪法的基本原则的破坏。随着近代资产阶级革命的胜利，西方各国逐渐建立起一种以分权制衡为基础的政治制度，国家权力的结构原则由此发生了根本性变革，权力分立取代了权力集中，司法权从行政权中独立出来成为国家权力的一极。立法权、行政权和司法权被分配由不同的国家机关行使，并且相互监督和制约，以避免滥用权力，保护公民的个人权利。分权是减少和防止权力滥用的明智选择。在国家权力体系中，司法权作为"第三种国家权力"，虽然是一种相对独立的权力，但与立法权和行政权相比，却处于明显的弱势地位，表现在"行政部门不仅具有荣誉地位的分配权，而且执掌社会的武力。立法机关不仅掌握财产，而且制定公民权利义务的准则。与此相反，司法部门既无军权、又无财权，不能支配社会的力量与财富，不能采取

---

① ［美］汉密尔顿等：《联邦党人文集》，程逢如、在汉、舒逊译，商务印书馆 1980 年版，第 246 页。

任何主动的行动。"① 司法权在国家权力体系中的这种弱势地位，使司法权在行使过程中，极易遭受其他权力尤其是行政权的侵犯，当其他权力机构与纠纷的利益牵涉时，就有可能利用其强势地位影响和干预司法决定过程。

由于司法权在国家权力体系中处于易受侵犯的弱势地位，因而必须采取措施改善司法权的处境。"司法机关为分立的三权中最弱的一个，与其他二者不可比拟。司法部门绝对无从成功地反对其他两个部门；故应要求使它能以自保，免受其他两方面的侵犯。"② 司法权借以自保的手段便是通过权力的分立与制衡，来实现司法独立。具体而言，国家司法权应交由法院、检察院行使，立法机关、行政机关不得行使司法权；法官、检察官独立行使司法权，法官、检察官只服从法律，不受其他机关、团体和个人的干涉、影响和控制。"在法官那里，降临尘世的法律还不能受到异物的侵入；为使法官绝对服从法律，法律将法官从所有国家权力影响中解脱出来。只在仅仅服从法律的法院中，才能实现司法权的独立。"③ 我国不搞"三权分立"，但科学配置、规范国家权力，加强对权力的监督和制约却是非常必要的。我国现行体制下，立法权、行政权和司法权没有完全分立并相互独立。现行宪法对国家权力资源的配置在某些方面不尽科学合理，有必要予以改进。如立法机关监督权不到位，行政权过于强大并缺乏制约，司法权不独立，等等，致使分权制衡机制无法有效运转起来。

具体来说：一是人大监督权不规范。由于法律对人大行使职权的程序尚无规定，导致实践中，人大直接指令个案如何定性、定罪，甚至调阅案件材料、人大组成人员或人大代表个体向司法机关批转案件的不正常现象时有发生。国家权力机关对司法机关的监督是我国宪法所确认的最高的法律监督。这种监督如不加规范和限制，势必会造成权力专横和滥用。应通过立法对权力机关监督的方式、程序等问题作出具体规定。正如联邦党人所言："如果行政和司法部门的组成使之绝对服从于立法部门，那么把行政和司法同立法

① ［美］汉密尔顿等：《联邦党人文集》，程逢如、在汉、舒逊译，商务印书馆1980年版，第391页。
② ［美］汉密尔顿等：《联邦党人文集》，程逢如、在汉、舒逊译，商务印书馆1980年版，第391页。
③ ［德］拉德布鲁赫：《法学导论》，中国大百科全书出版社1997年版，第100页。

分开又能达到什么目的呢？这样的分权只能是名义上的，不能达到其所以如此建立之目的。服从法律是一回事，从属于立法部门则是另一回事。前者符合好政府的根本宗旨，后者则违反；不论宪法形式如何，后者都会把一切权力集中到同样一些人手里。"① 二是行政权力过于强大，司法权对行政权的制约不足。我国的行政权是一个强势的权力，常常干预其他权力，行政权对司法权有很大的影响，司法独立在这样的情况下就成为一句空话。所以，司法权如不脱离行政权而独立，要想公道不为政治势力所牺牲，那就千难万难了。司法权不但有与行政权分离的必要，且有完全脱离行政权而独立的必要。在某种基本权利受到限制、剥夺的场合，在某种国家权力（尤其是行政权）可能出现扩张、滥用的关口，如果没有司法权的介入和控制，就可能导致权利受到任意的侵害而无处获得救济，权力出现恣意的行使而不受制衡。司法权的存在，为各种各样的国家权力施加了一种特殊的审查和控制机制。没有司法权的控制，行政权将成为带有压制性和专横性的力量。我国现行法律关于司法权对行政权监控的制度安排是不全面的。如现行行政诉讼法规定的法院受理的案件范围仅限于具体的行政行为，对于抽象行政行为的违法性则处于监控空白，这直接导致了我国现实中政令不统一、上有政策下有对策、下级规范违反上级规范仍畅通无阻等现象的泛滥。三是司法权独立性缺乏保障。我国宪法虽然明确规定司法权的行使不受"行政机关、社会团体和个人干涉"，然而，这一规定缺乏具体的制度支撑和保障。首先，我国司法机关无独立的人、财、物权。现行体制下，司法机关的人、财、物等方面受制于政权结构体系中与之平行的行政机关，人事问题由同级政府管理，行政及办案经费由同级政府预算和划拨，甚至司法人员的福利待遇、奖金都要受制于地方政府，这直接导致了司法机关听命于地方政府、司法官员看政府领导脸色。司法的不正常现象的出现，也给司法地方化和地方保护主义打开了盛行之门。其次，对司法官员公正行使职权缺乏制度保障。西方国家宪法普遍明文规定的司法官终身制、专职制、高薪制均没有进入我国的司法制度。

---

① ［美］汉密尔顿等：《联邦党人文集》，程逢如、在汉、舒逊译，商务印书馆 1980 年版，第 364—365 页。

因此，完善我国权力的分立和制约制度势在必行。首先，重新确立司法权在我国国家权力结构中的定位，使司法权真正独立于立法权、行政权，司法权只受宪法的制约；其次，要从制度上保障法院、检察院独立行使职权，即从组织上、经费上、用人制度和职位保障方面改革现有的司法体制，消除司法的地方化和行政化，切实保障司法机关独立行使职权。只有通过权力再分配，才能实现司法资源的合理配置。而在权力的再分配过程中，虽然司法机关与立法机关、行政机关之间在权力关系的调整上会表现为互有交接，但总体趋势上是司法机关的权力将适度扩大。在扩权的同时，司法权也将受到更有效的监督与约束①。

三、一体两面：司法权的配置与运行

（一）司法权配置的内容

司法权的配置，主要包括两个方面的内容：一是指司法权与立法权、行政权之间的配置关系，此可谓"司法权的外部配置"；二是指"司法权的内部配置"，即司法权在司法系统内部的配置，包括审判权、检察权、侦查权之间的配置关系，还包括审判权在同一法院内部的配置、检察权在同一检察院内部的配置及公安侦查权在同一公安机关内部的配置等几个方面。司法权的配置与司法权的运行有密切关系，司法权的合理化配置，关系到能否建立科学合理的司法权运行机制。

在西方，司法权的外部配置体系渊源于其分权与制衡的理论。分权制衡，包括分权与制衡两个部分，即国家的权力被划分为若干部分，如立法权、行政权和司法权，分别由不同的部门独立行使，并使不同部门在行使权力过程中保持一种相互牵制、互相平衡的关系。要使每一个部门的权力对其他两权来说不具有压倒性的优势，要使三者彼此在权力、力量的对比上形成均势。权力分立与制衡构成相互依存又相互制衡的分权制衡机制，限制了政府权力、保障了人民的权利和自由。我国不会照搬西方的分权制衡制度，但科学配置国家权力并加强对国家权力的监督制约也是非常必要的。在我国的

---

① 陈文兴：《司法公正与制度选择》，中国人民公安大学出版社 2006 年版，第 13—21 页。

现行体制下，宪法对国家权力资源的配置在某些方面还不尽合理，如立法机关的监督权不到位，行政权过于强大并缺乏制约，司法权运行中的独立性偏弱等，导致权力的分立制衡机制中存在一些问题，这种问题亟待解决①。其解决的途径是：首先，应当提高司法权在国家权力结构中的地位并提升其独立性；其次，要从组织上、经费上、用人制度与职位保障等方面改革现行司法体制，消除司法的行政化与地方化。

司法权的内部配置是指侦查权、检察权和审判权的合理配置，以保障审判权、检察权独立公正地行使。如果司法权在程序、组织等各个环节设置得科学、合理，那么当个人面临公权力侵害时便可通过司法途径与国家权力机构进行一场平等的理性抗争。如果司法权配置不合理，不仅会影响到对公民权利的保障，而且还会影响到各种权力的运作，并削弱司法的公信力。

司法权的内部配置要处理好检法关系、检警关系等。在检法关系方面，又包括刑事司法中的检法关系、民事司法中的检法关系两个方面。先看刑事司法中的检法关系。在现代刑事诉讼中，控审分离是调整检法关系的基本原则，它强调控诉职能和审判职能之间的分权制衡，一方面控诉职能要受到审判职能的制约，控诉职能对犯罪的纠举，必须经过法院的审查才能加以认定；另一方面审判职能也在一定程度上受制于控诉职能，如控诉职能由检察院提起，法院不能主动开启审判程序，法院不能超出检察院起诉的被告人和罪行而作出裁判。可以说，控审关系或者说检法关系本质上应当是一种制约关系，强调检法之间的互相配合，共同打击犯罪，无疑会破坏检法关系的基础，使国家权力失去制约，并对被告人的人权构成重大威胁。再看民事司法中的检法关系。检察机关作为专门的法律监督机关，其法律监督当然不能仅仅限于刑事诉讼活动，还包括对民事司法活动进行监督。检察院如果认为法院的民事审判存在问题，应当进行抗诉。对民事司法的监督，有利于维护司法公正与社会稳定。

在警检关系方面，我国法律虽然赋予检察机关对侦查机关的立案活动的监督权和对侦查活动的监督权，但由于这种监督权无强制性保障，以及属于事后监督的性质，使得检察对侦查的控制力仍然较弱。侦查机关完全有权按

---

① 参见陈文兴：《司法公正与制度选择》，中国人民公安大学出版社 2006 年版，第 18 页。

照自己的意愿，对侦查活动的启动、运行和终结拥有独立的决定权①。

根据笔者的观察，在现代控辩审的诉讼结构中，侦查只是控诉的一方，侦查机关仅处于为控诉服务的诉讼地位。因此有必要强化检察对警察活动的监督，应当赋予检察官对侦查活动享有指挥权，侦查机关的秘密侦查手段、搜查权、刑事拘留权、扣押权等强制措施的批准权一律划归检察机关，对应当立案而侦查机关拒不立案的，检察机关有强制侦查机关立案的权力。

司法权的内部配置还包括审判权内部的配置、检察权内部的配置、侦查权内部的配置等。审判权内部的配置是指法院系统内围绕院庭长、主审法官及上级法院之间的一种权力配置关系；检察权内部的配置是指检察院系统内围绕检察院领导与主任检察官之间的一种权力配置关系；侦查权内部的配置是指公安系统领导与主办侦查员之间的一种权力配置关系。在上述权力再分配的过程中，其总体趋势是逐步落实主审法官、主任检察官及主办侦查员的办案责任制，实现权责统一的司法权力配置格局。

（二）优化司法权的配置与运行

司法权的优化配置，其目的在于建构一种良性的司法权运行机制。例如，在法院系统，通过审判权的优化配置，可以使审判权运行机制良性运转。应该认识到，要优化审判权配置，必须采用"去行政化"的手段，因为目前的审判权运行机制的"行政化"色彩突出。审判权运行机制的去行政化需要逐步弱化法院行政领导及审判委员会的裁判主体地位，并相应强化法官的裁判主体地位。要调整审委会的职能，加强其对审判工作的宏观指导作用，淡化其对案件的决定功能。要明确法院内部审判权与审判管理权、审判事务与行政事务的界限，实行分类管理。要严格限制院庭长行使审判管理权的行为，除非其亲自参与审理案件，不得直接或间接干预案件的处理。要减少并逐步取消院庭长审批案件，减少并逐步取消下级法院就案件处理情况向上级法院的请示汇报，维护法定审级的严肃性。要在制度上明确法官享有独立审判权，建立严格的错案责任追究制，实现权责一致。要建立独立于公务员系列的法官队伍，提高法官队伍的职业化水平，以法官等级作为法官级

---

① 参见陈文兴：《司法公正与制度选择》，中国人民公安大学出版社 2006 年版，第 22—24 页。

别高低的唯一标准，提升法官的法律权威意识，淡化其行政权威意识①。

要实现司法权的良性运行，除了法律约束外，还要加强道德和纪律约束，法官、检察官及公安干警要提高道德自律能力——道德自律能力的提高也需要他律手段的配合，即将自律的道德与他律的制度互相结合变成一种"准法律"（职业纪律——职业道德的"准法律化"），使其带有一定的强制性，使司法主体在恪守这种"准法律"的职业纪律的同时逐步提高其道德自律的能力。这一工作需要借助司法管理的力量加以推进。

（三）司法职权配置与司法责任制应当互相结合，以实现权责统一的司法职权配置格局

有权必有责，权大责也大。司法改革的目标之一就是实现权责统一的司法职权配置格局。四中全会决定对这一格局进行了如下的描绘："司法机关内部人员不得违反规定干预其他人员正在办理的案件，建立司法机关内部人员过问案件的记录制度和责任追究制度。完善主审法官、合议庭、主任检察官、主办侦查员办案责任制，落实谁办案谁负责。""明确各类司法人员工作职责、工作流程、工作标准，实行办案质量终身负责制和错案责任倒查问责制，确保案件处理经得起法律和历史检验。"

三中全会的决定也有"让审理者裁判，由裁判者负责"一语，旨在落实权责统一的司法职权内部配置的合理化，四中全会决定所谓"落实谁办案谁负责"也是这个意思。有权必有责，滥权必追责，错案责任必须受到追究，否则今后还会出现更多的"赵作海案""佘祥林案""呼格案""聂树斌案"等等。四中全会的表述确实给力："实行办案质量终身负责制"。这对那些滥用司法权力者将是一种震慑。如果司法机关落实四中全会决定中所谓"完善主审法官、合议庭、主任检察官、主办侦查员办案责任制"，那就意味着司法职权在司法系统内部对不同司法主体进行了新的配置，如司法机关内行政领导的司法权受到了削减，而一线办案人员得以"扩权"，这是司法权内部配置趋于合理化的表现。

上海市的司法改革方案正是以司法职权的配置为核心的，其具体措施一直备受关注。可惜的是，该方案的设计者之一、上海市高院副院长邹碧华先

---

① 参见崔永东：《审判权运行机制改革的有益探索》，载《人民法院报》2014年10月23日。

生"出师未捷身先死"，英年早逝，令人唏嘘泪下。作为法律职业共同体中的一员，我们除向邹院长表达足够的敬意外，还理应完成邹院长的未竟事业，将司法改革进行到底。

据媒体报道，中央全面深化改革领导小组第三次会议通过《上海市司法改革试点工作方案》，上海市政法委书记、市司法改革试点推进小组组长姜平介绍了改革方案的主要内容：（1）完善司法人员分类管理制度；（2）健全法官、检察官及司法辅助人员职业保障制度；（3）完善司法责任制；（4）探索建立法官、检察官省级统一管理的体制；（5）探索建立法院、检察院经费统一管理的机制。

可以看出，上述内容均与司法职权的重新配置有直接或间接的关系，特别是在有关完善司法责任制的表述中，更是体现了方案设计者对司法职权合理配置的一种强烈追求：突出司法责任制，突出主审法官、主任检察官办案主体地位，加强监督制约，实现"让审理者裁判，由裁判者负责"；在适用简易程序审理案件中，主审法官全权负责；在合议庭审理案件中，主审法官承担除应由合议庭其他成员共同担责部分之外的所有责任；主任检察官在检察长授权范围内对作出的案件处理决定承担办案责任；改革审委会制度，大幅减少个案指导，强化审委会总结审判经验、讨论决定审判工作重大问题、实施类案指导等方面的职能，同时加强对司法权力的制约监督，建立办案人员权力清单制度，明确"两长"与办案人员的权力和责任。

这说明，上海市司法改革方案在司法职权配置上的基本方向是将权力向一线办案人员大幅倾斜，或者说是将司法权向主审法官、主任检察官进行合理配置，同时将其他"司法主体"如院庭长、审判委员会等的权力大幅削减，以期形成一种以司法权为主、以司法管理权为辅的新的权力谱系。可以说，如果这一改革方案今后能够全面推开并落到实处，将彻底改变我国司法机关的司法职权配置格局，并在法院、检察院形成一种比较合理的权力配置体系，从而为为构建优良的司法管理体制打下坚实的基础。

人民法院审判权分工研究[*]

樊玉成[**]

一、审判权[①]分工理论与司法改革

（一）社会分工是上层关系的基础设计

分工与合作是人类社会存在和发展的基础，关于这点中西方理论家作出过许多重要而经典的论述。[②] 在国家权力结构层面，分工显然也是国家政治体制的核心问题。如西方法治国家所谓的"三权分立"的制度，以及我国"议行合一"的制度，其实核心都是国家权力该如何分工的基本问题。

分工构成各种法律制度最为基础的设计，体现出各种法律制度显著而不同的性质与特点。宪法和各部门法的创制，首先解决的就是权力的分工问题。对于司法制度来说，包括《宪法》《人民法院组织法》《法官法》，以及三大诉讼法等在内的法律规范是司法体制的核心架构，其中审判权如何分工又是司法制度中最为基础的建构。

正是由于权力分工是司法制度的基础设计，司法制度不断发展的过程就

---

* 论文是中国博士后科学基金一等资助项目（2012M520042）和上海市哲学社会科学研究项目"审判权运行的职权配置研究"（2015BFX002）的阶段性研究成果。感谢华东政法大学崔永东教授对论文提出的修改与完善建议。

** 樊玉成，华东政法大学司法学研究院副院长。

① 国家审判权内涵丰富，范围广，包括司法解释权、地域审判权、审级审判权、专门审判权等。论文为聚焦研究目的，仅在业务法院的意义上使用审判权概念，即主要指基层法院和中级法院。

② 分工是社会生活最本质的条件，并决定了社会构成的本质特性。参见［法］埃米尔·涂尔干：《社会分工论》，渠东译，生活·读书·新知三联书店2000年版，第26页。

是在司法分工这一基础上不断构建和发展的过程。随着国家政治、经济等各项体制的改革，以及社会变迁带来的制度环境与人们需求的变化，作为上层关系的司法制度总是需要不断调整自己以适应经济基础以及生产力的变化。

（二）司法改革的必然性与先导性

社会发展是渐进的、不可阻挡的，如果制度改革不能渐进跟进，那么将会不断积累制度瑕疵，由量变到质变，形成体制性弊端。对于司法改革而言，司法制度内在特点决定它是国家政治体制中最为保守的权力。① 尽管司法改革的动作从来没有间断过②，但已有的很多改革举措大多属于增量型改革，不会触动司法问题的因果关系链条最为前段的基础原因。

不论人们如何不情愿地看待这一问题，制度与现实的张力总是会以现实压倒制度为历史规律。党和国家的领导集体也深刻认识到这一问题和规律，为了更好地推进中国特色社会主义建设，破解继续改革、开放和发展中存在的深层次问题，党的十八届四中全会作出了党的历史上第一次以"法治"为主题的中央全会决定（以下简称法治决定），把"依法治国"定性为"中国特色社会主义的本质要求和重要保障"。

党的十八大、十八届三中全会和十八届四中全会都把司法改革作为深化改革和依法治国的引领性改革实践。司法改革是政治和法治体制改革中最早提出，并凝聚了全体人民对改革期待的先导性改革。③ 司法改革成功与否已经成为检验全面深化改革成功与否的关键性指标。

（三）优化司法职权配置与审判权分工改革

法治决定中内容和干货都最多的部分当属司法改革，而司法改革部分篇幅最大的部分就在"优化司法职权配置"方面。④ 司法职权配置，既有大司法职权的配置，即多个司法机关之间的职权配置，也有法院内部"层级权限"、司法权力与责任匹配等配置问题。十八届三中全会对于司法职权配置问题改革提出"健全司法权力分工负责、互相配合、互相制约机制"的总体要求。

---

① 有关司法能动与司法克制的讨论广泛而深入，就司法本质特点而言保守性是其根本。参见陈金钊：《司法意识形态：能动与克制的反思》，载《现代法学》2010 年第 5 期。
② 参见张文显：《人民法院司法改革的基本理论与实践进程》，载《法制与社会发展》2009 年第 3 期。
③ 参见张文显：《司法改革的政治定性》，载《法制与社会发展》2014 年第 6 期。
④ 参见《中共中央关于全面推进依法治国若干重大问题的决定》。

司法权力的分工、负责、配合与制约的总体要求就是司法权运行机制的核心概括。对于法院而言，司法权的运行主要是指审判权运行，而其中最为基础的当属运行机制中的分工机制。之所以说审判权分工机制是基础设计，是因为无论法院上层体制如何变革，比如审判组织、专门法院的增减、司法辖区的变动、科技装备与流程的改进等，在审判权的微观运行层面都仍以分工为基础，不会改变。

如何科学合理设定审判权的分工，并辅以相应的司法责任，是实现审判权运行权责统一的基础性制度。它是审判权运行机制改革必须正面应对的基础问题。审判权分工机制具有非常强的理论基础，也有非常具体的现实国情。对审判权分工机制的研究是司法改革一项基础性的理论研究工作。

审判权的分工建立在对审判事务理性认知与合理类型化的基础上，以提高审判效率，最大程度发挥审判资源作用为分工机制原则，最终实现法院审判各项资源的有效匹配，实现审判权运行机制的流畅化。审判权分工可以分为审判体制上的分工和审判机制上的分工两个层面。第一个层面的分工主要是《宪法》《人民法院组织法》在人民法院顶层体制设计上所布局的审判权分工。第二个层面的分工主要根据三大诉讼法的内容，就我国三种审判程序各自不同的制度设计所产生的审判权的分工。

二、审判权分工的学理划分

（一）法律行为的类型化

法治社会是对社会状态和社会行为的一种总体性描述。法治社会在处理各项社会事务和规范各种行为中，有着一个最为基础和根本的处理方式，那就是类型化。无论民法、刑法，还是行政法，法律理论、规范和制度的发展和完善总是与类型化分不开。缺乏类型化的行为总是意味着容易游离在规则之外。法律适用的涵摄技术本质上就是法律行为类型化的主要方法。法治具有诸多本质特点，类型化就是法治在处理社会关系和社会行为中最为本质的特点之一。①

---

① 这是法治的优越性和局限性的主要表现。现代社会问题具有多元因素（性质）特点，类型化的方法在实现法治的过程中表现的并不完善，经常会留下遗憾。

人类学、心理学、脑神经科学的研究证明，人类记忆和思维在脑神经的物理层面是以分类汇总记忆为物质基础的。① 人类对问题的认识总是本能地将其进行比喻、类比和分类，如会说话的幼儿总是自然地会说见到的东西像什么，人类的认识和智慧本质上就是类型化的。对于法治而言，这意味着我们建构起的规则体系，也即法律规范体系本质上也是类型化的，如法律系统、法律体系和部门法等。我们的合法性评价本质上是类型化评价。

我们的纠纷解决的法治体系也是类型化的。由于法律规范体系的类型化把我们对于法治的知识和判断予以固化，那么运用规范去评价社会关系和社会行为的过程中，在化解法律纠纷的过程中，法治化的纠纷解决也应当是类型化的。类型化的部门法、类型化的法律关系和法律行为、类型化的诉讼程序和判决结果，这些类型化的本质特点决定了审判权运行的前提也应当是类型化区分的。另外，法官知识的养成也是类型化的。

（二）审判权划分的事务基础

法律行为依其利益属性可以做权力（利）和义务两分法。权力在法律一般形式上属于行为，但在其内容上就表现为不同领域的各种事务。对于权力的划分从实用主义的角度，无论如何都离不开依据事务内容本身的特点所作出的划分。

审判权的分工，根据审判事务性质的差异可以区分为审判类事务、审判辅助性事务和行政类事务。

1. 审判类事务

与诉讼案件审理，包括事实认定、法律适用等裁判内容直接关联的事务属于审判类事务，如听证、庭审、合议、案件法律推理、审判会议（证据交换会议等）、替代性纠纷解决、裁判文书（各类裁定、判决、调解书）的制作、宣判等。

2. 审判辅助类事务

在诉讼程序之内的，但不属于对案件事实与法律进行过实体判断的程序性、关联性和构成性事务属于审判辅助性事务。审判类事务与审判辅助性事

① Chiao Joan Y., Neural basis of social status hierarchy across species, Current opinion in neurobiology, 2010, 20 (6).

务有时处于包容与交叉性存在，其区分边界并不清晰。另外，审判辅助性事务具有司法性与行政性两种混合特点。就其存在的领域和制度构成来看，它们具有司法行为的性质；但单独和微观看待这些事务，它们带有管理和效率导向，具有行政性的特点。实践中的审判辅助性事务有：立案管理、诉讼财务管理（诉讼收费、罚款等）、案件排期、审前程序、审判流程管理、人民陪审事务管理、法庭管理（设施设备管理、维护）、庭审文秘（记录、录音录像、翻译等）、司法装备管理、院务管理、司法政策、司法文书（传票、通知、裁判文书等）送达等。

3. 行政类事务

在诉讼程序之外的各种组织、管理和服务内容的事务属于行政类事务，包括办公文秘（法院工作计划及其实施）、宣传、行政人事管理（招聘、岗位管理、培训、福利等）、网络信息管理、物业管理（安保、保洁等）、财务管理、资产管理等。

另外，依据审理案件的重要性标准[1]，审理案件的类型化标准[2]，以及审理程序的阶段性标准[3]等，对审判权进行不同的分工设计。

（三）审判权划分的主要理论

学术界对于审判权划分的研究有一定代表性的理论主要集中在两分法理论和四分法理论。两分法理论是指把审判权分为"判断类权力"（审判权力运行）与"行政类权力"（司法行政运行）两个大类。两分法依据司法权与行政权的差异性理论[4]从宏观理论层面做大体区分，具有强理论基础，但实践操作的直接指导性较弱。

---

[1] 依据案件重要性标准，可以将审判权分工设计为合议制的审判权运行与独任制的审判权运行，如依据《人民法院组织法》第九条规定："人民法院审判第一审案件，由审判员组成合议庭或者由审判员和人民陪审员组成合议庭进行；简单的民事案件、轻微的刑事案件和法律另有规定的案件，可以由审判员一人独任审判。"

[2] 依据不同类型的案件，可以将审判权分工设计为民事案件的审判权运行、刑事案件的审判权运行、行政案件的审判权运行等。

[3] 依据审理程序中阶段不同的标准，可以将审判权分工设计为：审前分工、程序性事实裁定分工、诉讼专门问题解决分工、庭审分工、形成裁判实体意见分工、裁判文书制作分工等。

[4] 孙笑侠：《司法权的本质是判断权——司法权与行政权的十大区别》，载《法学》1998年第8期。

为了更好地反映现有司法实践状况，以司法部门为代表的实务研究者提出四分法理论，将审判权依据不同层次区分为：第一层次：审判事务与辅助事务；第二层次：重要案件与简易案件；第三层次：单个案件中核心事务与辅助事务；第四层次：专业化司法辅助性行政事务。① 四分法理论较为直接的反映审判权分工的实际情况，但迁就于实践情况，缺乏分工的理论性基础，不能够反映审判权分工机制的内在特点。

审判权分工理论需要根植于审判权理论的深厚土壤中，并能够在司法实践的现实世界解释和指导审判权分工的机制现状与改革。笔者认为审判权分工理论应当从审判事务中凝练分类标准，可采用判断事务、辅助事务和行政事务三大类划分，并根据案件分类实际以及审判流程环节进一步进行分工设计。审判权分工理论要尽可能地在分类逻辑标准上周延，不能一味地用实践中的区分代替理论上的分类，保持审判权分工理论、标准，甚至是概念上的相对独立性。这样有利于审判权分工理论相对稳定和长期地指导司法实践。

三、审判权分工的规范考查

严格依据现有审判权分工的各种有约束力的法律规范，笔者根据规范依据、区分审判权分工的要素性质，以及划分依据在国家机构、体制和职责目标方面的重要性差异，将审判权分工总体上分为审判权的体制性分工和审判权的机制性分工。前者是指构成审判体制内容和构成要件的基本分工，从规范层面是指宪法和宪法性法律所确立的基本的和基础的审判权分工；后者是指构成审判权运行机制的操作性分工，从规范层面主要以三大诉讼法为主体的审判权运行过程中的业务性和程序性分工。

（一）审判权的体制性分工

《宪法》第三章第七节和《人民法院组织法》是我国人民法院的组织法和审判行为基本法。对于审判权分工的体制设计，宪法构造了层级性的审判

---

① 参见邹碧华：《审判事务的分工与法官辅助人员的配置探讨》，载《法律适用（国家法官学院学报）》2002 年第 12 期。

权分工以及专门性事务的审判权分工。①

1. 审判事务的层级分工

层级分工除了有审级设计方面的诉讼权基本构造考虑②，还兼具审判事务的层级分工。《人民法院组织法》在审判事务的上下级法院分工设计上，并没有确定审判事务层级分工的实体标准，而是将审判事务的层级分工权保留给全国人大及其常委会。③ 依据《宪法》和《人民法院组织法》的授权规定，全国人大及其常委会根据特定时期、特定类型法律纠纷、特定审判任务目标确定实体化的审判事务层级分工制度。④ 宪法性法律之所以没有直接确定层级分工标准，一方面，考虑到宪法性法律自身的规范功能与定位，维持其文本的稳定性等；另一方面，授权宪法规范之下的一般法律能够通过各种单行立法的形式，实现审判事务层级分工的灵活与动态调整，实现化整为零。

2. 审判事务的专门分工

审判事务的专门分工属于审判事务类型分工的一种特别状态，是立宪（法）者运用审判事务重要性的宏观标准予以区分的体制性设计。审判事务的专属性分工意味着特殊类型事务的审判权在审判组织体制上的独立运行，如《宪法》有关军事审判事务的专门分工，⑤ 设立专门性法院来审判事务的专属审判权是体制性分工的实例。尽管，设置专门性法院是解决审判事务分工最为简单有效的办法，但由于体制性分工事关国家治理结构，属于宪法层面的国家事务，使用体制性手段解决审判事务专门分工的方式要非常审慎。依据《宪法》《人民法院组织法》和《立法法》的规定及相关原则，专门

---

① 《宪法》第一百二十四条第 2 款规定："中华人民共和国设立最高人民法院、地方各级人民法院和军事法院等专门人民法院。"

② 《人民法院组织法》第十一条第一款："人民法院审判案件，实行两审终审制。"立法确立案件裁判（司法救济）的两次审理制度，保障当事人上诉的诉讼权利。

③ 《人民法院组织法》第二十条规定第一审民事和刑事案件由基层人民法院审理，但法律、法令另有规定除外。此规定意味着全国人大及其常委会有权通过立法形式调整包括民事和刑事在内的一切审判事务的一审管辖，但只能是采取"另有规定"的单列形式。

④ 如《民事诉讼法》第十八条规定，重大涉外案件、辖区重大影响案件等由中院一审管辖。还如《行政诉讼法》第十五条规定，被告为国务院部门、县级以上政府、海关的案件等由中院一审管辖。

⑤ 《宪法》第一百二十四条第 1 款明确规定了国家有权设立"军事法院等专门人民法院"。

性法院的设立必须制定专门性的立法，如《知识产权法院组织法》《行政法院组织法》等。① 立法机关单独的设立决定及专门性法院组织权力的下放都与宪法的稳定性、宪法变动的稳妥性、变动程序的正式性等宪法原则不符。

3. 审判事务的组织分工

《人民法院组织法》在法院内部层面建立了两个不同的审判组织：合议庭②和独任庭③，以及一个具有"讨论案件"职能的审判委员会④内设机构。有关合议庭和独任庭的审判事务分工，在《人民法院组织法》第 9 条有明确规定，司法实践也如是操作。但有关审委会是否是法院的审判组织，则存在一定程度的学术争议。该法第 9 条明确规定合议庭和独任庭是"审理案件"两种形式，第 10 条规定审委会是"讨论"（重大的或者疑难的）案件的形式。很明显，审理案件和讨论案件是两个不同性质的司法行为，法律也未将审委会与合议庭、独任庭三者一同列为"人民法院审理案件"的组织形式。审判实践中，审委会讨论案件作出的决定是案件裁判的理由与主文，在事实上⑤审委会行使着特定案件的审判权，扮演着法院内部审判事务分工者的角色。

4. 审判事务的业务分工

《人民法院组织法》第 18 条第 2 款、第 23 条第 2 款、第 26 条第 2 款、第 30 条第 2 款共同规定，四级人民法院在内部设立民事审判庭、刑事审判庭和经济审判庭。⑥ 除基层法院可根据审判实际选择设立之外，其他都属强

---

① 《全国人大常委会关于在北京、上海、广州设立知识产权法院的决定》（2014 年 8 月 31 日第十二届全国人民代表大会常务委员会第十次会议通过），以立法决定形式通过有 8 条内容的知识产权法院组织法。有关知识产权法院组织和职权的内容简约，不符合《人民法院组织法》第二十八条的规定意旨。实践中，专门法院组织、职权与管理等基本制度下放最高人民法院制定，这些实践做法属于缺乏法律依据的再授权。

② 《人民法院组织法》第九条第 2 款："人民法院审判第一审案件，由审判员组成合议庭或者由审判员和人民陪审员组成合议庭进行；……"。

③ 同上款规定："……简单的民事案件、轻微的刑事案件和法律另有规定的案件，可以由审判员一人独任审判。"

④ 《人民法院组织法》第十条确立了人民法院内设的审判委员会制度，赋予其"讨论重大的或者疑难的案件"任务。

⑤ 绝大多数司法部门工作者和很多学者可能并不赞同这个观点，认为审委会不仅事实上是审判组织，法律上也是。

⑥ 人民法庭是基层法院的派出机构，原则上属于属地管辖的审判组织，这里不做研究。

制设立。但后三级法院可酌情设置其他审判庭。关于审判庭设置，该法并未过多规定，参考相关条文主旨，有关审判庭属于法院内设机构，在内容上与法院审判人员同在一条，一同构成法院最为基础、必不可少和法定的构成要素。从审判体制角度分析，审判庭作为法院内部审判事务的类型化分工，主要是依据不同的诉讼制度为基本划分依据。① 除了依据适用的诉讼程序的差异性来做业务庭的区分外，就审判事务本身的性质、重要性、案件量等因素也是《人民法院组织法》中酌情设立其他业务庭的重要和现实的理由。② 有关审判事务的业务分工更为细致的内容属于下面"机制性的审判权分工"部分，下文将专门论述。

（二）审判权的机制性分工

与审判权的体制性分工不同，机制性分工着重于审判权运行的微观层面，分工设计的目的在于确保诉讼公正结构和原则的前提下，提高诉讼效率。机制性分工主要体现在三大诉讼法的条文之中，最高法和地方各级法院也有更为具体细致的分工设计。机制性的审判权分工主要围绕个案裁判流程中的程序环节性特点来进一步对审判权进行细致分工。由于受到一定时期、地域的个案特点影响，机制性的审判权分工具有灵活易变的特征。

1. 业务分工

审判事务的业务分工应是审判权分工最为核心的内容。除了体制性的三大类审判业务分工之外，各个诉讼法和有关审理规范也设计较多次级的分工规则。

（1）以案件重要性为区分标准，可将案件区分为重大疑难复杂案件与简单案件，审判权在这两类案件中存在显著的区分。不考虑案件重要性所产生的体制性区分，在业务法院受理一审案件的情况下，根据案情复杂程度、影响面大小、涉及权利义务关系轻重等因素，可将其区分为合议制下的审判权与独任制下的审判权。两种审判权的运行机制各有差异。

---

① 如现在三大诉讼法确立的三种性质不同，但诉讼程序有很多相似性的诉讼制度，就对应了各级法院三个不同的业务庭（民庭、刑庭和行政庭）。

② 经济庭的设立是一个历史现象，有其改革开放的历史背景，也有法学与诉讼制度不够成熟的历史阶段性原因。目前来看，在三大诉讼法对应的业务庭之外，其他业务庭的设立较为普遍的有：少年审判庭、金融审判庭、知识产权审判庭等。

（2）以审判事务的关系类型为区分标准，可将案件区分为民事、刑事、行政等不同的审判权分工。除了上文在审判权的体制性分工进行论述之外，这三种基础性的业务性分工也是机制性分工的重要内容。但除此之外，司法实践中还有经济、金融、知识产权、少年犯罪、侵权、海商等更为具体细致的类型区分。从法律纠纷性质和诉讼程序来看，所有的审判权分工在性质上只可归入民事审判、刑事审判和行政审判三个基本类型。但司法实践中，针对具体的个案，可能存在着多个类型并存的审判特点，如知识产权案件。为了更好地裁判案件，全面彻底解决案件中的纠纷与争议，就有必要针对某类现实问题进行专门性审理。由此，以关注实践纠纷类型、以问题为导向的审判权分工机制的设计就成为必要。

（3）以个案诉讼程序中程序性事实及其裁定的特殊性，可将个案中处理特定的程序性事实的审判权作为单独一类。个案中的程序性事实裁定程序主要有：诉讼延长、中止、终结、管辖移转等。这些特定的案件事实与裁判的实体结论不具有实体上的因果关系，处理这些特定案件事实的程序也具有独立性。程序性事实的裁定事务的审判权在内容和程序上都具有独立特点。根据诉讼中程序问题处理的专业性和效率需要，这类审判事务的审判权具有分工的内在正当性。

（4）以个案中与实体审理相关的诉讼专门问题为区分标准，可以将诉讼中的专门性问题的审判权单独作为一类。一般来说，个案中的专门性诉讼问题主要有：妨害诉讼行为查处、诉讼费用管理、依职权取证、勘验现场、司法鉴定等。与上面程序性事实裁定的审判权分类不同，这里归为一类的审理事务具有实体性特征，要么是案件审理的实体性环节构成，要么是案件中实体性问题的处理。有关诉讼专门问题的审判权在宏观层面可归入审理的大环节，但其本身具有实体性和相对的独立性，所以可单独列为一类。这类审判权的分工和运行进行相对独立的设计。

2. 分工移转

审判权的机制性分工除了要考虑审判事务本身的业务内容，以及审判各环节的实体与程序特点之外，司法实践中还需要照顾各级法院自身对审判权分工的认同态度。根据我国三大诉讼法的规定，对于已按业务内容标准确立的审判权分工仍存在四种情况下的分工移转的法定情形，它们分别是：上移管辖①、下移管辖②、指定管辖③和提级管辖④。

审判权分工的移转不是案件审理的业务性分工，但仍是审判权分工机制下的重要内容。分工移转机制赋予了业务法院及其上级法院自主的分工权。这种分工权的形式与法定的事务性分工不同，前者充满了自由裁量的空间，而后者裁量缩减几乎为零。

在案件审判权的分工上，四类分工移转就是增加了四种再调整分工的变量，它们大大增加了审判权分工的不确定性。从法治的确定性原则来看，这种审判权分工具有不稳定性和潜在的破坏性。司法实践中，分工移转机制的运用往往体现在较为特殊的个案方面，属于业务性分工的一种补充机制，从实践理性目的来看，这种再分工具有个案正当性的微调功能，它既可以微调实体审理上的正当性，也可以微调诉讼程序以适应特殊个案的审理程序需要。

3. 程序分工

以个案诉讼的进程环节为区分标准，可将个案中的审判权分为审前环节的审判权、审理环节的审判权与裁判环节的审判权。

（1）审前环节具有鲜明的审判辅助性特点，其审判业务包括：调解、立案、排期、证据交换、预审等内容。审前环节的事务具有准备性、管理性和规范性的要求。审前环节有两项工作：一是对当事人提出的诉讼请求、证据和依据等材料进行规范化和格式化处理；二是整理案件的证据、依据和争点，形成可供法官审理和裁判的信息。

（2）审理环节是审判权运行最为狭义的场域，它是代表司法权的判断性的本质特点的核心领域。审理环节的审判权体现在庭审与议决两个方面。

---

① 《人民法院组织法》第二十四条第2款："中级人民法院对它所受理的刑事和民事案件，认为案情重大应当由上级人民法院审判的时候，可以请求移送上级人民法院审判。"

② 如《民事诉讼法》第三十八条第1款："……确有必要将本院管辖的第一审民事案件交下级人民法院审理的，应当报请其上级人民法院批准。"新修订的《行政诉讼法》废除了上级法院可以把自己管辖的第一审行政案件移交下级法院审判的规定。

③ 如《行政诉讼法》第二十三条第1款："有管辖权的人民法院由于特殊原因不能行使管辖权的，由上级人民法院指定管辖。"

④ 如《行政诉讼法》第二十四条第1款："上级人民法院有权审理下级人民法院管辖的第一审行政案件。"

一是庭审，包括诉讼请求陈述、举证、质证、辩论等细节性的诉讼程序；二是议决，合议庭成员、独任审判的法官，以及审委会委员，对于案件事实认定、法律适用、裁判理由与结论等实体内容进行讨论、发表意见，形成支配性决定的程序。

（3）裁判环节是审判权运行规范层面的归结。裁判环节包括裁判文书制作、裁判文书的宣读和送达，主要的程序性细节包括：裁判文书样式选择、文书格式化内容的生成、审判组织裁判理由与主文的表述、文书格式、文书校对（纠错）、制作文书（打印、签字、盖章等）；裁判文书的宣读和送达具有程序上的独立性特征，一方面构成文书生效的必要诉讼程序，另一方面也是保障当事人诉讼权利的必要程序设计。

四、审判权分工的基础功能

审判权分工是审判权运行的基础性制度构架。在审判权分工之上，逐步构建起审判人员、审判组织、法院的工作机制，构建起各自的岗位、部门与法院的工作规范和责任制。审判权分工是司法制度的基础性设计，制度基础对于制度整体性的决定和影响已是常识，我们知道全面深化改革、依法治国和司法改革是一脉相承的，其主要的任务就是改革司法制度中深层次的制度结构，其中当然包括审判权分工制度的改革。

审判权分工制度对于审判权运行机制和司法制度的基础性功能主要有两点。

（一）审判权分工是实现司法权不受外界影响的基础性制度设计

司法权的本质特征之首就是其具有判断权性质，属于人类理性和智慧中最为深奥的思维活动。为了使审判人员尽可能不受外界影响，以事实和知识的本来关系认识和界定法律纠纷，司法制度必须创造出一定的约束性的物质条件，根据不同案件的类型化特点以及时代、社会条件，来构造审判活动的时空，保障审判权运行。比如一审案件在不同审级法院的审判分工，不同类型案件在普通法院和专门法院的审判分工，以及不同类型案件在法院不同业务庭的审判分工，就是审判权分工制度的基础设计所构造出的司法判断权的运行结构。各种案件依据不同的审判权分工标准纳入不同的审判法院、审理部门、审判组织之中，并辅以与其相对应的诉讼程序与司法责任制，这些约束性条件就是审判权分工的结果。

（二）审判权分工也是实现司法权运行效率的基础性设计

分工是实现效率的重要方式，在生产力水平尚不高度发达的时代尤其如此。与自然物质世界的有序分工不同，人类社会的分工需要人根据目的和经验进行设计。分工本身是增加运行成本的，但好的分工总是能够让收益大于成本。然而，随着分工设计的层级和细节性不断复杂，决定收益与成本的变量会不断增加，实现好的分工的难度会呈几何级增大。复杂分工状态下的审判权运行机制会出现一对矛盾，即审判权运行效率和裁判精度的提升和审判权运行不稳定状况的增加。从影响变量来看，不稳定状态反而具有常态性，而实现审判权运行效率和裁判精度总是会带有瑕疵。

审判权分工在司法总体目标上是实现公正与效率的最为基础的制度设计。就审判权运行的微观目标来看，审判权分工是理顺司法责、权、利，实现审判各项职权协调运行的基础制度。好的审判权分工，尤其是个案诉讼流程中的业务性分工，总是能够实现法官知识、能力的类型化、审判组织专业化、诉讼程序专门化的有效对接，实现权力上分工与知识上分类的同构化运作。在此基础上，我们就能进行相应的专门化和类型化的责权利设计，实现微观上审判权运行的制度衔接与保障。

五、审判权分工改革的方法论

如果说上面四个部分是有关审判权分工的认识理论，那么本部分就是操作审判权分工改革的方法论。

其一，遵循政治规律，推进司法改革。从十八大、十八届三中全会到十八届四中全会，再联系从十五大确立依法治国的方略，以及人民法院四个五年改革纲要，我们就不难理解依法治国，尤其是司法改革是国家全面深化改革推进到政治体制中的深层次之中。司法改革本身就是政治体制改革，这提示我们推进司法改革就不能单纯依靠法律实践的运作方式，还必须遵循政治规律。审判权分工与司法改革都需要在中国特色政治体制、政治架构和政治影响中进行制度设计。

第二，按照协同原则，同步司改举措。审判权分工改革如同其他一同推进的各领域改革一样，都不是单独改革可以完成的任务。改革的协同性原则在审判权分工改革方面尤其具有方法论的价值。审判权分工改革是制度层面的规则调整，徒法不足以自行，规则的运作还必须有主体和运作环境。审判权分工运行的主体最主要的是法官，实现法官体制的协同性改革就成为审判权分工改革的相关性内容。正如审判权分工是围绕公正与效率目标，法官体制改革，尤其是去行政化，完善司法责任制，加强职业保障等改革举措也是相同的目标取向。甚至在某些方面来看，由于法官是司法资源中的主体性资源，法官制度的改革对于中国司法改革而言更具针对性和现实重要性。有关审判权分工运作的环境，需要理顺司法权与其他权力之间的关系，在国家权力关系层面确立司法权的定位。

第三，依据顶层设计，完善司改细节。已有三十多年的改革规律与经验告诉我们，顶层设计是全面深化改革的先导。在这一改革原则下，十八届四中全会通过了依法治国重大决定，完成了司法改革的顶层设计问题。那么接下来影响司改成败的关键，就落在如何完成丰富的改革细节这一任务上来。中西方法治发展具有相同的方法论上的规律，这个规律就是司法制度的改革不能是粗略的改革方案和没有细节的改革试点，任何成功的司法改革都是不放过任何一个问题的细节性的司法改革。真正用好细节性的改革方法论，对于我们来说是异常困难的。这种困难不仅来自于三十多年来摸石头过河的改革路径依赖，还来自于我们现在的较为浮躁的社会风气和个人心态。[1] 如果不能完成改革的细节性设计，没有充分应对改革中的细小问题，试图把改革的细节性构造任务交给"试点地区"和"试点法院"，那么我们就离失败不远了。[2]

第四，坚定改革信心，鼓足司改勇气。中国特色改革规律与经验之中，信心和勇气是具有中国特色的方法论，且具有相当重要的分量和作用。之所以信心和勇气这么重要，一方面，因为中国人充满智慧，能充分理解改革的利弊、内容和重要性，但中国几千年来的改革历史告诉我们，在改革面前，

---

[1] 参见党国英：《改革"试点"要法制化》，载《人民论坛》2011年第9期。

[2] "试点"是中国改革的特色方法论，随着改革深入"试点"的方法越来越不适宜。参见吴幼喜：《改革试点方法分析》，载《经济体制改革》1995年第6期。

我们最缺的就是信心和勇气。另一方面，已有的司法制度已经运行几十年，我们已经习惯，甚至是依赖于现有的司法制度在生活。对于现有司法制度在某些方面做体制性改革，意味着整个司法制度都会随之发生变化，这种变化肯定是会让很多人不习惯、不适应、甚至是不喜欢。要克服强大的内心和行为依赖，就需要强大的精神动力，对于司法改革来说，信息和勇气在这方面就显得特别重要。①

---

① 参见汪玉凯：《排除改革阻力需要更大勇气和智慧》，载《中国党政干部论坛》2014 年第 5 期。

【审判管理】

内生与外控结合型
司法管理模式研究与探索

王越飞[*]

　　司法管理又称之为审判管理，对于推进法官队伍的职业化、规范化、现代化建设至关重要，是确保司法公正和廉洁的制度保障，不论在公共部门系统运转中，还是现代管理学上都占有重要地位。因此，加强和创新司法管理，不断发挥审判功效，进一步整合司法资源无疑具有重要的理论价值和现实意义。正如王胜俊院长所言："创新和加强审判管理，是落实社会矛盾化解、社会管理创新、公正廉洁执法三项重点工作，实现新时期人民法院科学发展的重要举措，是人民法院坚持'党的事业至上、人民利益至上、宪法法律至上'工作指导思想，践行'为大局服务、为人民司法'工作主题，落实'从严治院、公信立院、科技强院'工作方针的必然要求。"①

＊　王越飞，河北省高级人民法院副院长。

①　参见王胜俊：《创新和加强审判管理确保司法公正高效》，载《中国党政干部论坛》2010年第 10 期。

一、问题的提出

（一）问题与困惑

曾几何时，法院司法管理出现的一些问题，以及几起冤案和执法过错的发生，引起了媒体的炒作，社会上一些群体和个人对司法公正产生了质疑。于是乎，加强审判管理与监督的呼声一浪高过一浪，甚至有人提出了"全方位、广视角、多层次、网格化"进行治理的思路。近年来，除了党纪、立法、检察与舆论的监督不断强化外，法院内部也加强了司法管理，由审判流程管控到绩效考核、由信访挂钩到过错问责、由粗放式管理到精细化或数字化评价与考量，不断加大了司法管理的成本投入，以此解决司法行为的不规范问题，意图满足社会公众对司法效果、效率不断增长的期待与需求。这种管理模式，有人称之为"严法治院"，实际是强化外部控制，通过管理者的适当举措约束被管理者的行为，使其不断适应组织与系统的计划和要求，而产生认同感与归属感。无可厚非，这种管理模式带有浓厚的行政化色彩，并在实际运作中形成了传统习惯，其优势为：极大地挤压了法官违法违规空间，进一步规范了司法行为，使社会公众对司法公正树立了信心；另一方面，也呈现出先天的不足与劣势：一是审判权与司法管理权形成对抗，法官在具体案件操作中顾虑颇多，并不能在无干扰的情况下对案件事实和裁判结果作出内心确认，因此，需要正确处理和摆步好二者的关系；二是妨碍了法官个性与能力的张扬，法官的能力对司法效果至关重要，然而法官的个性也需要予以保护和培树，如同法官人格、品质一样应该得到管理者格外的尊重和正确评价；三是法官的自尊心与价值观受到伤害，有的地方司法管理推崇于西方工业化时期工厂管理模式，计时、计件、计效，使被管理者笼罩在一堆指标之下，因捆绑过多而不堪重负，更有甚者，上下班实行指纹比对或划卡，使被管理者的自尊心受到伤害。

（二）机遇与挑战

司法管理遇到了前所未有的难题与挑战，一方面来自外部，社会公众与舆论的呼声愈加强烈，网络时代的来临使法院的审判活动更加公开透明，稍有不当就有可能招致负面批评；另一方面来自内部，法官结构和人际关系的复杂性，以及职业准入和职业保障的缺失，增大了司法管理的难度。目前，主要存在三大问题：一是人民法院的任务和职责要求与法官的整体素质及能力的现实状况不相适应，在队伍结构上，职业化程度不高、群众工作能力不强、专业化水平偏低的问题仍然困扰着法院工作；二是人民群众的期待、愿望与审判工作发展规模、水平不相适应，具体表现在群众对司法的心理预期有严重落差、媒体审判干预司法和行政与地方色彩损害司法独立与中立等；三是社会矛盾、冲突加剧和司法环境恶化与法院职能发挥所承载的合理负荷不相适应，司法应当是社会正义的最后一道防线，然而，社会转型和利益调整的压力使得法院不得不走向前台，而充当马前卒、出气筒和万能胶，在这种语境中，广大法官并没有畏缩不前，而是以高度的使命感和责任感热情地向社会回报了担当意识和奉献精神。

（三）任务与目标

司法管理系统出现的制度障碍和功能性缺失呼吁必须对其进行改革与创新，实现方法优化与良性循环。当前存在的主要问题：一是法官的遴选制度尚未完善，在来源上依然是学生分配、部队转业和外单位调入三大部分，在结构上尚未形成优良和合理的框架，缺少专业性人才，在对合适人员的选配上困难重重；二是司法职权配置尚未完成，一方面法院审判力量严重不足，一方面行政后勤人员浮肿，职能交叉、重叠，审判资源不能有效利用；三是案多人少的问题尚未解决，一些法官年结案数百件，任务的压力使人憔悴不安、体力不支，人员与任务的不适应客观存在；四是科学的管理机制尚未建立，思路不清、决策不当、针对性不强仍然困扰着管理阶层；五是司法保障措施尚未到位，主要是人事保障、经济保障和政策保障，法官不能全身心和毫无顾虑地挖掘职业潜能并发挥作用。

上述问题的存在，严重困扰了司法管理工作，影响了审判职能的发挥，成为法院管理者必须面对并重新进行审视的重大问题。为什么在司法管理领域会出现这些问题，固然原因多多，包括内部的、外部的、宏观的、微观的，但主要是由于制度和机制出了问题，不能不引起深切的关注与思考。法院的司法管理究竟向何处去？如何确定发展的方向？已经摆在人们的面前，成为二十一世纪法院工作一个重要的课题。

二、概念界定与涵义

内生性管理机制与外控性管理机制，是管理学上的概念，廊坊法院经过多年的理论研究与实践探索，第一次将二者互融，并有效运用于司法管理过程，从而实现了功能的契合。

所谓内生性管理机制是指，依靠法官人格塑造与品质完善，强化主体意识和自治精神，启发、引导、激励内在力量，实现自我管理、自我服务、自我约束的管理机制。所谓外控性管理机制是指，以职业化、规范化、制度化建设为目标，通过外部约束力量对法官实施管理的司法行政与业务活动。由此，可以得出，内生与外控结合型司法管理模式（下称结合型管理模式）的定义，即人民法院以内生性管理为基础，以外控性管理为补充，重视法官人格塑造与能力培养，建立和完善自律与监督、管理与服务有机融合，并符合以人为本的理念和司法规律的新时期司法管理模式。

结合型管理模式的基本内涵包括：

第一，树立以人为本理念。实行人性化管理，坚持管人和管事相结合、管理与服务并重，不但将负有各种领导职责的管理者作为管理主体，而且将法官也作为管理主体，以法院事业为共同责任与目标，提倡相互之间的责任分工与担当精神，在管理活动中彼此人格上相互尊重，工作上正确评价。

第二，以法院职业化、规范化、制度化建设为目标。法官的职业化任重道远，管理者应当重视职业准入、职业培训、职业服务和职业管理，从而实现法官整体素质的提升。建设规范化法院，实行制度管理，是人民法院持之以恒追求的目标，司法管理必须以此为指针，不断推进"三化"建设。

第三，人民法院是管理的主体。司法管理大体分为司法人事管理、司法行政管理和审判管理，有的则把书记官、法警与行政后勤人员作为行政管理序列，与审判业务管理序列并列管理。前一类负有领导责任的管理主体包括院长、执行局长和庭、室、处、队负责人，以及审判管理和法官管理机构；后一类包括审判委员会、合议庭审判长。目前，我国法院的管理主体身份具有双重特征，即业务和行政并兼。

第四，倡导法官主体意识和自治精神。不断加强司法核心价值观教育，增强法官对司法事业认知并高度负责的主体意识，尝试与倡导"自我教育、自我管理、自我服务、自我约束"的法官自治精神，发挥组织与系统的作用，弘扬团队精神，使尊重人、理解人、相信人、依靠人的优良传统和管理经验发扬光大。

第五，以内生性机制为基础，以外控性机制为补充。在管理层面上，内生性机制与外控性机制并不是等量齐观、各分天下。二者融合的政策考量是以内生性机制为主体、为依靠，外控性机制只不过是补充和辅助手段，万万不可本末倒置。当然，任何机制的存在除了正当性以外，还须有合理性或针对性，如果法官的素质及司法行为不容乐观，就应当强化外控手段，反之，外控措施就成为不必要，或在司法决策上应当宽松为宜。

三、理论源泉和适用原则

结合型管理思想由来已久，不论是我国古代的儒法学说，还是西方的古典管理、行为科学管理和现代管理学说，都可找到理论来源，并从中汲取充足的营养。反映结合型管理思想的理论源泉来自哲学、经济学、管理学、社会学、心理学等各个方面，笔者仅筛选了以下几个方面进行理论展示：

（一）经济学方面

经济学和管理学密不可分，相互间有很多交叉，而结合型管理思想体现在以下理论当中：

1. 分工理论。英国古典政治经济学家亚当·斯密提出了劳动分工学说，其主要观点是：（1）分工可以使劳动者专门从事一种单纯的操作，从而提高熟练程度、增进技能；（2）分工可以减少劳动者的工作转换，节约通常由一种工作转到另一种工作所损失的时间；（3）分工可以使劳动简化，使劳动者的注意力集中在一种特定的对象上，有利于发现比较方便的工作方法，促进工具的改良和机器的发明。分工理论的优势是有利于专业熟练程度提高和质量保证，减少时间损失，做到人尽其才；劣势是分工使工作变得异常单调，个人能力发展不平衡，可能导致机构臃肿和人浮于事现象。分工理论对于企业与组织的管理影响深远，一直到今天我们的各类组织中仍然习惯于这种模式，结合型管理思想受到了分工理论的深刻影响，根据审判任务合理分配责任，使法官对工作的经验与技巧更加熟练，有利于提高案件质量和专业化程度，应当说结合型管理模式吸纳了分工理论的合理内核，规避了其不足与缺陷，使管理学说得到丰富与发展。当然，亚当·斯密的分工理论是建立在"经济人"基础之上的，这是他对经济学与管理学的另一贡献，他认为人都有追求最大化利益的特性，虽然后来这种观点受到批判与质疑，但在当时有一定进步作用："……人类几乎随时随地都需要同胞的协助，要想仅仅依赖他人的恩惠，那是一定不行的。他如果能够刺激他们的利己心，使有利于他，并告诉他们，给他做事，是对他们自己有利的，他要达到目的就容易得多了。不论是谁，如果他要与旁人做买卖，他首先就要这样提议：请给我以我所要的东西吧，同时，你也可以获得你所要的东西。这句话是交易的通义。我们所需要的相互帮忙，大部分是按照这个方法取得的。"① 经济人的观点虽然十分片面，但对于管理对象的心理把握与政策研究仍具有重要意义。

2. 再造和行为改造理论。再造理论又称为企业再造理论，有的叫公司再造或再造工程，是 20 世纪 90 年代初美国出现的关于企业经营管理方式的一种新的理论和方法。过去一百多年来，亚当·斯密的分工理论占据着理论上风，再造理论的出台，对前者提出了质疑，被称为经济学和管理学发展史上的一次革命。该理论以工作流程为中心，对企业的经营、管理及运营方式进行重新设计。该理论的创始人——原美国麻省理工学院教授迈克·哈默与詹姆斯·钱皮进一步阐明了其主张："为了飞越性地改善成本、质量、服务、速度等重大的现代企业的运营基准，对工作流程（business process）进行根本性重新思考并彻底改革"。② 结合型管理模式吸纳了再造理论的管理思想，建立了以审判流程为中心的工作模式，克服简单按照案件性质和职能分工的传统做法，有其进步意义，但需要说明，当前法院内部分工过细，职能交叉，不利于效能发挥，甚至有学者对"立审分离、审执分离、审监分离"的做法提出质疑，需要有效利用司法资源，对职能分工进行重新设计和改造。

---

① 参见孙班军、陈晔主编：《管理学》，科学出版社 2005 年版，第 30、31 页。
② http://baike.baidu.com/view/3514466.htm.

行为改造理论，又称之为行为改造型激励理论，着重研究当人的行为达不到目标、需要得不到满足、受到挫折而产生消极行为时，如何变消极行为为积极行为，从而调动人们的积极性。[①] 行为改造理论无论在经济学还是管理学上都具有重要价值，是结合型管理模式的重要制度基础，作为司法管理主体，管理的目标与重点始终离不开司法行为，而这种行为是否恰当，需要及时给予评价与矫正——正当的司法行为给予褒奖与激励，而非正当的司法行为予以否定并矫治，只有如此，才能实现司法管理的效果，促进审判工作正常运转。

3. 成本与边际效应递减理论。在经济学上，成本包括生产成本和交易成本，生产成本又分为可变成本和固定成本，有的学者从不同角度出发，将成本划分为许多类型。成本和利润在企业和其他经济组织管理与核算过程中是必不可少的两个方面，然而运用到司法管理领域仍有其借鉴价值。司法的成本是指对司法的有形与无形投入，考虑司法效益的时候不能忽视成本的估算。我们知道，在公司和企业的生产经营中，投入成本被计算在产品价格和工作成果之中，而作为司法的公共产品是公众对于公平与正义的客观需求，具体说是良好的司法效果、效率与效益，如何以最少的投入获取最大的收益，必须加强司法管理，规范司法行为，使法官的职业操守、职业能力和职业成果获得公众的良好评价。

边际效应递减，也叫收益递减规律，由赫尔曼·戈森创立，他在《论人类交换规律的发展及人类行为的规范》一书中对此作了详解："是指在技术和其他生产要素的投入量固定不变的条件下，连续地把某一生产要素的投入量增加到一定数量之后，带来的单位效用是逐渐递减的（虽然带来的总效用仍然是增加的）。"[②] 边际效应递减理论说明，在对企业和社会组织的管理当中，对员工激励的程度与效果并不完全成正比。有的管理主体对管理对象不断施以物质的和非物质的奖励，结果导致管理对象欲望不断上升，并不能达到有效管理之结果，因为资源的有限性决定了激励程度不可能无限的递增，当到达一定标准时，激励的效用就会呈现出递减的趋势。可见，激励过

---

① 参见张洪吉、孟华兴主编：《管理决策分析》，改革出版社 1999 年版，第 399、400 页。

② 参见文欣著：《管理学常识》，金城出版社 2011 年版，第 124 页。

多不但达不到管理目的，反而会有负面作用。结合型管理模式，不但要求以激励为内容的外控性机制存在，而且主要是内生管理机制发挥作用，依靠法官自觉、自律、自治，从而避免或减少边际效应递减现象发生。

（二）管理学方面

中华民族有着五千年的文明史，因此，在管理学上日趋成熟，铺垫了具有本土特色的理论基础。早期的管理思想，包括老子的无为而治，孔子的仁义道德和中庸之道，以及孟子民本思想和荀子、管子的管理思想。孟子最早提出了"分工"的学说，他主张农业和手工业分工、体力劳动与脑力劳动分工、管理者和被管理者分工，形成社会分工理论的雏形，比亚当·斯密早了两千年。西方管理学也具有悠久的历史，被称为"科学管理之父"的费雷德里克·温斯洛·泰罗提出管理的中心问题是提高劳动生产力，倡导计件工资制和管理职能专业化。法国古典管理理论代表亨利·法约尔提出了管理的五个职能：即计划、组织、指挥、协调和控制；十项原则：即劳动分工、权利与责任、纪律、统一指挥、统一领导、个人利益服从整体利益、公平、秩序、人员的稳定与报酬、首创和团结精神等。德国马克斯·韦伯提出了权力理论和理想行政组织体系，认为任何组织为了实现工作目标，必须以某种形式的权力作为基础，发挥组织体系的作用，才能形成良好的秩序与效果。20世纪30年代，行为科学产生，其代表是美国乔治·埃尔顿·梅奥所创立的人际关系理论、马斯洛的需要层级论和卢因的团体动力学理论。梅奥的理论贡献在于承认正式组织中存在着非正式组织，并且提出了职工是社会人的基本假设，从而彻底否定了亚当·斯密的观点。马斯洛认为人的需要包括五个层级，即生理上的需要、安全上的需要、感情和归属上的需要、地位或受人尊重的需要、自我实现的需要。卢因所研究的课题是非正式组织团体的存在、结构、领导方式等，对于研究企业与组织的决策和管理十分有益。第二次世界大战后，产生了现代管理理论，比如孔茨的管理理论丛林，将管理学派发展到十一个，强调系统和创新，重视人的因素，将效率和效果紧密结合，坚持可持续发展。管理理论不断发展，比如我国提出的依法治国与和谐管理主张，西方提出的虚拟企业与知识管理等。上述管理思想对结合型司法管理产生了深远影响，具体而言，从以下三个方面予以阐述：

1. 控制论。控制论在现代管理学上占有重要地位，对企业和社会组织的管理，理所当然的需要控制，忽视控制与规范等于放任与失范，需要研究的是控制的方式方法需要改善，使其更加符合人性的解放与发展。有人对控制论提出质疑，认为作为管理者更重要的是强调服务功效发挥，很多学者提出对控制者进行控制，这种观点不无道理，但不能否认控制在管理中的功能与作用，从而有意或无意的放任无政府主义肆意蔓延。控制论有几个关键词：一是决策。法国未来学家 H.儒佛尔强调："没有预测活动，就没有决策的自由。"① 赫伯特·西蒙也指出："决策是管理的心脏，管理是由一系列决策组成的，管理就是决策。"② 二是目标。目标是引领人生的指南针，有了目标就能让人心里明亮，拥有前进的动力，正如美国皮京顿兄弟公司总裁阿拉斯塔·皮京顿提出："人们如果无法明白地了解到工作的准则和目标，他必然无法对自己的工作产生信心，也无法全神贯注。"③ 管理者在制定工作目标的时候，切记明确具体不宜过多，使人们经过努力能够实现，而不能好高骛远。萨盖定律和洛克定律充分证明了笔者的观点，作为司法管理者理应对此深思。三是计划。布里斯定理告诉我们，好的计划是成功的开始，只有拟定行动的计划与方案，才能确保工作任务的完成。

2. 信息论。在现代管理中，信息论的主张具有普遍意义，应当运用现代信息手段和网络技术，加强管理者与被管理者之间的沟通与协调，解决工作中存在的问题与障碍，保持信息享用的对称，实现管理效能的提质提速。管理学上有一个全员决策法则，即依靠信息互通，使员工发挥聪明才智，实现对企业与组织的共同管理；还有一个吉德林法则，吉德林是美国通用汽车公司管理顾问，他的主张是先提出问题，对问题认识清楚，研究好处理的办法，才能把问题解决好。问题的提出与解决，依靠信息的相互传递，没有后者，一切无从谈起。奥地利生物学家弗里茨发现并经管理心理学命名的"蜂舞"法则强调了信息的重要性，认为只有沟通才能改善管理效果。著名管理学家巴纳镕和日本松下电器公司创始人松下幸之助进一步强调了沟通在企业和组织管理中的重要作用。当然，要想达到沟通的良好效果，管理者必须学会"倾听"，只有这样，管理对象才会表达肺腑之言，这在管理学上叫

① 参见文欣著：《管理学常识》，金城出版社 2011 年版，第 33 页。
② 参见文欣著：《管理学常识》，金城出版社 2011 年版，第 33 页。
③ 参见文欣著：《管理学常识》，金城出版社 2011 年版，第 15 页。

威尔德定理。信息论给管理者带来了创新思维，英特尔公司副总裁达维多认为敢于创新是管理者必要的素质，没有开拓进取精神，不敢担当风险，就不能使企业摆脱困境，其主张被称之为达维多定律。

3. 人性论。现代管理要求必须建立在人性基础之上，而不能背离人性发展的要求，下列几个关键词能够使我们的眼睛为之一亮，从而对管理思维的创新与嬗变有所启发：一是公平。美国心理学家约翰·斯塔希·亚当斯1965 年创立了公平理论，要求管理者对员工一视同仁，同等待遇。哲学家洛克也认为人的本性是趋利避害，不公平的政策会使管理效果适得其反。当然，公平原则主要的体现为福利和待遇，但同时执行制度也必须严格认真，切忌亲近疏远而差别对待，这在管理学上称之为"热炉"法则，也叫惩处法则。二是透明。日本最佳电器株式会社社长北田光男创立了"金鱼缸"法则，要求管理制度要透明公开，被众人所知，否则，对员工不具有拘束力。我国政府管理对决策和政策执行均要求公开透明，体现了人本思想。三是信任。儒家礼、义、仁、智、信学说强调了信任在人的交往中的重要价值与意义；1981 年美国日裔学者威廉·大内创造了"Z"理论，认为企业的成功与人们的信任密不可分，主张强化开放与沟通，实行民主管理。四是尊重。管理者必须尊重管理对象，这是一条万古不变的定律。马斯洛需求理论的中心也强调对人的尊重。五是肯定。肯定与表扬是管理学的重要方法，对人不恰当的批评往往导致员工积极性的减退而影响劳动效率。法国作家拉封丹有一则寓言，即将北风和南风作比赛，看谁威力大，能够让人脱掉衣服，结果南风获胜。这是因为北风劲吹使人紧裹衣服，而南风温和人们自愿脱掉大衣，这就是著名的"南风"法则，说明温暖胜于严寒，管理者应当对管理对象多加肯定，热情对待，送之于春天般的温暖。六是欣赏。列夫·托尔斯泰说过："渴望得到别人的认可和赞赏，是人类埋藏最深的本性。"① 自己的工作能够得到欣赏与认可，可以产生自豪感，从而焕发出无尽的力量，这在管理学上叫詹姆斯定律。七是微笑。曼狄诺定律的涵义是微笑能够换取黄金，在企业与组织的管理中一张笑脸犹如灿烂的阳光，愁眉苦脸使人感到阴暗，如雾天一样令人不愉快。八是快乐。心情舒畅的环境远胜于丰厚的薪水

---

① 参见文欣著：《管理学常识》，金城出版社 2011 年版，第 137 页。

待遇，作为管理者要为员工创造一个良好与优雅的人际与工作环境，这叫蓝斯登原则。廊坊法院提出建设"绿色法院"和"幸福法院"的构想，成为"人文法院"的重要内容。

（三）审判学方面

审判管理是一门学问，有学者称之为审判管理学，也有叫司法管理学，这门学科应当属于社会科学的范畴。审判学包括内容极为广泛，有审判理念、审判结构、审判程序、审判方式，而审判管理则为其重要内容。

1. 审判中心论。审判中心论有学者称之为审判中心主义，多指在刑事诉讼架构中，相对于侦查、起诉而言要以审判活动为核心，从而实现诉讼价值要求。审判中心论有广义与狭义之分，狭义的审判中心论仅指刑事诉讼而言，而广义的审判中心论尚包括法院的民事和行政审判。法院内设部门门类繁多，除审判部门外尚包括人事、宣传、培训、调研、档案、文秘、机要、司法技术、后勤管理等多个部门，而审判中心论的观点要求，司法管理在横向和纵向均应以审判为核心，强化管理和服务，突出审判的效果，使司法效能得到最大化释放。

2. 自由裁量论。司法管理并不否认法官自由裁量权的行使，反而希望通过制度的安排，排除非法和不当干扰，使法官毫无顾虑地对案件事实作出判断，根据法律的要求正确进行裁判。自由裁量是法官的基本权利，也是依法治国、建设社会主义法治国家的根基，联合国宪章对成员国亦提出原则要求。当前，自由裁量原则的贯彻出现的问题：一是来自于法院外部的行政干预，有的党政机关借服务大局为名对具体案例施加影响，从而妨碍了人民法院独立和中立审判，使宪法的规定流于形式；二是来自于新闻媒体和社会舆论的干预，这种舆论审判使法官产生心理压力，也破坏了司法权威与社会公信；三是来自于法院内部的领导干预，个别院、庭长借管理之名对案件处理进行干涉，往往使法官的正确意见难以形成裁判结果。当前，亟待解决的问题是，要处理好法官自由裁量与司法管理之间的关系，既对司法行为约束和控制，确保法律的正确实施，同时又要搞好服务与保障，使自由裁量合法、有序、恰当。

3. 权力制衡论。失去控制的权力，犹如一匹奔跑的烈马横冲直撞。审判权也是如此，如果无拘无束，必然导致司法腐败，正如孟德斯鸠在《论法的精神》中所言:"要防止滥用权力,就必须以权力约束权力"。① 当前,在审判权行使过程中存在的问题主要有:一是程序违法。较多地表现为剥夺与限制当事人的诉讼权利,比如立案权、陈述权、质证权、辩论权、回避权、上诉权、执行权等,有的法官普通程序与简易程序混淆,违规操作成为群众反映比较强烈的热点问题。二是实体违法。表现为适用法律错误,不能针对当事人的诉求与主张充分说理,使当事人的合法权益受到侵害,有的执行法官错误执行了案外人的财产,形成错案和执法瑕疵。三是法官徇私枉法。近几年受到查处的工作人员有增无减,成为公众对司法指责的短板,有的吃请受贿,有的枉法裁判,虽然在法官队伍中这是极个别或少数,但影响十分恶劣。鉴于上述问题的存在,必须强化司法管理,以此遏制不规范行为与司法腐败之发生。

结合型管理模式的适用原则主要有以下几个方面:

1. 以人为本。人是管理活动的出发点和落脚点,现代管理离不开人的管理和对人的管理,因此,在管理当中要根据人性的特点与需要,组织实施管理措施,使人的愿望最大可能得到满足,人性的发展更加符合人类发展规律的要求。以人为本原则的要点是尊重人、理解人、解放人,使人的能力最大化释放,在管理实践当中需要把握以下几个问题:一是塑造良好的人际关系,形成互信与共赢的战略思维,消除人们之间的隔阂、仇恨与矛盾;二是改善工作条件,减少管理环节,使人们有自豪感和归属感;三是重视人力资源,提高质量与效果,管理措施符合工作特点与规律;四是实行民主管理,扩大员工的参与意识与责任意识。

2. 刚柔并济。结合型管理模式既有刚性要求,又有柔性因素,更多地体现在使用软办法对司法活动进行管理。刚性机制的优势在于:一是有力,容不得管理对象有不同意见,而必须使制度得到遵守;二是有理,一般而言,刚性机制通过公示效应被广而告之,因此在形式上具有正当性和合理性之基础;三是有据,制度生效需要遵守一定的程序,有的需要民主议定,因此,其形成和实施有章、有序、有据,操作性强。当然,刚性机制也有其劣势,主要是缺乏沟通和协商,管理者与被管理者之间缺少合作平台,在情感

---

① 参见王越飞著:《法官的使命》,中央文献出版社2005年版,第16页。

上不能愉快接受制度约束。柔性机制的优势：一是为管理双方搭建了联系与沟通的彩桥，双方愿意通过信息互通建立融洽的工作关系；二是体现了人文管理的长处，柔性机制与刚性机制相比，更能实现管理的效能。柔性机制的劣势，主要是未有刚性措施作后盾，一旦当事人不服从管理，缺少有效控制手段。

3. 文化引领。法院文化是司法管理的灵魂和内在力量，对于法官核心价值观的养成、行为的规范以及素质的提高具有重要意义。廊坊法院近几年来不断重视文化建设，最近被最高人民法院命名为全国法院系统文化建设示范单位。其措施：一是强化对法官"公正、廉洁、为民"核心价值观的教育，树立正确的审判观和政绩观；二是弘扬"团结、公正、奋进、创新"的法院精神，启发激励法官的正义情感，增强组织和团队意识；三是建立不同文化单元，设立十五个文化分会；四是明确文化建院的指导思想与任务，从软件到硬件，从内部到外部，规定了一系列规范运作；五是建立文化长廊，从古代文化到现代文化，从东方文化到西方文化，生动活泼，使法官耳濡目染；六是举办红歌演唱、书法摄影、体育比赛等活动，活跃法官文化生活。

四、模式架构与实践基础

结合型管理模式，经过较长时期的实践，已经形成了深厚的群众基础，在管理架构上目标明确，结构合理，方法适当，效果明显，在理论上初显轮廓，具备了进一步发展的基础与条件。

（一）建立与完善常态的教育培训机制

司法管理效果如何，其决定因素在于法官的素质与能力，而实现这一目标必须重视对法官的教育与培训，建立长效机制，使法官的思想境界、政治品质、业务素质、职业能力得到较大改善。

（二）建立与完善严格的职业准入和遴选机制

法官整体素质欠佳与结构性障碍的原因是尚未建立完善的职业准入与遴选制度。当前，法院进口不严、出口不畅，一些具备法学专业知识的优秀人才难以进入，而专家或精英型法官为数不多，对此问题亟待解决。

（三）建立与完善责权适应的职权配置机制

当前，职权配置方面存在的问题主要是责权不明确和责权不对应，权利和义务具有对等性，不能只强调责任，不尊重权力，应当放权加责，使法官有职、有权、有责，权责配置恰当，运用科学、合理。

（四）建立与完善有序的法官晋升与淘汰机制

法官晋升是激励机制的重要内容，有利于工作积极性的保护和能量的挖潜，从而实现其人生价值目标。而法官的淘汰机制也十分必要，对不具备法官资格与条件的，或者达到退休年龄，及时予以淘汰，有利于增添新生力量和活力。

（五）建立与完善科学合理的法官评价机制

法官的工作能否得到正确的评价与肯定，对于法官来说尤为重要，很多法院建立了质量管理与绩效考评制度，需要重视的问题是应当正确认识并评价其工作成果，减少指标控制的刚性程度，鼓舞法官自我管理的信心与勇气。

（六）建立与完善良好的司法保障机制

司法保障主要是人事、行政、财政和审判等方面，而笔者认为，最核心的莫过于对法官自由裁量权的政治与法律保障，法官如果没有徇私舞弊，其言论和行为不受法律追究与问责，应当依法享有豁免权利。

综上所述，结合型管理模式对于法院工作而言具有必要性和及时性，无疑会使司法行为更趋于规范，促进司法改革和制度创新。笔者的倡议是，作为管理者以及被管理者，应当换位思考，严不过分，张弛有度，多给法官一些温暖、阳光和信心，少一些冷漠、枷锁和刻薄，自立为要、管控适当，拾回自信、规范司法，轻装前进！

以审判责任为基础
完善审委会审判权运行机制

——关于钦州市各基层法院审委会运行情况的调研报告

卢上需　何燕飞 *

审判委员会是人民法院最高审判组织，是审判业务方面的决策机构，指导和监督全院审判工作，任务是总结审判工作经验，讨论重大或疑难案件以及其他有关审判工作问题。2013 年最高人民法院印发《关于审判权运行机制改革试点方案》，把审委会制度作为重点改革内容。为深入推进司法改革，规范审委会审判权的运行，提升全市法院案件质量效率，2014 年上半年，钦州中院调研组对我市基层法院审委会运行情况进行调研，提出意见建议。

一、钦州市基层法院审委会运行的基本情况

多年来，审委会在讨论、决定重大、疑难案件，总结审判经验和其他有关审判工作方面发挥了积极的作用，有力维护了司法公正。

---

* 卢上需，钦州市中级人民法院院长；何燕飞，钦州市中级人民法院研究室副主任。

表一：钦州市四个基层法院 2013 年 1 月至 2015 年 10 月审委会召开情况

项目 时间	审委会会议次数	审委讨论案件数	案件类型					上诉	发回重审	改判	法官数	审委员人数	审委员办案数
			刑事	民商	行政	执行	其他						
2013	70	248	136	39	12	58	3	40	9	8	220	46	1281
2014	77	234	124	48	7	47	8	32	1	9	221	43	1481
2015	40	118	41	52	8	10	7	14	0	1	242	44	1054
合计	177	600	301	139	27	115	18	86	10	18	683		3816

注：2015 年数据统计截至 2015 年 10 月 31 日。

通过数据分析，我市基层法院审委会讨论案件呈现出五个特点：一是委员比例不协调。2013 年全市各基层法院共有法官 220 名，委员 46 名，委员所占比例为 20.91%。其中浦北比例为 20%，灵山比例为 15.9%，钦南比例为 23.5%，钦北比例为 28.9%。这说明各法院配备标准不一，委员结构的调整和优化主动性不强。如何配强、配优审委会审判组织存有较大的盲目性。二是讨论的案件类型相对集中。2013 年至 2014 年，各基层法院共讨论案件 482 件，其中刑事案件 260 件，民商案件 87 件，行政案件 19 件，执行案件 105 件，比例分别为 53.94%、18.05%、3.94%、21.78%。民商案件在基层法院的比例达 80% 以上，但从比例上看审委会对这类型案件的研究指导不够。而刑庭审判案件的能力不足，审委会成为刑事扩大合议庭。三是讨论案件次数有增多的趋势。2013 年四个基层法院分别共召开审委会 70 次，平均每月 5.83 次；2014 年召开 77 次，平均每月 6.42 次。这说明主管副院长、合议庭对案件的把关不严，院庭长的业务指导作用发挥不充分。四是上诉率较高。2013 年、2014 年各基层法院审委会讨论的案件上诉率分别为 16.13%、13.67%，发改率为 3.63%、0.43%。上诉率较高说明裁判尺度争议较大，这里有证据规则不统一、事实认定法律尺度不统一的问题，也存在合议庭把事实争议提交审委会，审委会又无法统一证据规则的问题。此外，也说明法官和当事人沟通不够，判后答疑工作做得还不够好。五是审委会作用发挥不平衡。2013 年，各基层法院结案数的具体情况为灵山 3189 件，浦北 2577 件，钦南 2695 件，钦北 2530 件。灵山法院审委会讨论 98 件，浦北和钦南法院分别为 46 件和 38 件，钦北法院讨论案件 66 件，案件审结数与审委会讨论数比例不成正比。如灵山比例为 3.06%，钦北为 1.41%，反映合议庭、独任法官以及院领导、庭长在案件指导研究上作用的不同发挥。院、庭长高度重视业务指导研究的，审委会案件数相对少，否则会增多，把关责任交给了审委会。

二、存在的主要问题及原因分析

通过实地调研和数据分析，发现各基层法院在审委会审判权的运行上仍不够规范，制约了审委会功能的发挥。

（一）审委会成员业务结构不合理。各法院普遍存在专业不对口的情况，不能保证行政、民事、刑事、执行、立案有专业骨干作为审委委员。由于现行审委会选拔机制存在缺陷，缺乏能上能下的竞争机制，客观上将一部分业务素质较高的资深法官排除在审委会外，不利于审委会整体水平的提高。

（二）审委会委员有陈述随意，法律意见不严谨现象。有些委员在听取案件承办人汇报后就发表意见和表决。有的委员跟着感觉走，不根据证据判断事实，没有依据法律来发言，甚至有的发表意见前后矛盾。有时在讨论表决时，出现分管院长发表意见后，其他委员跟风的现象。产生上述问题的原因主要有：案件承办人汇报不清楚、重点不突出、方式不科学；委员的注意力不够集中，影响全面准确地把握；没有相应的委员考核机制，委员职责不清；委员的综合业务素质有待提高。

（三）审委会运行程序不够规范科学。审委会管理机制不科学，各基层法院都没设立审委会专门日常工作机构和配备专职人员。各法院审委会审判权的运行各不相同，对审委会的职责、讨论范围以及案件提交、汇报、讨论、表决等操作规程规定不够科学。由于审委会运行机制长期不规范，管理机制和机构的不够完善，程序不统一，缺乏专人负责、督办审委会的日常事务，影响了审委会的工作质量效率。

（四）审委会讨论范围不明确，会议不严谨。有些主办法官，不管是事实认定、法律适用，还是程序问题，只要把握不准的，都希望提交审委会讨论；因为提交讨论事实问题，严重影响了讨论效率，出现几次上审委会讨论的现象。遇到社会关注、复杂疑难、领导过问的案子，因害怕承担责任，常以案件重大疑难复杂为由，将案件提交审委会讨论决定。有些委员对审委会重视不够，有参会迟到、随意接听电话和走动，或以有其他行政事务为由不参会的现象。主要原因是合议庭对争议问题研究不深，主管院长指导不够，对提交案件没有明确意见；审委会的召开没有形成例会制度，会议组织纪律性不强。

（五）审委会对审判工作经验总结和研究不够。从统计数据来看，各基层法院 2013 年 1 月至 2014 年 7 月，共召开审委会会议 169 次，讨论案件259 件，但总结审判实践中的经验和通过会议纪要、审判制度等指导规范性文件几乎为零，也没有建立委员集中学习研讨制度。这主要是因为各法院审委会工作重点侧重案件讨论，总结研究审判经验的意识不强，有的院领导也不重视审委会制度的建设。

三、规范审判权运行机制的改进措施

针对调研中发现的问题，为规范我市法院审委会审判权运行机制，中院提出如下改进措施：

（一）明确委员责任，规范审委会审判权运行。在工作指导上，要求各法院高度重视审委会组织建设和制度建设，把审委会法定职责充分发挥出来，建设最具权威的审判组织。市中级法院制定了规范审委会审判权运行的意见，明确审委会和审委委员的职责、审委会讨论案件范围、审委会各项程序性规定、审委委员选拔任免机制，以及责任追究等指导意见。通过建章立制，促使审委会审判权运行更加规范、职责更加明确、管理更加科学。为保障审委会高效运转，设立审委会日常办事机构，处理审委会日常事务，做好传达开会通知、整理和分发会议所需材料、记录会议情况、整理会议决定等工作。指定一名审判委员会委员为专职委员，专门负责审委会日常办事机构的组织协调工作。建立审委会例会制度，以统筹各部门工作，以免工作会议冲突。

（二）明确审委会运行规程。一是案件提交。案件的提交应由合议庭层报庭长、主管副院长，最后由主管副院长或院长决定是否提交审判委员会讨

论。二是会前报告准备。合议庭应认真准备审理报告，向日常办事机构提交书面审理报告，提前 3 天分发各委员；邀请检察长列席会议的，应同时将审理报告送检察长。提交审委会讨论案件，主管院长、庭长要有明确的案件处理意见，是否同意合议庭意见。意见不明确的，不能提交，以强化院长、庭长指导把关责任。各委员如需请假无法参加会议，应至少提前 1 天书面向会议主持人请假。三是案件的讨论与表决。先由案件承办人报告案件基本事实及需要讨论的问题。提交讨论的问题主要是法律理解适用问题，包括证据规则、案件性质、法律关系认定、法定情节、刑罚适用、案件处理方式等争议问题。审判长或庭长以及主管副院长分别陈述对案件的处理意见、对争议问题的意见、建议审委会重点讨论的问题。委员可以询问证据事实问题以求证据确信，认定事实。询问结束后，每个委员发表意见，各委员必须依据法律原则或条文来发表意见，所有定案事实都应建立在证据上。四是会议原则由院长主持。除非特殊情况，审委会只能由院长主持，这有利于落实民主集中制的审判原则。院长在引导讨论重点后，归纳意见和争议的问题，就争议问题组织充分讨论，达成共识。在讨论时，院长要发挥引导协调作用，坚持严格依法裁判，保证法律的统一权威。同时，充分评估裁判的社会效果，努力实现法律效果和社会效果的统一。对达不成一致意见的案件，应当按少数服从多数（全体委员人数过半数）的原则决定裁判意见。裁判意见形成后，院长应当进行总结归纳，归纳重点为证据事实是否充分，法律依据是否明确，裁判主文内容是否准确。持少数意见者应提交书面法律意见存档，以利于对案件分析评价。

（三）改善审委委员专业结构，强化对委员培训考核评价。根据民主集中制要求，应按审判专业结构和注重效率的原则，委员的人数应以 9—11人为宜，最多不超过 13 人。委员人数太多不利于讨论效率，延误审判工作。在审委会委员的构成上，除院长、副院长当然为审委委员外，其他委员应按照审判业务结构要求来配备，包括 2 名专职审委和其他审委委员应在审判员中通过竞争性遴选的方式取得提名。被提名的人选应为政治素质好、审判经验丰富，法学理论水平较高的资深法官。建立委员办案制度，规定办案指标，要求委员旁听重大典型案件开庭审理，提前介入案件审理工作。建立对委员的考核及竞争机制，落实审委会工作情况通报制度，对参会较少、怠于行使职权、业务能力难以胜任的委员，建议辞职、免职。

各法院要制定委员学习培训计划，采取自学、集中学习、案例研讨分析会等方式，加强审委委员的学习培训管理。学习内容应包括中央和各级党委政府的方针政策，新颁布的法律法规、司法解释，上级法院的审判指导意见，以及评估案件质量和总结审判经验、典型案件研讨等。鼓励、支持委员参加培训讲课、承担调研课题、研讨会等工作，提升委员的综合审判业务能力。

中院审委会办公室建立了定期收集研究典型案件和争议审判问题制度，并以审委会会议纪要等方式指导审判工作。每年度集中发布全市法院典型案例，并编撰成册，提供审判工作参考。

结　语

在2014年6月调研发现钦州市法院审委会存在上述的问题后，钦州中院根据调研成果并结合最高法的"四五"改革纲要完善了相关审委会审判权运行机制。制定了委员办案制度、审委会季度学习制度、审判业务问题收集研究制度、审委会工作情况通报制度等。2015年中院制定了《关于进一步完善以审判为中心工作机制的若干意见》和《关于推行审判权力清单制度的指导意见》，规定审委委员每年必须办案10个以上，明确了审委会及委员的权力、职责清单。通过规范审委会运行机制，加强审委委员办案、学习、表决责任，委员的责任心和业务素质有明显提高，审委会工作质量和效率有了明显提高。截至2015年10月，全市法院审委会召开会议和讨论案件减少，案件改判发回下降。在结案比2014年多2889件的条件下，审委会讨论的案件仅有一件被改判，带动了全市法院审判质量和效率的提高。

在新一轮的司法改革大潮中，对审委会的存废仍是争议较大的问题。我们认为，审委会制度是法院审判权运行中一项重要的审判制度，也是中国特色的司法制度。审委会在运行中存在的一些问题，主要是权力规范问题，不是根本性违反司法规律性问题。人民法院审判委员会制度创设于中华苏维埃政权时期，依照1934年2月中央苏维埃组织法，在最高法院内设"委员会"，讨论或决定最高法院职权内的问题和案件。之后，中国共产党领导的司法制度中都保留了这一制度。它对依法公正行使审判权发挥了重要作用。同时，委员会制度是现代社会基本的决策机制，符合人类认识规律，是个体利益社会化的保障机制，具有科学性和必然性，被国际社会普遍接受。当前我国正处在改革攻坚关键期，经济社会加快转型，社会利益关系快速调整，各种矛盾问题错综复杂。而且司法体制机制改革加快推进，新的司法体制机制尚未成熟完善。为加快推进全面依法治国，切实维护国家法律的权威统一，不断应对新情况、解决新问题，保留和完善审委会制度具有重要的积极作用。

审判委员会制度改革的断想

郭　华[*]

审判委员会制度改革源于中华苏维埃共和国中央执行委员会《裁判部暂行条例》设置的"裁判委员会"，1951 年《中华人民共和国人民法院暂行组织条例》将其制度化。这一制度发展至今引起了争议，建立在合法性与正当性追问的基础上建议取消不乏其人，然而保留完善却始终是司法实践和顶层设计者的积极对抗。在当下司法体制改革中尤其是"让审理者裁判、由裁判者负责"背景下审判委员会制度何去何从依然是摆在改革者与理论者面前讨论的问题，而最高人民法院《人民法院第四个五年改革纲要（2014—2018）》将"改革审委会工作机制"作为一项重要内容也是亟待理论探索的课题。

一、审判委员会制度改革历史的反思

审判委员会制度作为历史积淀的标本，其隐而不显的影响及其与司法实践合谋的关系，依稀能够发现其隐含的未来可能的方向。早期的审判委员会制度的动力源于专业化法官的出现与不同审判庭审判案件的差异，目的是强化审委会的专业化，增强审判委员会讨论案件的专业化程度，以至于设计了刑事审判和民事审判、行政审判等专业委员会，分别讨论属于其审判专业范围内的案件。然而，因专业委员会与院审判委员会权限划分无法厘清，出现了院审判委员会与专业审判委员会，专业审判委员会讨论的案件最终仍需提交院审判委员会讨论决定。可以说，这是此次改革的最大成果。由于此时审

---

* 郭华，中央财经大学教授、博士生导师。

判委员会制度改革的不成功，其结果法院建立了"享受副院长待遇的专职审判委员会委员"，仅仅解决了审判委员会专职委员的行政级别待遇问题，从而使配备专职委员的作用完全丧失，多数法院把审判委员会专职委员的职位用来解决行政待遇，安排退居二线的下级法院院长、本院庭长担任"专职委员"，使下级法院院长、本院庭长退居二线却又提升行政级别，相反，这种所谓的改革反而给司法专业化造成负面影响。

2010 年最高法院公布了《关于改革和完善人民法院审判委员会制度的实施意见》。该意见要求"实现审判委员会工作机制和工作程序的科学化、规范化，应当不断改革和完善人民法院审判委员会制度"。党的十八届三中全会《中共中央关于全面深化改革若干重大问题的决定》提出，"改革审判委员会制度，完善主审法官、合议庭办案责任制，让审理者裁判、由裁判者负责。"这一要求强化法官在案件审判过程中的权力与责任，也为审判委员会制度指明了改革方向。2015 年《最高人民法院工作报告》指出，最高人民法院带头改革审判委员会制度，大幅减少审委会讨论案件数量，强化总结审判经验、决定审判工作重大事项职能，提高审委会运行机制透明度。其改革能否卓有成效，还有待于思路开阔，改革路径选择的科学性和可行性。

二、审判委员会制度改革的纠结

改革需要以问题为导向，审判委员会制度改革也不例外。现行审判委员会制度的诟病在于"审者不判，判者不审"、裁判错误的责任不清、影响审判效率等问题。解决上述问题又带来的问题是，如何在保障法官、合议庭依法独立办案的同时能够有效制约法官滥用自由裁量权或者审判渎职？彻底取消审判委员会固然有助于扫清独立审判的障碍，但在客观上形成了法官各自为政的局面。[①] 法官滥用自由裁量权或者审判渎职是否影响法院的声誉，又成为审判委员会制度改革关注的课题。这些问题反映在审判体制改革问题上，始终纠结于法院集体办案还是法官独立审判的问题。

由于审判委员会制度工作程序尤其是议事规则仅仅是一种司法行政化的

---

① 乔新生：《在独立审判原则下改革审判委员会制度》，《法制日报》2013 年 11 月 22 日。

表达，其开展的形式是"开会"而非"开庭"。这种制度违反了现代诉讼程序的言词原则、直接原则。由于审判委员会对案件具有最终决定权，加之法院内部机构设置的等级化，导致我国法院的审判权力由法官向各庭室长、副院长、院长集中，造成了诉讼案件的"审权"和"判权"的分离，不仅造成诉讼资源的浪费，还导致权责不明，模糊了办案责任的界限，一旦产生冤错案，难以准确地实行责任追究。① 那么，能否像法官制度改革那样，通过责任追究倒逼审判委员会制度改革呢？有的法院尝试审判委员会委员可以采取旁听案件、与法官组成合议庭或者单独组成合议庭的方式，参与到案件的审理中来，委员从"幕后"走上"台前"。那么，审判委员会委员旁听案件为什么不可以直接审判案件，其旁听案件纯属多此一举，实质上也是在浪费司法资源。审委会委员与法官组成合议庭或者单独组成合议庭的方式，审委会委员实质上就是法官，也就不存在审委会委员的身份。就目前的改革而言，"改革审判委员会制度，审判委员会主要研究案件的法律适用问题，推进完善院长、副院长、审判委员会委员或审判委员会直接审理重大、复杂、疑难案件的制度。"② 《人民法院五年改革纲要（1999—2000）》也规定：审判委员会要"逐步做到只讨论合议庭提请院长提交的少数重大、疑难、复杂案件的法律适用问题，总结审判经验，以充分发挥其对审判工作中带有根本性、全局性问题进行研究和作出权威性指导意见"。也就是说，审判委员会制度改革是削减其讨论案件涉及的范围而非是案件的范围，主要涉及法律适用问题，仅仅是"难办案件"而非是"疑案"，相当于合议庭审理事实，审判委员会作为二审进行法律审，与外国存在陪审员认定事实的上诉审有点相似。就目前而言，法律问题争议并非严重，且二审法官在把握法律上与一审的审判委员会委员相比更显优越，而合议庭分歧多在事实上，审判委员会委员的经验多表现在事实认定上，如果取消审判委员会在事实上的认定权，或者审判委员会撇开事实而仅顾法律适用，其改革的意义仅在削减权限涉及的案件范围，改革仍值得怀疑。

在一定意义上说，如果不改变法院政绩或者业绩的评价体系，法官办案

---

① 高长见：《司法体制改革的目标及方向》，《学习时报》2013 年 8 月 19 日。
② 孟建柱：《进一步深化司法体制改革 建设公正高效权威的司法制度》，《人民日报》2013年 11 月 25 日。

与法院荣誉捆绑在一起，即使取消审判委员会，如果法院声誉与法官独立办案存在一损俱损的牵连关系时，法院院长对案件的控制权依然不会减弱。因为法院院长的命运受制于法官，法官又是以法院的名义办案的，尽管审判者负责，甚至对法官终身追究责任，其责任追究必然影响法院，最终影响院长，法院对案件的控制则会由另外替代审判委员会制度的潜规则发挥作用。如果用之不慎，有可能会产生比上次审委会改革更为糟糕的问题。

三、审判委员会制度未来的命运

"审判委员会制度改革既不能脱离司法实践盲目推进，也不能形改实不改，使改革流于形式；既要鼓励大胆探索，又要使审判委员会制度改革依法有序向前推进。"[①] 纵观以上对审判委员会制度改革轨迹的分析与审判委员会制度改革路径的探讨，我认为，审判委员会制度改革除严格审判委员会委员的任职资格，规范审判委员会的议事规程，使审判委员会各项活动规范化、程序化、制度化外，这些问题有些论著谈论得较为深刻，不再赘述。我认为以下问题上还需要革故鼎新。

改革审判委员会制度是革除其行政化，而完善审判委员会制度，最终目标是实现其"司法化"。在此背景下建议取消基层法院的审判委员会，完善中级人民法院以上审判委员会制度。《人民法院组织法》第 11 条规定了审判委员会的职责主要是总结审判经验，讨论重大的或者疑难的案件和其他有关审判工作的问题。而对于总结审判经验和遇到疑难案件不存在没有解决的路径，可以通过二审制度发挥解决疑难案件的功能，二审程序以及二审法官的审判能力足够解决这些问题，况且二审法官在解决疑难案件的能力上不比基层法院审判委员会低，二审终审以及二审监督审的制度设计也契合这一理路。同时，也没有脱离我国的司法实践，因为全国法院在 2006 年度适用简易程序审理的一审刑事案件达 38.7%、民事案件达 71.26%，这些是不需要经过审委会讨论的案件。因此取消基层法院的审判委员会制度具有现实的可

---

① 邵海林、李娇娇：《周强：审判委员会制度改革不能形改实不改》，《人民法院报》2015 年 8 月 4 日。

能性和制度上的必要性。从尊重司法规律以及我国司法改革的方向来看，废除改革审判委员会制度有可能是未来的趋势。因为只有充分尊重法官独立的审判权，充分发挥合议庭的作用，让法官根据自己的专业知识和社会经验独立作出审判，每个案件才能经得起历史和法律的检验。

回溯与新瞻：审判管理理论体系再思考

刘家楠*

近年来，司法实务界和学界围绕审判管理理论与实践展开了一系列研究与探讨，① 一直着力于司法学新学科研究与构建的华东政法大学崔永东教授也在其司法学研究的系列成果中专门阐述了审判管理问题。② 党的十八届四中全会后最高人民法院印发了《人民法院第四个五年改革纲要（2014—2018）》（以下简称"纲要"），根据四中全会精神确立了"紧紧围绕让人民群众在每一个司法案件中感受到公平正义的目标，始终坚持司法为民、公正司法的工作主线，着力解决影响司法公正、制约司法能力的深层次问题，确保人民法院依法独立公正行使审判权，不断提高司法公信力，促进国家治理体系和治理能力的现代化"③，这是人民法院五年改革的总体思路。强调建立以审判权为中心的诉讼制度，完善以审判权为核心、以审判监督权和审判管理权为保障的审判运行机制，明确了审判管理权的保障性特质。随着法官遴选、管理和评价体系、案件质量评估体系、司法统计，以及正在推进中的法官员额制等诸项改革举措的逐步实施，一方面对与之相应的审判管理理论与实践提出了新的要求，另一方面针对审判管理权现实运行中对审判权过度挤压侵夺的现状，也确有必要对既有审判管理理论进行全面的清整与省思，

---

* 刘家楠，法学博士，济南大学政法学院讲师，华东政法大学司法学研究院兼职副研究员。

① 参见杨凯：《审判管理理论体系的法理构架与体制机制创新》，载《中国法学》2014 年第 3 期，第 215—216 页。

② 崔永东：《司法学》，人民出版社 2011 年版；《司法学论纲》，人民出版社 2014 年版；《审判管理的目标、方法与路径》，载《河北法学》2015 年第 3 期；《司法改革与司法管理机制的去"行政化"》，载《政法论丛》2014 年第 6 期。

③ 最高人民法院：《人民法院第四个五年改革纲要（2014—2018）》，新华网，http：//news.xinhuanet.com/legal/2015-02/26/c_ 127520462.htm，2015 年 7 月 2 日访问。

以之针对性地提出解决问题的新思路。

一、审判管理的内涵重述

对既往研究加以梳理，可以发现审判管理至少在两个层面上被定义，其一为外部视角，也可以视为广义的审判管理，实际上是从社会管理的角度来考量纠纷化解职能分配的问题，侧重关注法院在纠纷解决中所处的"位置"，也就是通过何种方式来调节法院的受案范围，以匹配司法解决纠纷的特质，并促进司法改革长远目标的实现。其二为内部视角，也就是大多数研究者指称的审判管理，即法院内部人、事管理的方式。

（一）外部视角

就外部视角的审判管理言之，苏力教授的《审判管理与社会管理——法院如何有效回应"案多人少"?》一文较具代表性，该文认为审判管理是社会管理的重要构成部分，因此司法的纠纷解决（法院审判）应当与社会提供的纠纷解决方式协同作用，审判管理的作用就是通过调节法院的受案范围，如通过提高诉讼费用，适当增加诉讼成本分流纠纷至其他的解决方式，法院则"集中关注相对重大的、有影响力的、通过解决纠纷能为社会确认或提供某些规则的纠纷"[1]，以此缓和目前司法解纷的"重负"（案多人少）。固然这一法院外的审判管理方式能够在一定程度上对目前法院司法能力与社会诉求之间的差距起到"治本"的效果，然而，即便是增加诉讼费用一项也不是人民法院可以单独定夺的，由是审判管理"要求进一步调整和改善法院运转的外部社会条件，需要更多的'统筹'。用外国同行的学术话语来说，审判管理需要政治性部门（立法和行政）的支持配合；用中国习惯的政治性话语来说，是要加强党政部门的统一领导和协调。"[2] 正是基于对现状的类似研判，十八届四中全会从推进多层次多领域的依法治理及健全依法维权和化解纠纷机制两个面向推进了外部视角上的审判管理改革。前

---

[1] 苏力：《审判管理与社会管理——法院如何有效回应"案多人少"?》，载《中国法学》2010年第6期，第183页。

[2] 苏力：《审判管理与社会管理——法院如何有效回应"案多人少"?》，载《中国法学》2010年第6期，第184—185页。

一面向立足社会主体的自我约束和自我管理，充分发挥社会规范在社会管理中的积极作用，实质上是通过社会主体的"自律"在更深的层面上消解矛盾和纠纷的产生，解决的是纠纷"源"的问题；后一面向立足理顺现行的社会矛盾纠纷化解机制，切实建立起多元化的纠纷解决机制，解决的是纠纷"流"的问题。

从现实司法实践来看，法院审判与其他纠纷解决方式，特别是与调解的协调对接是外部审判管理的重要问题。法院以审判为中心，就必须摆脱当下调解（非司法调解）纠纷解决模式中法院的居中地位，从试点地方法院多元化纠纷解决改革实践的情况看，法院充当了人民调解和行政调解的中枢，并以自身的司法资源和能力涵养社会化的和行政化的调解纠纷活动，[①] 人民调解（社会）及行政调解得以借助法院系统具有的精专化、职业化的法律素养而取得一定程度的发展，然而此种发展是建立在消耗司法资源的基础上的，事实上也并没有令人信服的数据足以证明调解占用的司法资源少于审判。法院实际上扮演了多元纠纷解决机制的核心枢纽，这也在一定程度上导致了司法活动的效率被拉低。因此，外部视角下的审判管理理论更应该强调多元纠纷解决机制的协同配合，通过 ADR 有效分流进入法院的纠纷，以真正达到释放部分司法资源的目的。而 ADR 与审判的有效对接属理论与实践均较复杂的问题，超出本文的关注范围，宜另文再述。

（二）内部视角

审判管理内部视角的研究主要集中于司法实务部门，杨凯在《审判管理理论体系的法理构架与体制机制创新》一文中认为审判管理研究集中于司法实务部门，其原因是高校"学者囿于审判管理统计数据获取困难和审判管理实际操作流程难以深度介入等客观原因，而难以进行深入的理论研究，这既是造成法院对审判管理内涵与外延的理论研究常常陷入自说自话困境的症结所在，也是审判管理难以深入系统研究形成理论体系的原因之一。"[②] 本文以为"纲要"中提及的健全法院和法学院校、法学研究机构人员双向交流机制，实施高校和法院人员互聘计划，便意在回应上述理论研究

[①] 参见《济南法院简报》2015 年第 16 期。

[②] 杨凯：《审判管理理论体系的法理构架与体制机制创新》，载《中国法学》2014 年第 3 期，第 216 页。

的现实困境，同时从更为广泛的层面上意图弥合司法实践与法学研究之间早就存在的彼此畛域甚深的局面，当然这是本文的题外话。

在同篇文章中，杨凯还详尽梳理了司法实务界对审判管理理论已经进行的相关研究，总结了基于不同视角的审判管理内涵界定，如"审判管理是围绕案件审判展开的、以审判决策、程序控制、质量督查、行为激励等为主要内容的管理制度体系及其管理实践活动"；"审判管理是审判运行机制的管理制度体系"；"审判管理是指人民法院基于对审判活动规律的认识与把握，以提高审判质量、效率和效果为直接目标，以指导、规范、服务和保障审判权依法独立顺畅运行为准则，通过设计和运行一套科学合理的综合管理体制，运用体制内各种管理机制和措施，对审判活动及其来由展开的审判资源进行配置、评价、组织、指导、协调和控制的过程"；"审判管理是指人民法院负有审判管理职责的机构和人员以审判活动及与审判活动相关的事物为对象，按照司法规律或原则的要求，通过对审判权及审判运行方式的监督和制约，实现对审判公正、高效、廉洁保障的一系列活动的总称"及"审判管理是在遵循审判客观规律基础上服务于审判权运行体制机制的服务型管理、调研型管理和公正性管理"。① 崔永东教授则认为"审判管理是指为了实现审判的公正和效率，通过计划、决策、组织、领导、控制等审判管理职能的行使来优化审判资源的配置，以实现既定审判目标的组织活动。"②

对上述基于不同视角界定的审判管理内涵加以整理分析，不同研究者语境下的审判管理基本上涵摄了以下两种面向：第一，审判管理意在构建一种管理系统，通过系统的良性运转来优化法院内部审判资源的配置。第二，审判管理的目的是提高审判质量及其效率，最终实现司法公正。同时，管理系统中的程序控制也会起到监督审判活动的作用。然而，实践中审判管理办公室的职能却与法院其他内设部门的职能存有叠合之处，致使自身的边际游移模糊，这也导致了上述审判管理内涵的理论性界定并不能完全与法院实际情况相吻合。于是针对上述问题，一方面需要法院系统在进一步的司法改革中优化院内各部门的职能配置，另一方面也表明对审判管理的认知并不到位，

---

① 杨凯：《审判管理理论体系的法理构架与体制机制创新》，载《中国法学》2014 年第 3 期，第 213—215 页。

② 崔永东：《审判管理的目标、方法与路径》，载《河北法学》2015 年第 3 期，第 30 页。

崔永东教授认为将"管理主体"看成是包括院庭长和普通法官在内、将"管理客体"看成是"行使审判权的行为"的观点有待商榷，"所谓管理不但要'管事'，还要'管人'，从常识上讲，法院的管理主体自然是院庭长，普通法官及其审判行为属于管理客体，审判行为不可能脱离审判者（法官）而独立存在。"① 也就是说所谓的事项管理最终必然及于人，"而从组织内部的视角来看管理，哪怕再讲'管理就是服务'，管理都必须有决策和执行，有服从，管理总是关系到相关个体的权力分配和调整"，② 最终及于个人的审判管理伊始便带有了"科层制"色调，"科层制"色调恰恰是现代化管理的特点之一，未能对司法实践中审判管理的"科层制"色调保有足够的警惕，以致于在一些情况下审判管理成为法官语境中"徒增一个管理级别的设置"。而审判管理界定之难亦难在科层制倾向下的审判管理放大了管理与考评倾向，甚至窒压了作为核心权力的审判权，陷于管理泥淖的审判管理也就无法明确言说自身的界限了。

二、审判管理的行政化"魅影"解构

审判管理的行政化或者说过度行政化是造成审判权与审判管理权两权关系紧张的根本原因，于此有研究者精辟的分析到"现代法院审判运行机制和审判管理改革实践中的法理学基础问题，就在于如何妥善消弭遵循司法规律基本原则与科层制行政管理体制的机构张力"③。与审判管理如影随形的"行政化"实际上是审判管理受到了法院外部与内部行政化的双重影响，由是形成了自体与受逶染下行政化的审判管理体系。

（一）外部行政化

"我国司法权在很大程度上已经地方化，地方法院在行使司法审判权的时候常常受到党政机关的不当影响和干预，很难独立审判，造成司法公正难

---

① 崔永东：《审判管理的目标、方法与路径》，载《河北法学》2015 年第 3 期，第 30 页。
② 苏力：《审判管理与社会管理——法院如何有效回应"案多人少"?》，载《中国法学》2010 年第 6 期，第 186 页。
③ 杨凯：《审判管理理论体系的法理构架与体制机制创新》，载《中国法学》2014 年第 3 期，第 217 页。

以实现，国家的法制统一得不到保障。司法地方化也导致地方保护主义盛行，一些地方法院事实上已经成为地方保护主义的工具，形成了'法制割据'的局面，严重损害了国家法制的权威。另外，司法地方化也妨碍了司法权力对行政权力的监督和制约，使国家法律与中央政令在地方上的执行得不到有效监督，从而使地方行政权力演变为一种不受制约的'诸侯行政'，并由此阻碍了中国法治的现代化进程。"① 然而，"司法的地方化只不过是司法的行政化的一种表现形式而已，如果说司法地方化的实质在于地方政府机关将司法机关当成其下属的一个部门的话，那么这恰恰是司法行政化的一种表现。更何况，如果没有司法的行政化，地方政府或各种利益集团也就难以对地方司法机关产生实质性的影响。因此，新一轮司法改革的重点应当是司法的去行政化"②。

韦伯在20世纪初就指出官僚制度将进入一切社会结构，无论是政府、政党亦或是企业。这样一种设定权限的、亦设定层级的例行化职务履行模式，③ 体现在政府的自控中就是行政化管理，因之也使得国家对社会的治理染有行政化色彩。王申教授指出我国当代社会比以往任何时候都组织得更好，正因为通过行政化模式控制了社会生活，并可以合理地称这个时代为行政化的时代。④ 现实中法院落入整体行政化模式中，并成为其中的一部分。法院与行政系统存在级别上的对位，法官在拥有法官级别的同时实有或可"折算"成行政级别的层级以之对位于行政系统的职务履行者。于是地方党政机关或利益集团经由行政化背景顺利地影响位于其中的法院，影响院长、庭长或者是法官。⑤

从本文角度言之，司法的去行政化是法院系统去除外部加诸的行政化桎梏的过程。十八届四中全会和"纲要"强调在已经部分进行且未来准备展开的司法改革中以设立巡回法院，跨行政区法院，调整行政诉讼案件管辖制

① 崔永东：《司法学原理》，人民出版社2011年版，第183—184页。
② 崔永东：《司法改革与司法管理机制的"去行政化"》，载《政法论丛》2014年第6期，第20页。
③ 吴庚：《政法理论与法律方法》，中国人民大学出版社2007年版，第101—106页。
④ 参见王申：《科层行政化管理下的司法独立》，载《法学》2012年第11期，第141—142页。
⑤ 崔永东主编：《司法学研究·2014》，人民出版社2014年版，第293—294页。

度，推动省级以下法院人员统一管理等措施来回应司法地方化问题，使地方法院受制于地方政府的状况得到一定程度上的缓解，进而起到抑制司法系统（法院）"外部行政化"氛围的作用，只不过从法院角度来看上述举措带有"防守"性的色调。在韦伯的官僚结构中，官僚在执行职务时，或多或少有相当详细的规则可以准据，即工作的例行化。① 而我们搭建的行政化社会控制模式中，部分层级的官僚，尤其是层级领导者的权力行使范畴存有模糊性，体现在现实中行政系统的职务履行者，尤其是领导性职务通过对位或非对位（主要是上对下）施加影响于法院系统，干预案件审理，影响司法公正。十八届四中全会提出推行政府权力清单制度，坚决消除权力设租寻租空间，采取"主动"性姿态来限缩司法系统受到的外部行政化影响。"权力清单"可以有效阻塞部分行政体系职务履行者对司法体系的对位性诉求，但是，如果行政体系中负有领导性职务的人完全受制于"权力清单"或工作例行化，却并不十分现实，行政体系中的职务履行者被工作例行化掌控，只能使整个行政体系彻底僵化，失去更新和改善体系结构的可能。因此，行政体系中领导职务的履行者保有了例行化工作与适度自主决策之间的张力。十八届四中全会决议要求建立领导干部干预司法活动、插手具体案件的记录、通报和责任追究制度，以负向"权力清单"的形式确证此非领导职务之权力，其指向是例行化工作之维，而适度决策自主则是行政体系中的领导职务履行者保有以权力干预司法的洁癖，行政体系中的职务履行者自主地控制行政化氛围与司法体系的边际，既是最终法治建设应当达成的目标，也是法治建设必不可少的生态环境。

（二）内部行政化

如前所述，法院系统内部的行政化只是行政化在全面渗透社会管理的方方面面后于司法领域的投影而已。本文选择将审判管理的外部行政化与内部行政化影响分别论述，并非意味着两者有着十分明显的界限，而是基于去行政化改革角度的考量，去除外部行政化的改革可以削弱及限制外部行政化对法院系统的"对位性"影响，外部环境的改变又会有效减少内部行政化受到的推力，然而外部环境的改善不足以使法院系统内部的行政化自然地达至

---

① 参见吴庚：《政法理论与法律方法》，中国人民大学出版社 2007 年版，第 106 页。

最小化，考虑到法院系统在我国制度设计语境中的相对独立地位，外部去行政化与内部去行政化的改革既有整体推进的相互配合之处，也有针对性解决各自面临的问题的一面。就本文主旨言之，外部行政化作用于审判管理体现为环境性的影响，而内部行政化的表征之一即为审判管理。

法院系统内部的科层行政化带有一定的普遍性，即便是首提三权分立和司法独立的大陆法系国家，其法院系统和法官却也是作为文官体制的一个部分来对待的，更难于免除官僚色彩浓厚的"家长制"行政管理。① 而以法官高度独立为标尺的美国法院系统，在应对波斯纳所谓的"内在"与"外在"复杂性的挑战中，相应扩张法院系统和增加工作人员，随之而来的是科层化端倪的强化和一定程度地管理上的挑战。② 可见，管理只是作为司法行政化倾向的一个必然产物而已。

当然，管理的必然性却并不能表明审判管理具有相当的合理性。现实中"法院传统的审判权运行管理模式基本上还是多主体、多层级、复合式、行政化的审判管理定案模式，对于一件案子，从主审法官、合议庭审判长及成员、副庭长、参与庭务会（或称审判长联席会议）讨论案件的法官、庭长、分管副院长、参与讨论案件的审判委员会成员、院长都有可能参与审判权运行和审判管理的不同环节。"③ 另有与之并行的网罗众多且颇为复杂的案件质量评估和审判综合绩效考核体系，最终导致"按照制度设计，院长、庭长应该行使审判管理和监督的职能，但是由于其直接干预办案，并控制所有案件的结果，直接在行使审判权，从而导致了审判权实体管理的虚无化。"④ 上述格局将审判权异化为行政性权力，使得审判管理反过来宰制了审判。那么，直接废除此种对审判权宰制性管制的管理权自然而然地成为釜底抽薪之策，但是如果不改革法院系统内部行政化格局的大背景，仅单纯抽离审判管

---

① 参见苏力：《审判管理与社会管理——法院如何有效回应"案多人少"?》，载《中国法学》2010 年第 6 期，第 189 页；王申：《科层行政化管理下的司法独立》，载《法学》2012 年第 11 期，第 134 页。

② 参见理查德·波斯纳：《波斯纳法官司法反思录》，苏力译，北京大学出版社 2014 年版，第 60—61 页。

③ 杨凯：《审判管理理论体系的法理构架与体制机制创新》，载《中国法学》2014 年第 3 期，第 216 页。

④ 尚洪立：《司法改革前沿问题研究》，人民法院出版社 2011 年版，第 229—230 页。

理权，带来的只能是其他旧有或新生管理权力的迅速代位，成为新的宰制性权力，其结果是审判管理权不当膨胀的"昨日再现"。另外，已经具有一定运行成熟度的审判管理在现实中发挥了部分管理、评估或监督审判工作的作用，贸然彻底废弃审判管理制度，会失去相对有益的审判权行使评估模式，远非基于内部行政化改革的背景对审判管理进行行政弱化改造，复归相应的初衷更为实在有效。

在行政化审判管理模式中法院内部担任领导职务者的内在角色存有冲突，[①] 既担任法院内部领导职务者兼具行政化首长与司法官员的双重身份于一体，但司法寻求的要素（独立、公正、审慎）与行政性管理（效率、遵守、执行）寻求的要素又颇具差异。受制于法院内部整体行政化的背景，内在角色冲突极易全面倒向行政"领导"一面，设定指标并对完成情况加以排序的竞争性考评模式，院长、庭长等担任领导职务者对案件质量的权威集中式把控与负责，其最终结果绝非尊重司法规律，而是必然倒向更具效率和执行力的行政管理模式，甚或将违纪贪腐行为纳入其中。同样，消解担任法院内部领导职务者行政化首长的面向，构造法官只依据法律对案件负责的独立均等格局能否成为上述困境的破题之策？本文以为消解行政化首长的面向也就排除了部分针对具体审判工作的有效监督，横向行政化的剪除会相应地加深本就表征科层化的纵向审级制度，"我们说了算不是因为我们不出错，我们不出错只是因为我们说了算"[②] 的上下级法院科层制会更加彰显，终将多层级的管理集中送归最高法院。至为重要的是此种样态不合于我国党领导司法工作并保证司法工作政治正确的政治话语结构，因为法院内部担任领导职务者的外在角色是法官与党员两种身份的同一，而坚持党的领导无疑是司法工作的大前提。

所以，"纲要"提出推动人民法院内设机构改革。按照科学、精简、高效的工作要求，推进扁平化管理，逐步建立以服务审判工作为重心的法院内

---

① 角色冲突理论参见吴庚：《政法理论与法律方法》，中国人民大学出版社 2007 年版，第 112 页。

② Brown V.Allen 344U.S.443（1953），at.540（Jackson J.concurring）。转引自苏力：《审判管理与社会管理——法院如何有效回应"案多人少"？》，载《中国法学》2010 年第 6 期，第 186 页。

设机构设置模式及探索实行法院司法行政事务管理权和审判权的相对分离等举措，其相当程度上的目的是削减行政层级和范围，弱化内部行政化，为审判管理的改革提供了良好的空间环境。上述举措的具体施行也将有助于分离法院内部担任领导职务者的行政事务管理与办案管理。其实对内在角色冲突中行政化首长面向除了根本消解彻底绕过角色冲突，最有效的方式乃是权责一致，适当监督。彻底取消院庭长以行政性方式直接干预案件办理，以领导职务"监护"低层级法官的司法工作，无论出于何种原初目的，其结果总是被"监护"人习惯后的行政管理趋势更加强化，最终引发整体司法水平原地踏步，甚至是退步。院庭长内在角色下的审判管理应当属于制度性管理，依据已经民主化商议的准则进行管理，虽则身为重要的节点式的管理执行者，但只能成为规则制定者之一，是受制于既有规则的管理者，而不是成为"全知全能"的干预者。

三、审判管理的"保障性"职能建构

崔永东教授指出"根据中国目前的司法实际，骤然废除司法管理权，让司法权完全独立运行而不受监督，可能会产生一定的副作用，甚至会影响到司法公正。因此，在当前的法院系统内，构建一种司法权与司法管理权之间的平衡关系可能更符合中国的司法实际。将来，待条件成熟后，再构建一种以司法权为主、以司法管理权为辅的模式也是顺理成章的事情。"[1] 本文的前述分析也表明整体废除审判管理未必会取得期望的效果，在限定其行政化色彩的格局下，逐步向服务于审判权的趋势改革，可谓一种较为理想的策略。从"纲要"强调"完善以审判权力为核心、以审判监督权和审判管理权为保障的审判权力运行机制"的整体思路上看，基本上吻合了上述分析。与此同时，"纲要"还确定了健全审判管理制度的目标，即"发挥审判管理在提升审判质效、规范司法行为、严格诉讼程序、统一裁判尺度等方面的保障、促进和服务作用，强化审判流程节点管控，进一步改善案件质量评估工作。"作为保障审判权有效行使的审判管理，在进一步的改革中应主要侧重

---

[1] 崔永东：《审判管理的目标、方法与路径》，载《河北法学》2015年第3期，第35页。

于"规范评价"与"研究提升"两个面向。下文将"规范评价"与"研究提升"加以分别叙述有着便利研究的考量，应当说二者作为审判管理的两个重要面向本质上是互显互通的。

就"规范评价"言之。藉由前文所述，审判管理首先旨在构建一种管理系统，科学化合理化的任务目标和规范指征的设置是该系统的重要内容。同时，由于各种因素的相互作用关系的动态特征，实际上不可能存在某种能适用于一切组织的方法和模式。因此，按照系统理论研究组织和管理，不仅需要将组织视为一个开放的系统，而且还必须采取权变的观点，即因地制宜的观点。① 由是，审判管理系统的构建应当是在充分考虑到各地人民法院现状差异的基础上建构的有限开放与封闭性融合的系统。不同层级的法院设定一定数量的相同指征，可以有效地保障法院系统从整体上评估审判工作的运行，视为封闭性的体现；而考虑到各地法院的具体情况差异，允许各地设置与本院状况相吻合的指征，则是有限开放的体现。

其次，任务目标与规范指征的设置应当体现历时性与民主性。"审判管理部门在对上一年度，甚至更长时间段内审判运行态势分析的基础上，确定本地、本院当年度审判工作目标任务并经本院审判委员会研究决定"，"各级法院在司法管理工作中，应当制定一种科学合理的评估办法……应当注重自上而下、自下而上的反复讨论，在评估指标上尊重司法干警意见，尽量使评价指标的设置科学化合理化"。② 实际上任务目标与规范指征的设置兼具历时性与共时性两面，只不过现实中共时性过于突出，而历时性被湮没其中。共时性最集中的体现是设定违反司法规律的考评指标和措施并加以排序，以之为奖惩的依据。这是一种经济 GDP 追逐在司法上的投影，种种排名排序的司法 GDP 追求既有着"案多人少"的现实困境，也有着司法经济化的倾向，以市场化的经济运行模式来管理司法活动，司法自身的效率特质又将此种追求被迫转化为唯指标论，从而产生"两本账"和"三级骗"的数目字管理困局，对任务目标与规范指征的考评结果被信奉为"诊断书"，

---

① 刘家楠：《司法管理学理论基础初探》，载《大庆师范学院学报》2013 年第 2 期，第 50 页。

② 崔永东：《审判管理的目标、方法与路径》，载《河北法学》2015 年第 3 期，第 36、34 页。

忽略了其"体检表"的初衷。① 所以"纲要"强调"取消任何形式的排名排序的做法",最大限度地削减共时性比对的同时,需要突出历时性的特征,以长时段视角来确定非竞争性考核为目的的改进型审判工作任务目标与规范指征。任务目标与规范指征的民主性设置能够在"初始环节"上尽量排除个人偏好的掺入,保证审判管理制度性管理的属性。院庭长管理的依据是历时性经验并参酌共时性需求,充分考虑尊重一线案审人员诉求所制定的标准,院庭长的权力限于审判管理准则之下,也就部分抑制了审判管理行政化属性带来的院庭长权力过大问题。

第三,审判管理"规范评价"的具体指标中应当包含对"诉权"项的考量。有学者认为"如果把法院审判工作比作社会产品的生产,根据全面质量管理的要求,管理的关键在于对生产过程的监督和控制,而非对产品结果的控制,结果只能作为业绩考评和奖惩的依据。法院裁判作出后,'产品'已经'出厂'。这时,实际上已经无法控制。因而,必须将管理行为的着力点放在产品的生产过程中,在产品形成之前,在产品到达客户(当事人)之前。"② 应当说上述观点在审判管理理论中具有相当的代表性,然而以审判管理的过程属性来监督和控制司法"产品",实质上却忽视了当事人的诉权,此种思路也导致了现实中"很少从尊重当事人诉权的视角来展开审判管理改革实践的理论体系研究"。③ 当事人的诉权不仅及于诉讼过程中同样及于结果,审判管理"规范评价"的具体指标不能忽视当事人诉权的存在而自足于既定规则的监控。司法活动的特质不同于物质产品的生产,司法活动的最终面向是人,试图解决人的问题却只在结果层面考虑当事人的诉权,显然并不适当。另外,结果只能作为业绩考评和奖惩的依据限缩了结果的历时性价值,又易于倒向为了绩效考评的结果决定论,削弱了本来的基于过程的监督和控制。审判管理中对"诉权"的考量难点是如何在管理系统中有效引入"诉权"变量,"诉权"最有效的实现当然是当事人满意,并以

---

① 参见杨凯:《审判管理理论体系的法理构架与体制机制创新》,载《中国法学》2014年第3期,第221、220页。

② 陆开存:《人民法院审判管理机制创新的路径》,载《审判研究》2012年第1辑。

③ 杨凯:《审判管理理论体系的法理构架与体制机制创新》,载《中国法学》2014年第3期,第218页。

此收到司法效果与社会效果的统一。然而，司法裁断并非居中充当"老好人"的角色，加之司法现实中当事人与法院系统存在的紧张现状，[①] 在审判管理体系中引入"诉权"以期更全面有效的评价审判权的行使，既是审判管理改革的重中之重，亦是亟须破解的棘手问题。

第四，审判管理的监督作用与司法公开。审判管理"规范评价"良性运行的一面本身即意味着监督，院庭长依据体系化、规范化、民主化的任务目标与规范指征设置以权责一致的方式来监督审判权的现实运行。虽然考虑到法院内部管理者的内在角色分配，院庭长依据"规范"的监督不可能完全脱离行政化的属性，但权责一致的监督，如"纲要"提出建立的"院、庭长行使监督权的全程留痕、相互监督、相互制约机制，确保监督不缺位、监督不越位、监督必留痕、失职必担责"，将起到制约行政化属性的作用。司法公开是审判管理有效运行的重要支撑，尤其是社会面向的司法公开，可以将与当事人"诉权"并行的社会评价有效地引入审判管理的整体评价系统中，有助于促进审判管理体系的自体更新，纠正可能渐次加深的行政化运行趋势可能带来的自体封闭性。

最后，"规范评价"的有效实施将为法官员额制度和法官惩戒制度提供有力地保障。时下，法官员额制度改革在一些省份相继展开，与之相应的法官遴选委员会也相继建立，[②] "纲要"要求完善法官业绩评价体系，建立"上级法院法官原则上从下级法院遴选产生的工作机制"，审判管理"规范评价"得出的一般性结论将会为法官遴选委员会提供重要参酌，尤其是对法院系统内部的法官遴选。同样，法官惩戒委员会基于个案的惩戒活动与基于法官日常工作不当进行的惩戒活动都将在一定程度上参酌审判管理的"规范性"评价结论，因为事实上审判管理本身就在相当程度上体现了法官

---

① 屡见报端的当事人伤害法官的极端事件，其实质是当事人对法官或法院系统存有深深的不信任感，于此情况下建立以适当引入"诉权"为指征的审判管理体系其难度是非常大的。参见《4 名法官办公楼内被捅盘点近年法官被伤害事件》，中国社会科学网，http://ex.cssn.cn/zx/shwx/shhnew/201509/t20150910_ 2166328.shtml，2015 年 9 月 12 日访问。

② 如吉林省法院系统的法官员额制改革试点，参见《减出"增量"》，吉林省高级人民法院网，http://jlfy.chinacourt.org/article/detail/2015/09/id/1721460.shtml，2015 年 9 月 29 日访问。《山东成立法官检察官遴选、惩戒委员会》，新华网，http://news.xinhuanet.com/local/2015-09/07/c_ 1116485196.htm，2015 年 9 月 20 日访问。

业绩评价，法官业绩评价理应将通过审判管理得出的具体评估结果作为重要指征，并最终服务于法官遴选与法官惩戒制度。

就"研究提升"言之，对于审判管理不仅可以从与"完善案件质量评估""深化司法统计改革""完善法律统一使用机制"等规范评价面向的相互配合来考虑，还应当注意到法院内部的审判管理活动应当与法院系统内的研究部门有效配合，通过分析、研判审判管理得出的数据与结论，促进审判管理体系自我完善，有效保障审判权的实质性运作，最终起到促进案审质效双重提升的效果，也就是说审判管理不应仅限于程序性的"任务"，而应当在充分发挥"规范评价"作用的同时兼济或结合学理及实践研究，从实质性层面服务于审判权。

余　论

"夫法之善者仍在有用法之人，苟非其人，徒法而已。"[1] 作为深谙晚清变法修律个中曲折的沈家本，其对单纯的法与"人"之关系的上述概括可谓精当。审判管理意在建立起有效运行地能够同时保障和监督审判权行使的制度化体系，在这一体系中至为重要的关键就是"人"与规则之间的关系，也就是说遵循预先设定规则的审判管理体系的良性运行不能缺少对"人"的关注。在法院司法活动中，通过法律或准法律的道德性规范来保障法官及其他司法辅助人员遵守规则，[2] 这其实是在为法院司法活动的主体设立"社会性公德"，并希冀且强制性的要求法官及司法辅助人员加以遵守，然而此种"人"与规则的模式多少将"人"视为了遵守规则的客体。"四中全会公报"和"纲要"均强调法官职业道德建设问题，明确建立并完善法官选任、管理、保障和工资制度，将上述法官作为客体的遵守规则转变为主体性的遵守相应的职业道德，工资与其他保障构成了法官遵守职业道德的基础性规则保障。应当说物质性的规则保障作为基础具有相对性，真正的基础性保障是作为职业道德的"社会性公德"与个体性私德之间的良性互动，通过职业

---

① （清）沈家本：《历代刑法考》（卷一），中华书局 1985 年版，第 51 页。
② 参见崔永东：《司法学原理》，人民出版社 2011 年版，第 140 页。

道德约束法官及其他司法辅助人员，可以形塑其部分个体私德，而良善的个体私德将更有助于发挥职业道德的作用，自律的职业道德的"社会性公德"和个体性私德两个面向，也就完成了从被"管制"的客体到主动遵守准则的"主体性"转换。具体到审判管理，"公德"与"私德"的至为基本要求是掌握一定审判管理权的主体时刻保有对行政性权力的警惕，警惕此种管理权力被行政化异化为充满宰制的专断性权力。以制度规则来确定审判管理的保障及管理属性只是审判管理体系的部分内容，通过职业道德的"公德"与"私德"注入，从而保有对行政性权力异化的警惕甚或可以成为更重要的内容，因为最终审判管理的良性运行不全然依赖于制度，而依赖于人与制度的协同作用。

【司法实践】

"特别残忍手段"的理解与司法适用

——以老年人免死条款但书规定为研究视角

叶肖静[*]

一、问题的提出

2011 年的《刑法修正案（八）》将老年人犯罪的宽宥处罚规定吸收入《刑法》，其中第 3 条规定了老年人的免死条款，即"审判的时候已满七十五周岁的人，不适用死刑，但以特别残忍手段致人死亡的除外"。但书规定中所用的"特别残忍手段"并非《刑法修正案（八）》首创，这一用语在1997 年《刑法》第 234 条第 2 款作为故意伤害罪的加重量刑情节，即"以特别残忍手段致人重伤造成严重残疾的"。立法者在制定这两条规定的时候，没有对"特别残忍手段"进行具体的立法解释。在司法实践中，"特别残忍手段"相关用语在裁判文书高频出现，常常作为涉及暴力刑事犯罪案件中定罪量刑依据的格式化表达。由于缺乏对"特别残忍手段"的立法解释，司法实践中对"特别残忍手段"的认定存在不同的标准，有时甚至上下级法院在判断"特别残忍手段"的时候产生不同认识。

在浙江省金华市中级人民法院和浙江省高级人民法院处理的一起案件①中，年满75周岁的被告人胡某认为村干部黄某甲、黄某乙、黄某丙等对其分地不公，一直欺压自己，因此对他们怀恨在心，预谋将他们都杀害，并为此准备了犯罪工具尖刀一把。2011年11月7日，被告人胡某看到黄某丙来村里做群众工作，就一边尾随其后，一边辱骂黄某丙，趁黄某丙不备之机，用事先准备的尖刀从黄某丙左侧后背猛刺一刀，被害人黄某丙经医院抢救无效死亡。一审、二审法院对于被告人胡某行为的定罪没有争议，认为其已构成故意杀人罪。但是两级法院在对其行为手段是否构成特别残忍手段存在争议。一审法院法官认为，被告人预谋杀害三人，并事先准备作案工具；案发当日，被告人尾随、辱骂被害人后并公然猛刺被害人，致被害人死亡，应认定以特别残忍手段致人死亡。二审法院法官认为，被告人在本案中选择持刀杀人，而非其他非常见凶残的犯罪方法；在行为次数上仅仅捅刺了一刀，被害人失去反抗能力后也没有再次捅刺。其犯罪手段一般，不属于手段特别残忍，因此不符合以特别残忍手段致人死亡的规定，② 因此二审最终没有对被告人适用死刑。

老年人免死条款传承了我国矜老恤幼传统，符合人道主义的要求，体现了慎杀少杀的刑事政策，但书规定却被认为是立法上的退步。所谓"法律不是嘲笑的对象，而是法学研究的对象"③，虽然老年人免死条款的但书规定在立法上有退步之嫌，但这不影响以但书规定作为视角探讨"特别残忍手段"的理解与司法适用，提出一个适用于司法实践的适用标准。

二、"特别残忍手段"的理解

刑法适用的过程就是刑法解释的过程。刑法解释是为了达到正确运用抽

---

① 浙江省金华市中级人民法院刑事判决书，（2012）浙金刑一初字第1号；浙江省高级人民法院刑事判决书，（2012）浙刑三终字第152号。

② 聂昭伟、吴郁槐：《对并非以特别残忍手段致人死亡的满75周岁被告人不适用死刑》，载《人民司法》2012年第20期。

③ 张明楷著：《刑法格言的展开》，法律出版社2003年版，第3页。

象的刑法条款探求或阐明刑法条文的正确意义，针对受司法追诉的行为人的行为，在进行刑法评价之时，借刑法解释所得到的法律条文正确含义，适用某一刑法条款对行为人定罪科刑。[①] 老年人免死条款但书规定的适用主要涉及的是对"特别残忍手段"的理解。

对于"特别残忍手段"的理解，首先应当解释"残忍"的含义。《辞海》解释"残忍"一词的意思为残暴狠毒。中国古籍中也对"残忍"有所描述。《盐铁论·褒贤》中提及"赵绾、王臧之等，以儒术擢为上卿，而有奸利残忍之心"。《三国志·魏书》记载"卓性残忍不仁，遂以严刑胁众，睚眦之隙必报，人不自保"[②]。陈寿在评论董卓时，认为他"狼戾贼忍，暴虐不仁，自书契已来，殆未之有也"。在中国古代，残忍之人被视为不仁之人，而残忍与贪利、暴虐等一并视为败坏的品质。在国际公约中，"残忍"一词也有出现。《公民权利和政治权利国际公约》第七条规定：任何人均不得加以酷刑或施以残忍的、不人道的或侮辱性的待遇或刑罚。在该公约中，"残忍"一词与不人道、侮辱性共同连用修饰待遇和刑罚方式。对于何种待遇和刑罚方式是"残忍"的，始终没有明确的解释。从词语的排列顺序上来看，"残忍""不人道""侮辱性"三个词的负面评价程度是依次递减的，其中"残忍"的负面评价程度应当最高，但"残忍"的待遇和刑罚方式相比酷刑负面程度低一点。1979年联合国通过的《执法人员行为守则》第五条评注（c）中指出：虽然残忍的、不人道的侮辱性的待遇或处罚没有为联合国大会明确定义，但是解释的时候应该理解为最广泛地防止肉体上或精神上的虐待。从这条评注中，可以认为残忍的表现形式不仅包括肉体的虐待，还包括精神的虐待。在美国各州的刑事法律中也有关于"残忍"的条款，通过对"残忍"的判断，来适用加重的刑罚，甚至是死刑。"特别凶恶、恶毒或残忍"条款（Especially Heinous, Atrocious, or Cruel Statutes，以下简称HAC条款）是对攻击性犯罪的犯罪分子处以极刑的加重因素。该标准

[①] 林山田著：《刑法通论》（上），北京大学出版社2012年版，第82页。

[②] 《三国志·魏书六》。

据统计，在美国 31 个州①的刑法中出现。但是，其模糊的含义、矛盾的适用以及主观的判断使其在美国司法系统中引起了很大的争议。② 例如，阿拉巴马州最高法院认为 HAC 条款是用以判断极刑犯罪的重要标准，被认为符合 HAC 标准的行为是丧尽天良且毫无怜悯之心的犯罪，这种犯罪对受害者造成不必要的折磨。阿拉巴马州上诉法院在 1999 年的 Noris v.State 案中将符合 HAC 条款的行为量化为三个标准，包括心理折磨、超过造成死亡结果的必要手段的肉体折磨、攻击后的一定疼痛。③ 美国各级法院在认定行为符合 HAC 条款标准的时候，会对被害人接受死亡的过程进行推测，当法院或陪审团认为受害者在死亡的过程中遭受不必要的肉体和精神折磨，就可以认为犯罪行为人的行为是极度残忍的，因而可以适用 HAC 条款。文义上，残忍是不人道的一种极端表现形式。

"特别残忍手段"在整部刑法中一共出现了两次，分别是老年人免死条款但书规定和故意伤害罪的加重量刑情节。有学者认为，这两处"特别残忍手段"含义相同④，虽然老年人免死条款但书规定没有具体解释，但是可以通过参照全国人大常委会法制工作委员会刑法室编著的《中华人民共和国刑法释义》（以下简称《释义》）一书中对《刑法》第 234 条故意伤害罪中的"特别残忍手段"的解释，来理解老年人免死条款但书规定中的"特别残忍手段"⑤。该书认为"特别残忍手段"是指故意要造成他人严重残疾

---

① 这 31 个州包括：阿拉巴马州、亚利桑那州、阿肯色州、加利福尼亚州、科罗拉多州、特拉华州、佛罗里达州、佐治亚州、爱达荷州、伊利诺伊州、印第安纳州、堪萨斯州、肯塔基州、路易斯安那州、马里兰州、密西西比州、密苏里州、蒙大拿州、内布拉斯加州、内华达州、新罕布什尔州、北卡罗来纳州、俄克拉荷马州、俄勒冈州、宾夕法尼亚州、南卡罗来纳州、南达科他州、田纳西州、犹他州、弗吉尼亚州、怀俄明州。资料来源：Jennifer Adger：Quantifying the "Worst of the Worst"：Victim，Offender and Crime Characteristics Contributing to "Heinous，Atrocious，or Cruel" Findings in Alabama，ProQuest LLC，2011。

② Breann N. Walk：Differences in Appellate Court Case Decisions Based Upon "Especially Heinous，Atrocious，or Cruel" Statutes，ProQuest LLC，2014.

③ Jennifer Adger：Quantifying the "Worst of the Worst"：Victim，Offender and Crime Characteristics Contributing to "Heinous，Atrocious，or Cruel" Findings in Alabama，ProQuest LLC，2011.

④ 周光权编：《刑法历次修正案权威解读》，中国人民大学出版社 2011 年版，第 291 页。

⑤ 聂昭伟、吴郁槐：《对并非以特别残忍手段致人死亡的满 75 周岁被告人不适用死刑》，载《人民司法》2012 年第 20 期。

而采用毁容、挖人眼睛、砍掉人双脚等特别残忍的手段伤害他人的行为。①先不论两个条款中的"特别残忍手段"含义是否相同，该《释义》仅仅列举了三种具体的行为方式，无法涵盖所有不当的行为手段。另外，该《释义》作为定义存在循环定义的问题。在列举了三种具体的行为方式之后，该《释义》以"等特别残忍的手段"作为兜底性的概括，以同一词语进行定义，这导致了循环定义的逻辑性问题。除此之外，该《释义》将造成严重残疾的后果，作为行为人行为时的主观目的，这是一个主观要素。"特别残忍手段"的理解是对客观行为的定义，将主观目的作为判断客观行为的要素之一，这表现了《释义》对主客观要件的认识存在误区。应该注意到的是，依照基本生活常识，《释义》中列举的三种具体行为方式，无论毁容、挖人眼睛，还是砍人双脚，都不会导致人死亡的结果，仅仅只是导致人重伤或者残疾的结果。因此，由于刑法中规定的"特别残忍手段"导致结果不同，《刑法》第234条故意伤害罪中的"特别残忍手段"含义和老年人免死条款但书规定的"特别残忍手段"含义不能当然地认为完全一致，只能说是在一定范围内存在交集。不能当然地将两者做同一理解，但前者可以作为判断后者标准的重要参考。

一般对概念下定义的方法主要有两种方式：一种是对概念所要描述的对象的本质特征或外延内涵作精确且概括的说明；另一种是以列举的方法对其各种具体表现形式进行概括或归类。有学者凭借自己的社会经验和认知，以列举的方式具体描绘了各种"特别残忍手段"，主要包括特别残忍手段的种类、行为持续的时间和次数、被害人的痛苦程度以及其他社会公众在心理上难以接受的手段。以行为持续的时间和次数来看，特别残忍的犯罪行为持续时间长，对被害人的折磨次数多，从而加重其死亡过程中的痛苦。除了以上两种具体标准，还以"其他社会公众在心理上难以接受的手段"作为兜底性标准。②"残忍"作为一个具有高度抽象性的词汇，难以依靠概括性的语言对之加以精确的说明；而利用列举的方式对其表现形式进行概括，存在困

---

① 郎胜编：《中华人民共和国刑法释义》，法律出版社2011年版，第416页。

② 聂昭伟、吴郁槐：《对并非以特别残忍手段致人死亡的满75周岁被告人不适用死刑》，载《人民司法》2012年第20期。

难，这是因为社会上众生百态，不当的行为手段包罗万象，列举描述会存在遗漏。关系到犯罪行为人命运的，本应该界限分明的东西事实上没有任何的明确界限和标准，对"残忍"一词的讨论往往变成一场见仁见智、各执一词的论辩。究其原因在于，残忍属于价值判断的范畴，是人们在价值判断中所得到的对特定事物所产生的一定价值的认识。价值主体以一定的价值标准为参照系，对价值课题的自然属性与自己的需要和利益之间所形成的关系事实进行评价，从而得出客体是否符合自己需要和利益的价值结论。① 定罪与量刑是刑事司法活动中两大重要过程，定罪是对行为人实施的主客观活动与刑法构成要件是否一致的判断，如果一致，则对其行为确定某个罪名。量刑是在定罪后，在该罪名规定的刑罚中，选择与行为人行为相适应的刑罚方式加以适用。无论是老年人免死条款但书规定中的"特别残忍手段"，还是故意伤害罪中的"特别残忍手段"，对其中"特别残忍手段"的认定是事关犯罪行为人生与死、失去自由长短的重大课题。另外，从刑罚的预防功能上来说，包括刑罚的特殊预防和一般预防。特殊预防是针对犯罪行为实施者本人的，而一般预防则是针对社会上的公众。通过对"特别残忍手段"的判断和认定，并对犯罪行为人判处相应的刑罚，是对社会其他个体的警示和教育。由于"残忍"是一个主观判断的形容词，用其他形容词来解释残忍仍然需要适用者在适用的时候对之进行理解和判断。以列举具体行为方式来表达"残忍"，总难免会有疏漏不周之处。笔者认为，对于"特别残忍手段"的判断应当从原则上考虑社会公众的价值观念和被害人所受痛苦这两个方面。

首先，对"特别残忍手段"的认定应当符合社会公众的价值观念。犯罪行为是由人实施的，刑罚措施是由人制定的，因此刑法作为规制人的行为的法律规范，其背后的社会观念和历史经验不得不加以关注。从空间上来看，人是社会的存在，除了自然属性，还有社会属性，人的行为不能脱离社会来理解。从时间上来看，人是历史的存在，虽然每个个体是漫漫历史长河中的沧海一粟，但是每个个体结合起来就构成了完整的历史。"特别残忍手

---

① 冯亚东：《理性主义与刑法模式》，中国政法大学出版社 1999 年版，第 22 页。

段"是对社会善良风俗的违反，也是对人类恻隐之心的挑战。① 所谓善良风俗就是维持人类社会生活不可缺少的、最低限度的伦理道德标准，是人类在社会中行为的底线，也是人类恻隐之心的社会基础。所谓"恻隐之心，仁之端也"②，是我国自古儒家思想所追求的人文主义精神"仁"的集中体现，是在历史长河中缓慢积累的传统，它虽然看不见摸不着，却实实在在地控制个体的言行，最终构成整个社会的善良风俗。当法律和一般民众的实际行为有落差时，民众在心理上会逐渐累积一种排斥不满的情绪；只要有机会，这股压抑已久的积怨，就会像山洪般地宣泄而出。③ 司法者对于法律概念的理解和解释，虽然不是法律规定，但是司法判决作为一种法律活动，会对社会生活产生重大影响。当司法判决所表达的观点与社会公众的普遍观念严重背道而驰之时，这会引起社会公众表达强烈的不满和反对，例如云南李昌奎案。当我们想运用某些词语对社会群体产生影响的时候，就必须知道社会群体此刻是如何理解它们的。④ "残忍"作为一个形容词不是用来形容被害人遭受侵害的后果和程度，而是用以形容犯罪行为实施人侵害的方式。从法益侵害说和规范违反说的角度，"特别残忍手段"表达的不是对法律所保护的利益被侵害的程度和后果的判断，更侧重表达的是维持社会基本的伦理秩序的违反。而从结果无价值论和行为无价值论的角度，手段残忍相比一般的手段，不是必然造成更大的危害后果，而是行为手段本身更加反伦理和反秩序。⑤ 因此，对于特别残忍手段本身的认定应当符合社会公众的一般观念。

其次，在认定"特别残忍手段"时，还应当对被害人所遭受的痛苦加以判断。有学者认为该规定的设立目的是为了减轻被害人在被侵害时遭受的痛苦，而不是为了满足大众的伦理欲望。⑥ 随意剥夺他人生命或者伤害他人

---

① 车浩：《从李昌奎案看"邻里纠纷"与"手段残忍"的涵义》，载《法学》2011 年第8 期。

② 《孟子·公孙丑上》。

③ 熊秉元：《正义的成本》，东方出版社 2013 年版，第 9 页。

④ ［法］古斯塔夫·勒庞：《乌合之众：大众心理研究》，陈昊译，法律出版社 2011 年版，第 65 页。

⑤ 车浩：《论被害人同意在故意伤害罪中的界限》，载《中外法学》2008 年第 5 期。

⑥ 邓毅丞、申敏：《被害人承诺中的法益处分权限研究》，载《法律科学》2014 年第 4 期。

的行为，本就是残忍的，缺乏人性的。特别残忍的手段就其残忍性而言应当更甚于随意剥夺他人生命的行为，这种手段应当是造成被害人在死亡过程中承受的死亡所不必要的肉体疼痛和精神折磨。所谓不必要的肉体折磨，是犯罪行为人以非常见的手段缓慢造成被害人死亡，期间被害人应当体会到巨大的疼痛。这种不必要的肉体折磨可以是多次实施伤害行为致被害人严重残疾，最后杀死被害人，也可以是对被害人采用油煎、毒蛇猛兽撕咬等非常见杀人方式致其死亡等。精神折磨包括被害人在临死过程中产生的恐惧或者无助等负面情绪。例如，被害人在向犯罪行为人求饶后，犯罪行为人仍然执意杀死被害人，在这个临死的过程中被害人经历了巨大的恐惧。或者，被害人在临死前亲眼目睹犯罪行为人杀害自己挚爱之人，却无能为力加以解救而产生的无助之感。

三、"特别残忍手段"司法适用误区辨析

在司法实践中，"特别残忍手段"相关用语是涉及暴力刑事案件的高频词汇。由于缺乏对"特别残忍手段"的立法解释，司法实践中对"特别残忍手段"的认定存在不同的标准，此外，还有一些具体规则应当注意。在具体考察犯罪行为手段的残忍程度的时候，应当注意区别行为动机目的、行为侵害对象与犯罪行为手段，审慎对杀人后分尸行为加以定性，以及同时具有杀人以及其他犯罪行为的判断。

犯罪人的行为动机与目的能否作为手段特别残忍的认定标准？在刘兵故意杀人案中，犯罪人刘兵与未成年被害人发生性关系后，因害怕事情败露而产生杀人灭口之恶念，用手扼掐被害人颈部。在该案的裁判理由中，法官认定其犯罪手段残忍。① 在《刑事审判参考》中，另有其他几则案例中犯罪人以手掐被害人颈部，未被法官认定为犯罪手段残忍。该案与那些案例区别于犯罪行为人的犯罪行为动机与目的。笔者认为，犯罪行为人的行为动机与目的不能作为评价手段是否特别残忍的标准。行为的动机是指引起行为人实施

---

① 《刘兵故意杀人案》（总第 465 号），载中华人民共和国最高人民法院刑事审判一、二、三、四、五庭主编：《刑事审判参考》2006 年第 6 集（总第 59 集），法律出版社 2008 年版，第 13—18 页。

某种行为的内心起因，是反映行为人主观需要的一种心理活动。行为的目的是指行为人希望通过实施行为想要达到某种客观结果的主观心理愿望。人的客观行为在一定程度上都是由动机支配，追求一定的目的。从概念上看，行为人的动机与目的都是主观心理活动，而行为手段属于犯罪构成的客观方面。主观心理活动虽然是需要通过客观行为表现的，即犯罪手段是犯罪动机和目的的体现，但是这并不意味着行为人的主观心理活动就可以作为构成要件的客观方面加以考虑。在认定特别残忍手段的时候，需要区分犯罪行为人的主客观方面，不能将主观方面的表面归之于客观行为上。因此，不能因为犯罪行为人事前有预谋、犯罪目的为泄私愤、掩盖不可告人的秘密等主观心理，就认为犯罪行为人犯罪手段特别残忍，这样就混同了主观动机目的与客观行为手段。在刘兵故意杀人案中，法官仅因犯罪人卑劣的犯罪动机和目的，认定其手段是残忍的，这并不妥当。

发生死亡结果的被害人具有特殊性，例如杀死妇孺老弱之人能否视为手段特别残忍？在索和平故意伤害案中，犯罪人索和平长期虐待年迈的父亲，仅因琐事即对父亲多次拳打脚踢，案发当日，朝父亲身上踹了几脚，致其当场死亡。在该案的裁判理由中，法官认定其犯罪手段特别残忍。[1] 该案中，犯罪人未用利器谋害被害人，仅仅因为被害人具有特殊性，是老年人，更是其尊长。笔者认为，被害人自身的特殊性不能说明犯罪行为人的行为手段之特别残忍。犯罪对象虽然是犯罪构成的客观方面，但是犯罪对象不能等同于犯罪行为手段来看待。犯罪手段强调的是实施危害行为的具体方式和方法，手段特别残忍强调的是行为方法和方式的残忍。社会上的弱势群体值得保护，但是对他们的保护并不意味着必须对犯罪行为人的犯罪手段增加负面评价，从而导致犯罪行为人遭受更强烈的刑罚处罚甚至是死刑的处罚。对象与手段是犯罪构成客观方面的两个因素，不能混为一谈。在《索和平故意伤害案》中，法官仅因为被害人的特殊性，认定犯罪人的犯罪手段特别残忍，并不妥当。

除了被害人个体的特殊性，如果发生死亡的被害主体数量多于一个，是

---

[1] 《索和平故意伤害案》（总第524号），载中华人民共和国最高人民法院刑事审判一、二、三、四、五庭主编：《刑事审判参考》2009年第1集（总第66集），法律出版社2009年版，第36—41页。

否可以认为是手段特别残忍？在方金青惠投毒案中，犯罪人方金青惠实施投毒方式故意杀人三次，共造成三人死亡、九人中毒受伤的严重后果。在该案的裁判理由中，法官认定其犯罪手段残忍。① 在老年人犯罪的案件中，由于老年人受制于生理因素，可能使用暴力方法不多，更多的会采用投毒、制造陷阱等方式。一旦采用这些方法，往往会造成不特定多数人伤亡的结果，可能会造成多于一人的死亡结果。在日本刑法中，杀死一个人就构成一个杀人罪，杀死两个人就构成两个杀人罪，对此采用数罪并罚的方式。② 但是在我国，杀死两个人的情况是同种数罪，是作为一罪加以处罚，而非并罚。笔者认为，被害对象的复数性不能认定行为手段的特别残忍。理由如上所述，在犯罪构成客观方面，对象与手段是两个内容，不能等同看之。但是，在老年人投毒致人死亡的案件中，仍然可以依照被害人死亡时所受痛苦加以判断。例如，有的剧毒物质并非直接导致被害人死亡，而是被害人在死亡过程中，经历了极大的痛苦。这种情况下，只要被害人中发生一例，这种情况就可以视为手段特别残忍。行为手段的残忍程度的判断，仍然应当以客观行为的标准来判断。比如在方金青惠投毒案中，被害人在致死的过程中，遭受了毒品侵蚀身体机能和医院抢救的巨大痛苦。因此认定其犯罪手段残忍，不是由于被害主体的复数性，仍是因为被害人经历了不必要的巨大痛苦。

对于杀人后的"分尸"行为能否视为手段特别残忍？在闫新华故意杀人、盗窃案中，犯罪人闫新华趁被害人熟睡之际，用铁锤猛砸其头部，致其死亡。后肢解尸体，抛弃于垃圾堆中。在该案的裁判理由中，法官认定其犯罪手段凶残。③ 在司法实践中，往往将碎尸、焚尸行为视为犯罪手段特别残忍，进而在量刑时对其加重处罚，甚至处以死刑，这是不恰当的。对于杀人或者致人死亡的案件中，刑法所要打击的是杀人这种罪行，而不是对待尸体

---

① 《方金青惠投毒案》（总第98号），载中华人民共和国最高人民法院刑事审判第一庭、第二庭主编：《刑事审判参考》2001年第5集（总第16集），法律出版社2001年版，第1—5页。

② 陈兴良：《死刑适用的司法控制——以首批刑事指导案例为视角》，载《法学》2013年第2期。

③ 《闫新华故意杀人、盗窃案》（总第393号），载中华人民共和国最高人民法院刑事审判一、二、三、四、五庭主编：《刑事审判参考》2006年第3集（总第50集），法律出版社2006年版，第1—8页。

的行为，犯罪行为人在实施杀人行为后，出于自保的本能，行为人会以分尸的方法来逃避侦查，要求犯罪行为人善待尸体，对犯罪行为人是不具有期待可能性的。① 且不论犯罪行为人分尸的目的，分尸行为发生在被害人死亡之后，该行为不能视为犯罪行为人杀人时的行为，所以这行为不能视为手段特别残忍。另外需要注意到的是，杀人后碎尸与分解肢体的方式杀人是不同的，② 在进行判断的时候，应当结合现场勘查和尸体鉴定结论等证据材料加以认定。杀人后碎尸，碎尸行为发生于杀人行为后，所以不能视为杀人手段特别残忍；而分解肢体的方式杀人，是在杀人过程中通过分解肢体给被害人带来不必要的肉体痛苦，是特别凶残狠毒的，应当认定为手段特别残忍。故而杀人后碎尸分尸，不能认定为"犯罪手段特别残忍"，正所谓"皮之不存，毛将焉附"。

对于同时具有杀人行为，又有其他犯罪行为，是否能够认定为手段特别残忍？在龙世成、吴正跃故意杀人、抢劫案中，犯罪人抢劫后，为灭口杀死被害人，用匕首朝被害人颈、胸、背部连捅数十刀。在该案的裁判理由中，法官认定其犯罪手段残忍。③ 这需要结合现有刑法规定来看。以抢劫罪为例，由于抢劫罪中将致人死亡作为加重情节规定。根据司法解释的规定④，对抢劫致人死亡和抢劫后故意杀人加以区分。前者是以抢劫罪一罪定罪，而后者是以故意杀人罪和抢劫罪数罪并罚。在手段特别残忍的判断上，应当对导致被害人死亡的行为手段进行判断。在抢劫后故意杀人的情况中，抢劫行为不是导致被害人死亡的直接原因，对于抢劫中采用的行为手段，已经作为抢劫罪的犯罪事实，那么不能再作为故意杀人罪的犯罪事实，来重复认定，否则就等于对抢劫的行为手段进行了重复认定，这样违背了禁止重复评价原则。因此，对于抢劫后故意杀人的情况，应该只对故意杀人的手段进行判断，不能够将抢劫手段作为手段特别残忍的判断内容。在龙世成、吴正跃故意杀人、抢劫案中，犯罪人对被害人连捅数十刀，在这个被害人的死亡过程

---

① 刘文志等：《死刑案件量刑情节研究》，载《山东审判》2007 年第 5 期。

② 彭新林：《论犯罪手段与死刑的限制适用》，载《政治与法律》2011 年第 6 期。

③ 《龙世成、吴正跃故意杀人、抢劫案》（总第 634 号），载中华人民共和国最高人民法院刑事审判一、二、三、四、五庭主编：《刑事审判参考》2010 年第 4 集（总第 75 集），法律出版社 2011 年版，第 24—30 页。

④ 2001 年 5 月 23 日最高人民法院《关于抢劫过程中故意杀人案件如何定罪问题的批复》。

中，反复承受着犯罪人暴力行为所带来的痛苦，因此可以认定犯罪人犯罪手段特别残忍。

四、结语

量刑应当考虑行为的社会危害性与犯罪人的人身危险性，应当是报应和预防相统一。以已然之罪的社会危害性为基础，同时考虑未然之罪的可能性。已然之罪的社会危害性包括犯罪的主观恶性与客观危害两个方面，而未然之罪的可能性包括再犯可能性与初犯可能性。[①] 犯罪手段体现已然之罪的社会危害性，特别表现为犯罪行为人的主观恶性。一般来说，犯罪手段越残忍，说明犯罪行为人主观恶性越大，行为的社会危害性也越大；而犯罪较为温和的话，说明犯罪行为人的主观恶性相对较小，行为的社会危害性也更小。但是犯罪手段与犯罪人的人身危险性关系不是特别密切。行为手段特别残忍与再犯可能性的相关性较弱。行为人采用特别残忍手段实施一次犯罪并不意味着会再次犯罪，而采用相对温和方式实施犯罪不能说明行为不会再犯。犯罪手段作为量刑情节在我国刑罚裁量中起着重要的作用，特别是一旦行为手段被认定为特别残忍，会对犯罪行为人施以严厉的刑罚。因此，在暴力刑事案件判决书的判决理由部分，应当谨慎使用"手段特别残忍"，不能将行为动机目的、行为侵害对象等因素作为特别残忍手段的判断依据。在运用"特别残忍手段"描述的时候，应当从原则上考虑社会公众的价值观念，同时结合证据材料判断被害人在受害过程中所受痛苦。

---

① 陈兴良著：《刑法哲学》，中国政法大学出版社 2004 年版，第 647 页。

强制医疗程序中的鉴定问题研究

陈邦达 *

一、从"被精神病"和"武疯子"现象说起

近年来，我国司法实践中暴露出与精神疾病司法鉴定密切相关的两种不正常社会现象，其一为人们所诟病的"被精神病"现象，其二为社会所担忧的"武疯子"现象。就前者而言，近几年我国刑事、民事、行政诉讼和行政执法活动中发现当事人"被精神病"的问题日益突出，案件最后的审查结果却发现：这些当事人神志清晰却被鉴定为精神疾病患者，此即为社会民众所称的"被精神病"现象。这一现象通常表现为"不该收治被收治"，即精神正常的当事人经过司法人员的不当处置被送进精神病院进行隔离治疗，医院只对支付医疗费的人负责，住院期间没有启动任何纠错机制，被认定为精神病患者投诉、申诉、起诉皆无门。所谓"武疯子"现象是指一部分高危精神病患者脱离监护人的看管和政府强制医疗的监管，在社会上弑杀无辜百姓的悲剧。这一现象在司法实践中通常表现为"该收治者不收治"，司法机关对精神病患者要么一放了之，任凭他们继续危害社会的安全与秩序；要么一关了之，不启动鉴定或者将他们作为精神正常的人予以服刑。上述的两种现象以惨痛的教训直指我国精神卫生领域法治的缺陷，改变这一现状已迫在眉睫。以下我们将从社会媒体曝光的案例说起。

案例1：武钢职工徐某"被精神病"事件。2011年6月10日，湖北省有关部门联合调查组称，经精神疾病专家组鉴定，武钢炼铁厂职工徐某"患有偏执性精神障碍，建议监护治疗，定期临床评估"。徐某随后办理出

---

* 陈邦达，华东政法大学科学研究院助理研究员，法学博士后。

院手续，由其父承担监护责任。被精神病院监护治疗 4 年多的徐某从医院逃到广州，试图证明自己没有病。徐某向广州各大媒体投诉，称自己多年坚持上访，遭到前上司、原单位的"迫害"，被非法收治在精神病院长达 4 年的时间。

案例 2：河南徐某"被精神病"事件。徐某是河南省漯河市源汇区某村农民。2003 年 10 月被漯河市郾城县某乡党委、政府有关工作人员送进驻马店市精神病医院。徐某是因为替同村残疾人张某打抱不平，从 1997 年到 2003 年间，不断向各级部门反映问题。至 2010 年 4 月 17 日，神志清醒的徐某已被关在精神病医院 6 年半。因为怕徐某出院后继续告状，当初把他关进精神病医院的河南省漯河市郾城县某乡政府 6 年多来坚持每个月向医院缴纳 1000 多元费用，让徐某与世隔绝，失去人身自由。

案例 3：湖北彭某"被精神病"事件。彭某系湖北郧县人，多年前就享受国家政策没有到退休年龄即办理了内退手续，现在是湖北省十堰市建行营业部的内退员工。2010 年 4 月 9 日，拍摄了几张群众上访的照片后，被送进派出所，警方在询问过程中发现彭某有精神病史（彭某于 2006 年 10 月 20 日与其妻叶某在张湾区民政局婚姻登记处办理了离婚手续，彭某至今未婚），遂将彭某送往东风汽车公司茅箭医院精神科进行病情检查。经精神病专科医生诊断，彭某为偏执性精神障碍，并正在发病期，医院决定留其观察治疗。

案例 4：福建南平特大凶杀案。2010 年 3 月 23 日上午 7 时许，福建省南平市实验小学校门口发生一起恶性案件，一名男性凶手持刀沿学校周边路上一路砍杀。8 个孩子不幸殒命，受伤的 5 名小学生还在医院抢救。这些孩子中年龄最大的也不过 13 岁。凶手郑某已被警方控制，据称曾有精神病史。法院一审认定郑某故意杀人罪成立，依法判处死刑。

从上述案例以惨痛的教训告诫人们：在执法、司法活动中依法客观地界定行为人的精神状态，判断其是否为精神疾病患者并适时采取强制医疗措施十分关键，它对案件的准确定性、防止执法人员滥用权力、防止"被精神病"和"武疯子"现象的延续、提高社会安全防范能力等方面具有重要的影响。完善我国与精神疾病司法鉴定密切相关的强制医疗程序，对解决司法实践中的上述问题具有积极的意义。

二、我国以往强制医疗程序的不足

新《刑事诉讼法》确立了强制医疗程序，主要是为了解决强制医疗制度规制不足造成的乱象。长期以来，我国强制医疗程序存在的不足主要表现为以下几个方面。

（一）强制医疗程序的立法规定不健全

我国《刑法》第18条第1款规定："精神病人在不能辨认或者控制自己行为的时候造成危害结果的，经法定程序鉴定确认的，不负刑事责任，但是应当责令他的家属或监护人严加看管。在必要的时候，由政府强制医疗。"但对于强制医疗的决定主体、适用条件以及具体实施程序均没有规定。解决实体法对强制医疗的程序规定不足的问题，通常通过诉讼法的规制进行弥补。1996年《刑事诉讼法》对于强制医疗的规定除了明确精神疾病司法鉴定的主体以外，对于强制医疗的适用程序没有作任何规定。[①] 在旧法实施过程中，司法实践适用强制医疗程序的法律依据除了《刑法》之外，主要有《人民警察法》的有关规定。如该法第14条规定："公安机关的人民警察对严重危害公共安全或者他人人身安全的精神病人，可以采取保护性约束措施。需要送往指定的单位、场所加以监护的，应当报请县级以上人民政府公安机关批准，并及时通知其监护人。"这一条款只规定公安机关对精神病人采取保护性约束措施的职权。此外，1989年卫生部颁布的《精神疾病司法鉴定管理办法》也规定一些相关的程序，如第4条规定："鉴定委员会由人民法院、人民检察院和公安、司法、卫生机关的有关负责干部和专家若干人组成，人选由上述机关协商确定。"尽管如此，我国有关强制医疗程序的立法仍处于近乎空白的状态。

（二）强制医疗程序的有关规定行政化色彩浓厚

强制医疗程序的有关规定行政化色彩浓厚，当事人的诉讼权利保障不足。具体而言，行政化的问题突出地体现为：第一，立法机关对强制医疗程

---

① 《刑事诉讼法》第120条规定："对人身伤害的医学鉴定有争议需要重新鉴定或者对精神病的医学鉴定，由省级人民政府指定的医院进行。"

序的定性存在争议。长期以来，由于《刑法》只是规定对不负刑事责任的精神病人采取强制医疗程序，但没有明确强制医疗程序究竟是司法程序还是行政程序，造成实践中对其定性存在争议，以至于许多方面认为强制医疗程序是一种行政性质的行为，一旦认为精神病人不负刑事责任，刑事诉讼程序就结束了，因此强制医疗程序不应当由刑事诉讼法进行规制。2010 年 5 月在武汉召开的全国安康医院工作会议上，公安部监所管理局在回答记者提问时特别指出安康医院的收治对象及收治法定程序，并表示"强制医疗是一种特殊的行政强制措施，是由我国《刑法》作出规定的。"[1] 在 2011 年《刑事诉讼法修正案（草案)》审议时，有的全国人大常委会组成人员提出："强制医疗程序应当是行政强制行为。"[2] 可见，将强制医疗程序定性为行政措施的观念将会对该程序的适用特征产生深远的影响。第二，对精神病患者采取保护性约束措施只需要经过行政化的决定程序。公安机关决定对精神病患者采取保护性约束措施，送往指定的单位、场所的（即强制医疗的场所)，只需要报请县级以上人民政府公安机关批准，并不需要接受中立第三方的司法审查就可以将当事人送往安康医院进行强制医疗，时间长达一年之久。期满以后经过公安机关自行决定可以延长相应的期限，并且延长的次数没有限制。第三，当事人对人身约束措施缺乏有效的异议救济机制。对于被强制医疗的当事人，法律并没有赋予其提出异议的救济程序。强制医疗程序不仅仅是一种医疗行为，更是对作为公民个体的精神疾病患者人身自由的剥夺，它关系到当事人的行为是否达到犯罪程度以及有无刑事责任的认定问题，还关系到对当事人人身自由的剥夺与限制，因此必须经过司法化的程序才能符合法治理念的基本要求。

（三）强制医疗的场所的建设和管理不足

目前，我国对于精神病人强制医疗的执行主体是公安机关及强制医疗机构。公安机关主要负责将行为人送至医疗机构接受强制医疗，而强制医疗机构主要负责具体执行强制医疗。我国涉及精神病人强制医疗的机构主要包

---

① 佚名：《公安部监所管理局就安康医院工作答新华网记者问》，载新华网 http：//news.xin-huanet.com/legal/2010-05/28/c_ 12154943.htm，2010 年 05 月 28 日访问。

② 陈丽平：《全国人大常委会组成人员提出 强制医疗应当是行政强制行为》，载《法制日报》2011 年 9 月 28 日。

括：第一种是隶属于民政部门的救治机构。其主要收治的对象是经济条件困难、需要救助的精神病人。第二种是隶属于卫生部门的精神病医院。此类医院依照世界卫生组织和我国精神障碍分类与诊断标准的有关规定，收治精神病患者。第三种是隶属于公安部门的安康医院。其负责的对象是肇事肇祸后需要收治的精神病人。① 我国负责具体执行强制医疗的机构主要是安康医院，其建设和管理存在法律缺位、数量有限、管理不力等问题。据有关资料记载，我国安康医院的设立源于 1954 年的一次外交事件。当时，越南共产党主席胡志明访华来到西安，一名精神病人冲撞进车队。事后，周恩来总理批示要建立专门收治精神病人的场所，于是全国多地先后建立起精神病管治院。1988 年，公安部下发《全国公安机关第一次精神病管治工作会议纪要》中要求各地抓紧建立公安机关管理的精神病管治院，并将各地此类机构统一命名为"安康医院"，指的是安定、康复的意思，以此区别于普通的精神病医院。精神病管治院收治对象主要包括五种，例如"严重扰乱党政军机关办公秩序和企事业单位生产、工作秩序"，"严重扰乱公共秩序"和"影响社会安定"等。我国安康医院没有特别的法律法规或者部门规章，个别地方只能通过制定相关条例进行规范，造成安康医院的法律规制存在一定疏漏，不利于对收治精神病人的监管和治疗。目前，全国安康医院总共仅有25 所，分布于 21 个省区市，数量上无法满足实践中收治精神病人的需求。同时，安康医院由公安机关管理，容易造成公安机关对强制医疗程序的决定和执行集于一身，缺乏必要的制约和监督。司法实践中有部分人因为上访维权而被认定为精神病人，被送至安康医院接受强制医疗。

三、强制医疗程序的新规定

为了将强制医疗程序纳入法律规定，全国人大常委会主要通过《刑事诉讼法》《精神卫生法》等立法工作解决司法实践中存在的"被精神病"以及"武疯子"等现象。从 2013 年《刑事诉讼法》对强制医疗程序规定的内容看，新的规定主要体现在以下几个方面。

---

① 参见赵春玲：《刑事强制医疗程序研究》，中国人民公安大学出版社 2014 年版，第 58 页。

（一）明确了强制医疗程序的适用条件

新《刑事诉讼法》增设了强制医疗程序，根据新法的规定，当事人适用强制医疗程序的前提条件有三：第一，实施暴力行为，危害公共安全或者严重危害公民人身安全。实施了暴力行为，一般包括以人身、财产为侵害目标，采取暴力手段对被害人的身心健康或者生命财产安全造成较大的损害。并且暴力行为必须是危害公共安全、严重危害公民人身安全。如果暴力行为没有达到危害公共安全或者严重危害公民人身安全，就不能适用强制医疗程序，而应当由其监护人妥善看管和照顾。第二，经法定程序鉴定依法不负刑事责任的精神病人。该条款包含两层意思：其一，这里的"精神病人"是指不能辨认或者不能控制自己行为的精神病人，对于间歇性精神病人在精神正常的时候犯罪以及尚未完全丧失辨认或者控制自己行为能力的精神病人犯罪，都应当负刑事责任。其二，精神病的认定必须经法定程序鉴定。精神疾病司法鉴定程序是适用强制医疗程序的必经手段，是一个决定强制医疗的前提条件。所谓"经法定程序鉴定"是指经过司法鉴定程序，这是强制医疗程序不可或缺的条件。第三，有继续危害社会可能的。这是指精神病人的暴力行为和状态存在危害社会公共安全及公民人身安全的隐患，但对于这一危害可能性，司法实践中并不需要也不可能通过司法鉴定手段来查实，而是通过司法人员根据案件的具体情况和行为情节进行判断。

（二）明确了强制医疗程序决定主体和实施程序

在决定主体方面，新法将决定精神病人强制医疗的权能收归人民法院行使，由此改变了之前对强制医疗程序定性为行政强制措施，并由公安机关决定是否适用这一程序的观念和做法。具体实施程序方面，如果公安机关在办理刑事案件过程中发现行为人符合强制医疗的条件，应当在7日以内写出强制医疗意见书，经县级以上公安机关负责人批准，连同相关证据材料和鉴定意见一并移送人民检察院。检察院在接到公安机关移送的强制医疗意见书后30日以内作出是否提出强制医疗申请的决定。经过审查不符合《刑事诉讼法》第284条规定条件的，应当作出不提出强制医疗申请的决定，并向公安机关书面说明理由。认为需要补充证据的，应当书面要求公安机关补充证据，必要时也可以自行调查。

（三）确立强制医疗程序决定和执行的检察监督

检察机关在强制医疗程序中的监督主要体现在对强制医疗程序的决定和执行环节的监督。其监督的内容主要包括：第一，对法院决定强制医疗程序是否合法实行监督。监督法院是否组成合议庭进行审理；法院决定强制医疗的案件是否符合条件等。第二，对强制医疗机构执行活动是否合法实行监督。强制医疗机构是否对被决定强制医疗的人进行强制医疗；是否对被强制医疗人定期进行诊断评估；强制医疗机构应当提出解除意见而未提出的；强制医疗机构的具体执行行为是否不当侵犯被强制医疗人的权利等。

四、强制医疗程序的启动

（一）依申请启动与依职权启动

按照新《刑事诉讼法》的规定，强制医疗程序的启动包括依申请启动和依职权启动两种方式。公安机关在办理刑事案件过程中发现精神病人符合强制医疗条件的，应当写出强制医疗意见书，移送检察院。检察院如果对公安机关移送的或者在审查起诉过程中发现的精神病人符合强制医疗条件的，应当向法院提出强制医疗的申请。这些都是依照申请启动强制医疗程序。法院在审理案件过程中，如果发现被告人符合强制医疗条件的，也可以自行做出强制医疗的决定，这一方式为依职权启动强制医疗程序。强制医疗程序不仅仅会对行为人的行为定性产生影响，还会造成其人身自由的剥夺与限制，所以必须由法院通过司法化的程序决定。过去《人民警察法》所规定的由公安机关单方决定的行政化程序容易造成权力扩张，导致实践中出现"被精神病"的现象。

有学者认为与"检察机关申请启动强制医疗程序"相比，法院依职权启动强制医疗程序的做法有违"控审分离"的原则。[①] "控审分离"原则有利于法院根据检察院移送的证据审查申请强制医疗程序的证据是否确实充

---

① 参见赵春玲：《刑事强制医疗程序研究》，中国人民公安大学出版社 2014 年版，第 80—81 页。

分。但如果法院依职权启动强制医疗程序，就会造成法院既充当强制医疗程序启动者的角色，又充当这一程序决定者的角色，这难免有违背审判中立的形象，也造成司法行政化的后果。我们认为，一般情况下强制医疗程序必须通过司法化的方式去实现，由检察院向法院提出申请，法院作为中立第三方进行审查。但也存在个别案件，在侦查阶段、审查起诉阶段，司法机关并没有发现被告人符合强制医疗程序的条件，直到进入审判阶段法官才发现被告人可能符合强制医疗程序的适用条件。根据我国刑诉法的规定，法院在审判阶段有权启动司法鉴定，因此在这种情形下法院有权依照法定程序对被告人启动精神疾病司法鉴定。而一旦鉴定下来被告人是不负刑事责任的精神病人，则法院还要结合其他证据判断被告人是否符合强制医疗的所有条件。所以，为了避免法院既当运动员，又当裁判员的角色冲突，法院发现被告人符合强制医疗条件的，应当建议检察机关撤回起诉，改为申请强制医疗程序。

（二）精神疾病司法鉴定与强制医疗程序的关系

新法只规定强制医疗程序的提出，而对于强制医疗程序的前提条件——精神疾病司法鉴定的启动，包括实施精神疾病司法鉴定的机构都没有具体规定，这是立法遗留的不足。在上文，我们已经分析了精神疾病司法鉴定是强制医疗程序不可或缺的条件，因此不论是依申请还是依职权启动强制医疗程序，司法鉴定的启动作为强制医疗程序的前提要件是必须的。但精神疾病司法鉴定启动权牢牢把握在司法机关手中，当事人仅享有申请重新鉴定的权利。但刑诉法及司法解释对司法机关应当在哪些情形下必须启动司法鉴定没有规定，只能完全交给司法人员根据主观判断决定是否启动。被告人的家属及辩护律师虽然可以出具有关精神病史、证人证言等材料证明行为人确有精神疾病，说服司法人员对当事人启动精神病鉴定，但由于司法人员常常根据自己的观察判断行为人是否精神正常，作案前后的表现是否符合常人，甚至还考虑到抚平被害人的心理创伤，尤其是对社会影响恶劣的案件"不杀不足以平民愤"的顾及，于是决不轻易启动精神疾病司法鉴定。这就造成强制医疗程序难以启动，结果造成确有精神疾病的行为人不被强制收治，而是投放到监狱服刑，或者交给家属严加看管。

（三）强制医疗程序条件的审查

在启动精神疾病司法鉴定的前提下，司法机关应当做的重点工作是审查行为人是否符合强制医疗的条件。这一审查任务须从以下几个方面进行严格把关：首先，应当审查行为人的行为是否属于实施暴力行为，造成危害公共安全或者严重危害公民人身安全的后果。对于危害公共安全应判断行为人是否侵犯了《刑法》第二章"危害公共安全罪"所保护的公共安全客体，严重危害公民人身安全必须结合危害行为的手段、方式、情节、后果等因素进行考量。其次，应当审查判断鉴定意见是否正确可靠。对于司法鉴定应当判断鉴定机构是否具有精神疾病司法鉴定的资质，鉴定人是否存在违反回避制度的情形，鉴定意见与其他证据是否吻合，鉴定的委托程序和实施程序是否合法，鉴定意见使用的方法和错误率统计数据。必要的时候，法院可以通知鉴定人出庭接受法官的询问。在审查鉴定意见时，要注意区分"受审能力"和"刑事责任能力"的区分。受审能力，即刑事诉讼中被告人的诉讼能力。被告人的受审能力除对控告有提出辩解的能力外，还有行使国家赋予刑事被告人在诉讼中其他权利的能力。这些权利包括可以在诉讼中使用本民族的语言、文字；在询问时有权拒绝回答与案件无关的问题；核对讯问笔录；申请审判人员回避；有权经审判长同意向证人、鉴定人或其他被告人发问，等等。按照司法精神病学鉴定的要求，精神疾病司法鉴定需要对行为人的受审能力进行评定。如果行为人不能理解自身目前的法律地位，不能理解诉讼意义，不能恰当地解释犯罪动机与目的，不能行使答辩的权利，不能识别辩护人等，依法就不得进行审讯或定罪判刑，即无受审能力。[①] 而刑事责任能力是刑法确定的排除行为人不能辨认或控制自己行为能力的状态。有无刑事责任能力是一个司法鉴定专业问题，但是否应当负刑事责任则是一个法律问题，必须由法官进行判断。

五、强制医疗程序中的鉴定主体

强制医疗程序中，精神疾病司法鉴定意见是确定行为人是否为精神病患

---

① 何仅等主编：《神经精神病学辞典》，中国中医药出版社1998年版，第402页。

者的重要证据。根据《刑事诉讼法》的规定，公安机关、检察机关和法院可以通过自行委托鉴定或者依申请委托鉴定的方式对行为人实施精神疾病司法鉴定，对于鉴定机构的选择主要有以下几种：第一类是选择侦查机关内设鉴定机构。2005 年全国人大常委会《决定》第七条规定："侦查机关根据侦查工作的需要设立的鉴定机构，不得面向社会接受委托从事司法鉴定业务。"随后，公安部下发《通知》指出法院、检察院、司法行政机关、国家安全机关、军队保卫部门、其他行政执法机关、仲裁机构委托的鉴定不在《决定》限制之列。因此，实践中公、检、法机关仍然会将精神疾病司法鉴定的事项委托于侦查机关内设鉴定机构。第二类是社会鉴定机构，即由司法行政机关负责登记管理的鉴定机构，包括司法部司法鉴定科学技术研究所、高校司法鉴定机构、各省市精神卫生中心以及部分具有精神疾病司法鉴定资质的民营司法鉴定机构。第三类是部分省市的安康医院司法鉴定所，此类鉴定所隶属于公安机关管理的安康医院，一些具备条件的地方安康医院通常集治疗、戒毒、司法鉴定等业务于一体，接受司法机关的委托对行为人进行精神疾病司法鉴定。

从上述鉴定机构的利弊分析，侦查机关内设鉴定机构虽然具有官方色彩，在民众对于官方机构比较信任的社会背景下，此类鉴定机构能够保证出具中规中矩、代表官方色彩的鉴定意见。因此，在过去很长一段时间，侦查机关内设鉴定机构出具的鉴定意见在司法机关看来是较为可靠的。但随着一些冤假错案的发生，人们发现侦查机关内设鉴定机构出具的意见也未必如想象中的那样权威，细究其原因发现：由于此类鉴定机构受侦查机关管理，难免存在中立性的不足。同时，委托鉴定的侦查机关与案件具有利害关系，同样会造成鉴定机构为了迎合办案人员的需要出具鉴定意见。

就社会鉴定机构而言，虽然它们都由司法行政管理部门登记管理，具有合法的鉴定主体资格和较为可靠的质量控制体系，但其接受委托的方式却各不相同，决定了其鉴定的权威性存在差异。有些鉴定机构为了保证委托业务的合法性、科学性和公正性，规定不得接受来自个人委托的鉴定业务，只能接受司法机关、律师事务所委托的鉴定，从而避免当事人趋利避害的心理作祟指使鉴定人出具有利的鉴定意见。但也有的民营性质的鉴定机构可以直接接受当事人的委托，这就难免在社会公众心目中造成"花钱买鉴定"的不良影响，不管鉴定人是否客观中立，这种影响始终难以消除。安康医院司法鉴定所虽有别于侦查机关内设鉴定机构，但由于安康医院是由公安机关管理的，因此安康医院的鉴定自然难免被烙上"自侦自鉴"的印迹。

六、强制医疗程序的检察监督

检察机关作为法律监督机关，对强制医疗程序的合法性进行监督，《刑事诉讼法》第 289 条规定："人民检察院对强制医疗的决定和执行实行监督"，但具体的程序如何？对此最高人民检察院制定《人民检察院刑事诉讼规则（试行）》对强制医疗执行活动的监督做出一些新的规定。

检察机关对强制医疗程序决定环节的监督方式主要有以下几种类型：（1）派员出庭庭审。检察机关对强制医疗程序的决定实行监督，法院对强制医疗案件开庭审理的，检察院应当派员出席法庭。（2）提出纠正意见。检察院发现法院或者审判人员审理强制医疗案件违反法律规定的诉讼程序，应当向法院提出纠正意见。检察院认为法院作出的强制医疗决定或者驳回强制医疗申请的决定不当，应当在收到决定书副本后 20 日以内向法院提出书面纠正意见。（3）在庭审中发表意见。法院在审理案件过程中发现被告人符合强制医疗条件，作出被告人不负刑事责任的判决后，拟作出强制医疗决定的，检察院应当在庭审中发表意见。

从《人民检察院刑事诉讼规则》第 661 条至 667 条的有关规定看，检察机关对强制医疗程序执行环节的监督主要把握以下几个方面：（1）负责监督的具体部门。监所检察部门负责对强制医疗程序的执行进行监督。（2）对交付执行的监督。检察院发现交付执行部门没有及时交付执行的，应当依法提出纠正意见。（3）监督是否符合医疗条件。当发现行为人不符合强制医疗条件或者需要追究刑事责任，法院作出的强制医疗决定可能错误的，检察院应当在 5 日以内报经检察长批准，将有关材料转交决定法院的同级检察院。收到材料的检察院公诉部门应当在 20 日以内进行审查，并将审查情况和处理意见反馈给负责监督的检察院。（4）提出纠正意见。检察院发现强制医疗机构有违法情形的，应当依法提出纠正意见。① （5） 对强制医疗程序的解除进行监督。发现法院解除强制医疗的决定不当的，应当提出纠正意见。（6） 对当事人提供救济。对控告人、举报人、申诉人要求回复处理结果的，人民检察院监所检察部门应当在 15 日以内将调查处理情况进行书面反馈。（7） 监所检察部门收到被强制医疗的人及其近亲属、法定代理人解除强制医疗决定的申请后，应当及时转交强制医疗机构审查，并监督强制医疗机构是否及时审查、审查处理活动是否合法。

---

① 这些情形包括：对被决定强制医疗的人应当收治而拒绝收治的；收治的法律文书及其他手续不完备的；没有依照法律、行政法规等规定对被决定强制医疗的人实施必要的医疗的，殴打、体罚、虐待或者变相体罚、虐待被强制医疗的人，违反规定对被强制医疗的人使用械具、约束措施，以及其他侵犯被强制医疗的人合法权利的；没有依照规定定期对被强制医疗的人进行诊断评估的；对于被强制医疗的人不需要继续强制医疗的，没有及时提出解除意见报请决定强制医疗的人民法院批准的；对被强制医疗的人及其近亲属、法定代理人提出的解除强制医疗的申请没有及时进行审查处理，或者没有及时转送决定强制医疗的人民法院的；人民法院作出解除强制医疗决定后，不立即办理解除手续的等违法情形。

冲突与衡平：司法公信维护与再审权利救济间的价值博弈

——从民事再审审查为视角

王　玮　田　源*

再审程序作为一种事后的司法救济性措施，被誉为确保案件质量、维护司法公正、保护当事人诉权的最后一道防线。再审流程体系中，再审审查发挥着疏导、分流和过滤当事人再审申请和申诉的重要功用，[①] 决定着再审之门的是否开启。能否把好审查关，直接影响到法院的权威性和司法的公信力。囿于再审审查在制度拟定、程序设计等方面，对再审诉权保障的"偏爱有加"，导致一审、二审甚至再审的生效裁判，都有可能被接下来的再审抑或"再再审"程序推翻。[②] 司法既判力变得摇摆不定，民众形象地称这一现象为"翻烧饼"。如果说少数法官的司法不公、不廉行为，蚕食的是司法公信的一角，那么"无限再审"现象动摇的则是司法公信的根基。本文以民事再审审查为视角，选取 S 省 H 市法院民事再审案件审理情况为研究样本，尝试在保障当事人合理诉权与维护司法公信之间寻求契合点。

一、问题表征：审查"小毛病"引发公信"大问题"

（一）诉权保障"一路绿灯"，申请再审数量持续递增

当前，我国正处在经济、政治体制改革不断深化的社会转型期，各类纠

---

* 王玮，山东省菏泽市中级人民法院党组书记、院长；田源，山东省菏泽市中级人民法院研究室成员。

① 林文学、刘小飞：《论我国民事再审审查制度的完善》，载《法律适用》2011 年第 7 期，第 27 页。

② 蔡定剑主编：《监督与司法公正——研究与案例报告》，法律出版社 2005 年版，第 311 页。

纷日益频发，案件数量持续递增，当事人维权意识日渐苏醒。加之，修订后的《民事诉讼法》对审判监督程序作出了重大修改，为当事人申请再审扫清了制度障碍，[1] 当事人申请再审及申诉数量呈逐年递增趋势。以 S 省 H 市法院为例，2011 年全市当事人申请再审和申诉案件总数，已由 2007 年的 439 件一路飙升至 904 件，同比增长 83.1%。申请再审案件实行"上提一级"审理后，再审案件大量"上浮"到中、高级法院，呈现出上级法院吃不了，基层法院吃不饱的"倒金字塔"结构。[2] 同时，依照最高院《关于受理审查民事申请再审案件的若干意见》（以下简称《若干意见》）第 32 条之规定，再审审查的期限为从收到再审申请书之日起三个月内。基于上述原因，中、高级人民法院面临巨大的审判压力，再审审查阶段效率和质量之间的矛盾较为尖锐，案多人少的问题日益突出，在一定程度上弱化了对下监督指导、调查研究等职能的发挥。与此同时，当事人在经过一审、二审的漫长等待后，出于维护自身合法利益的考量，迫切期待案件能够尽快进入再审，一旦因客观因素延期审查或超期审查，都会引发当事人对司法公信力的质疑。

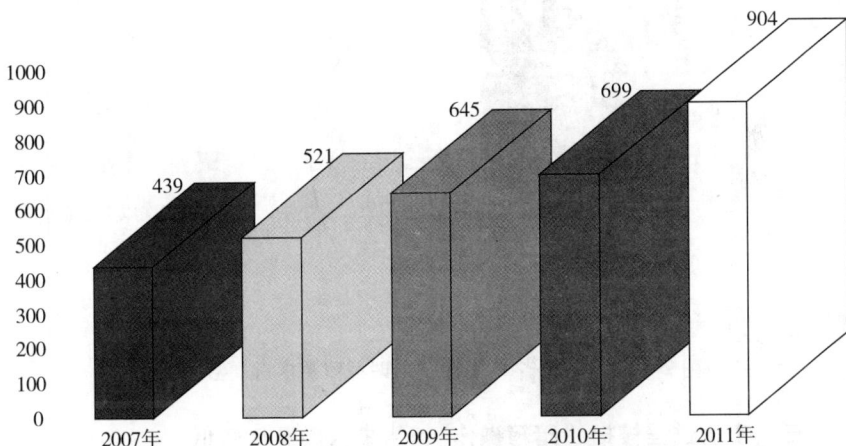

图 1　2007—2011 年 S 省 H 市法院申请再审及申诉数量情况

---

[1]　孙祥壮：《民事审判监督程序的修改与配套司法解释的任务》，载《法律适用》2008 年第 4 期，第 11 页。书中提及，《民事诉讼法》的修改完成了申请再审制度的诉讼程序化设计，形成了涵盖案件受理、审查和审理的"三阶段模式"，为当事人申请再审扫清了制度障碍。

[2]　胡夏冰：《民事再审事由的比较分析》，载《人民司法》2010 年第 6 期，第 21 页。

（二）申请再审成"习惯动作"，无效审查现象普遍

与再审申请量的持续递增成鲜明对比，法院经再审审查后的决定再审率却呈现出逐年下降的趋势，再审审查效率普遍不高。究其原因，是由于当事人盲目申请导致的无效审查占据了相当比重。很多当事人在拿到生效裁判后，对裁判结果稍有不满就会申请再审或申诉，根本不会耐心、理性地分析生效裁判是否正确合理、再审申请是否会被支持等，而是就同一请求事项变换不同理由重复申请再审，一旦达不到目的即采用缠诉、闹访等极端方式申请再审，甚至以此来拖延诉讼或逃避执行。再审审查的过程中，当事人所付出的无非是个人的时间成本，但法院却不得不支付越来越多的人力、物力、财力加以应对，导致有限的司法资源得不到合理配置，好钢用不到刀刃上，甚至被大肆浪费。不可否认，个别案件在经过再审审查后得以启动再审，最终确实现了实体正义，但以牺牲效率价值为代价换取的个案正义，有悖于公正与效率并重的现代司法理念。①

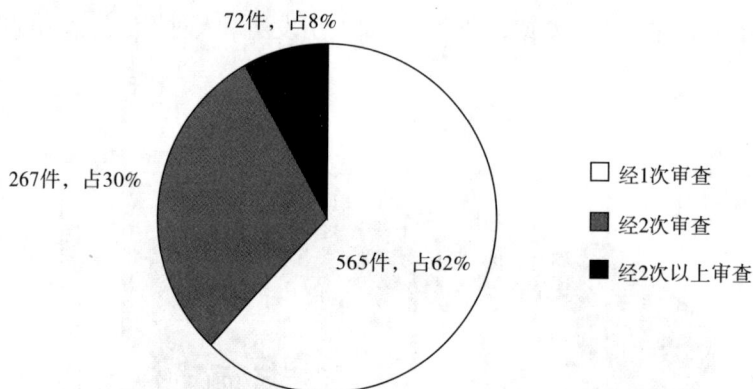

72件，占8%

267件，占30%

565件，占62%

□ 经1次审查

■ 经2次审查

■ 经2次以上审查

图2　2011年S省H市法院申请再审及申诉次数情况

（三）审查过程被指"暗箱操作"，当事人满意度较低

依照《若干意见》第十三条规定，法院可采取多种方式进行再审审查。司法实践中，各地法院所采取的再审审查方式缺乏统一性和规范性，大都由于"案多人少"等客观因素，采用审查当事人提交的再审申请书、书面意见等材料、调阅原审卷宗等书面审理方式，很多申请再审的案件并没有向双

---

① 江伟著：《论我国民事审判监督制度的改革》，载《现代法学》2008年第4期，第5页。

方当事人进行调查核实询问，更是很少采用组织当事人听证的方式加以审查。① 单纯的书面审查过程缺乏透明性，当事人的诉讼主体地位未能得到应有尊重，无法参与到案件的审查过程当中，更谈不上依法行使参与辩论质证、提出异议、知晓法院审查过程等基本诉讼权利。很多当事人往往是在未经开庭、甚至未曾与法官见面的情况下，就接到了宣告再审审查结果的裁定书。如审查结果是裁定予以再审尚且容易为当事人所接受，部分用以驳回再审申请的裁定，则多半会引发当事人对再审审查公正性的质疑，甚至会导致缠诉、闹访等现象的发生。与此同时，基于再审审查的不透明，审查过程中有多种不尽规范的做法出现。譬如，依照《若干意见》第十条之规定，法院受理申请再审案件后，应依法组成合议庭进行审查。实践中，经常出现由个别承办法官独自审查相关案卷，并作出是否启动再审决定的现象。其他合议庭成员只是依据规定在裁定书上签字，合议庭并未进行实质性的讨论。② 合议制审查方式的流于形式，容易导致权力寻租等腐败现象的滋生。相应的，再审审查结果更加难以获得当事人的满意和认同。

（四）"讨公道"变"争口气"，司法公信遭受信任危机

目前，再审申请、申诉数量巨大且逐年递增，经审查决定再审的数量却很少，大多被裁定驳回。2007年至2011年间，S省H市法院决定再审率平均值仅为11.24%。实践中，当事人申请再审或申诉理由中经常会引用《民事诉讼法》第一百七十九条第2款，即"审判人员在审理该案件时有贪污受贿，徇私舞弊，枉法裁判行为的，人民法院应当再审"一项。经调查发现，该款事由的提出往往属于当事人主观臆断，并无相关证据佐证。有部分当事人申请再审或申诉的重点并非案情本身，而是主要陈述原审法官如何"胡作非为"。还有些申请人对办案法官充满警惕和怀疑，甚至有个别申请人在再审申请被驳回后，愤愤地对法官说："你们果然是这个态度，幸亏我还留了一手，

① 李磊：《关于A省高院民事再审审查工作的调研报告》，载《法治论坛》2011年第2期，第17页。
② 王玮：《检视与反思：民事再审审查环节存在的问题及对策建议——以民事再审权利救济功能的实现为视角》，载《山东审判》2011年第6期，第33页。

有新证据没有提交……"。① 申请再审的案件一般都较为疑难复杂，且双方当事人之间矛盾尖锐、冲突剧烈，尤其是部分案件经过法院或其他部门的长期协调却一直得不到解决，不仅使得当事人的诉讼目的已由当初的争取实体权益的"讨个公道"演变为"争上口气"，更使得部分当事人的思想也开始产生偏执化倾向。一旦遇到部分裁判质量不高的案件，接到制作粗疏、说理含混不清的审查裁定文书，或是少数法官在办案过程中存在行为不端、言语失范等问题，极易导致当事人对再审审查，乃至司法公正产生质疑。加之，尽管当事人申请再审或申诉无需缴纳诉讼费用，但仍要支出差旅费、律师费、误工费等诉讼成本，也在一定程度上加剧了当事人对再审审查工作的不满。

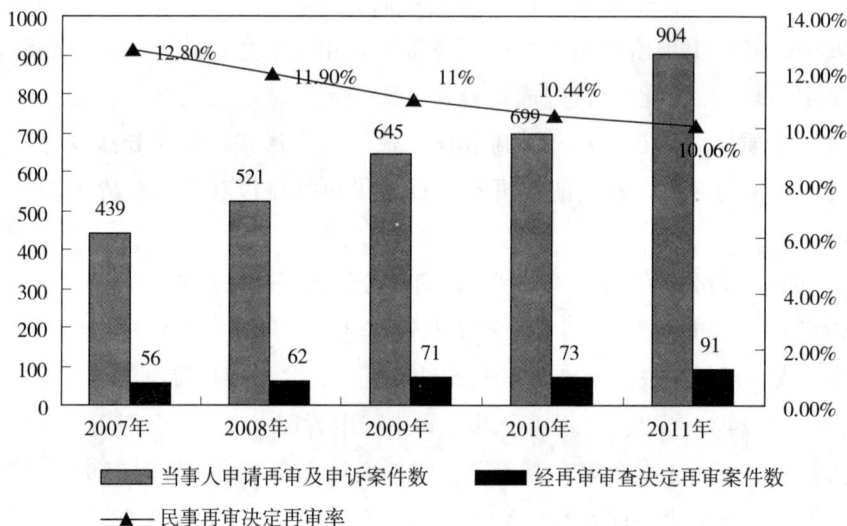

图3　2007—2011年S省H市法院经审查后决定再审情况

二、问题解构：审查准入之"松"导致司法公信之"紧"

（一）理念失衡：对民事再审的功能定位认识不清

我国现行民事再审程序是依据"实事求是，有错必纠"思想来设计

---

① 湖北省高级法院调研组：《民事再审复查案件审查情况的调研报告》，载《民商事法律论丛》2009第7期，第41页。

的，[①] 但这一立法指导思想在重视保护当事人实体权利的同时，过分强调民事再审程序的纠错功能，忽视了民事再审程序作为一种补救性措施，不仅用以确保司法公正，同时还肩负着维护生效裁判稳定性等职能。当前，有不少当事人甚至部分法官受传统法律思想影响，仍然深陷"有错必究"的思想误区，认为只要裁判结果存在错误或纰漏，无论性质如何、程度如何，都可以申请再审，且理应通过再审得到纠正。由于对民事再审的功能定位缺乏正确的认识，一些当事人在再审申请被驳回后，仍会重复再审、反复申诉，不达目的誓不罢休。加之部分从事再审审查工作的法官也存在此种思想，导致案件审查把关不严，再审程序被频繁滥用，不仅令当事人和法官双双陷入"终审不终"的泥潭之中，更使司法的公信力变得摇摆不定。

（二）门槛较低：申请再审的次数不限、期间过长

依照修改后《民事诉讼法》第184条规定了"当事人申请再审，应当在判决、裁定发生法律效力后2年内提出"。2年的申请时限过长，不利于督促当事人及时行使权利，更不利于生效裁判确立法律关系的稳定性。同时，《民事诉讼法》第179条规定了当事人可以申请再审的14种事由，拓宽申请再审的种类的同时，对申诉的次数却缺乏必要限定。这一规定虽然有助于缓解再审申诉难等现实问题，但也为部分当事人恶意申请大开方便之门。实践中，当事人只需要具备该条款中的任一事由，就可以向人民法院申请再审，法院依法应当予以审查，并作出准予再审或驳回申请的裁定。再审申请一旦被依法驳回，部分当事人很可能会变换不同理由，多次重复地进行申请，抑或是无限制地进行申诉。此外，再审审查不收取诉讼费，是导致再审申请数量递增，部分当事人滥用再审申请权的重要诱因。不少当事人认为"反正不要钱"，就抱着"有枣没枣打一竿子"的心态提出再审申请，甚至有利用再审故意拖延时间、延缓执行等现象的发生，[②] 致使有限地司法资源被恶意挤占，很多本应再审的案件反倒得不到及时救济，同时也给裁判稳定性和司法公信力带来了极大的威胁和损害。

---

① 李浩：《民事再审程序改造论》，载《法学研究》2000年第5期，第28页。
② 傅郁林：《司法职能分层目标下的高层法院职能转型——以民事再审级别管辖裁量权的行使为契机》，载《清华法学》2009年第2期，第107页。

（三）规则漏洞：再审审查的配套法规亟须完善

现行法律在当事人权利义务、再审审查的程序性规则等不少环节都存在漏洞甚至空白。譬如，对再审申请书应当具备的内容规定不明，使得当事人的诉讼目的、再审理由往往表达不清，影响再审审查过程的顺畅进行。将再审审查的期限规定为"收到再审申请书之日"起的 3 个月之内，实践中往往难以落实。由于当事人补正申请再审材料、移送原审卷宗材料、通知证人参加询问、调查核实证据、双方当事人申请调解等客观情况的存在，时常会挤占原本就十分紧张的审查期限，使得实际审查时间更加捉襟见肘。对于哪些类型案件需要调卷审查，哪些类型案件需要询问、听证，缺乏明确细致的规定。更重要的是，由于缺乏一整套完善和公开的再审审查制度，法院作出驳回申请或裁定再审的审查结论，缺少规范性的诉讼程序，[①] 程序公开、充分陈述、程序法定等基本法律理念，也未能在再审审查的过程中得以体现。由此，即便法院做出了公平正确的审查处理决定，也难以打消当事人对法院公正性的怀疑，再审审查时常陷入审查公开性越低，审查规范性越差；规范性越差，当事人满意度越低；当事人满意度越低，申请再审及申诉数量越多的恶性循环当中，导致原本属于当事人之间的矛盾纠纷容易转变为当事人与法院之间的冲突对抗。

（四）应对乏术：对恶意申请缺乏有效制约机制

经调查发现，一部分当事人对申请再审抱有"碰运气"的侥幸心理，认为能进入再审是意外之喜，就算不予再审或不予改判也没啥损失。部分当事人怀有"赌气"的心理申请再审，明知即便启动再审也不会胜诉，但为让对方当事人或原审法官"不得安宁"而故意提起。[②] 更有部分当事人为了拖延诉讼进程，逃避财产执行，主动放弃上诉权，直接提起再审申请，即"不打二审打再审"。上述的种种恶意申请再审现象，不仅浪费了有限的司法资源，扰乱了正常的诉讼程序，更对法院的权威性和司法的公信力带来严重损害。究其原因，是由于对申请或申诉缺乏行之有效的应对机制，即便出

---

① 林文学、刘小飞：《完善民事再审审查制度的思考》，载《人民法院报》2011 年 4 月 13 日，第 4 版。

② 姜洪鲁：《能动构建便利、有效、低成本的司法救济渠道》，载《人民司法》2010 年第 5 期，第 29 页。

现明显不合理的再审申请也只能以裁定的形式予以驳回。因当事人仍然享有再审申请权，往往又会以不同的理由对同一事项提出再审申请，由此反反复复，有始无终。有部分当事人对超过法律规定申请再审期限的案件，仍旧频繁向人大、政府、政法委等部门申诉甚至越级上访，地方各级党委、人大及部分人大代表往往会以建议函等方式，对个案进行重点交办、督办。随着此类案件数量越来越多，范围越来越广，无形中使一些心存侥幸的当事人钻了空子，助长了部分无理缠诉当事人的嚣张气焰。本就为案多人少现状头疼不已的法院，在应对此类恶意申请时，往往办法不多，要么采取消极的审查态度，要么一定程度上向当事人"服软"，做出让步。然而，"妥协"一旦做出，势必会起到恶性示范效应，使部分当事人更加坚定了"信访不信法"的错误思想认识，给法院下一步再审审查工作造成了更大的困难和压力。

三、现实进路：衡平权利救济与公信维护的对策建议

（一）革新审查理念：强调再审的有限性和补充性

应当切实树立再审审查的"有限纠错"思想，并充分强调再审的补充性原则。一方面，要通过以案释法等形式，结合原审裁判文书及再审审查裁定向当事人做辨法析理工作，告知当事人如果裁判中存在的"瑕疵"既不影响程序权利的实施，又不干扰实体裁判的结果，并不必然引起再审。并帮助当事人分析申请再审所带来的价值成本及负面效应，引导当事人对是否提起再审申请做理性思考。另一方面，由于现行立法允许当事人任意选择上诉和申请再审两种救济途径，不少当事人不经上诉及申请再审，甚至在一、二审中不提供其所掌握的关键证据，放到再审环节中搞"突然袭击"。鉴于同属于大陆法系的德国、日本及我国台湾地区，都无一例外地对不经上诉不得提起再审做出规定[1]，我国也应做出类似限制，对当事人未经上诉提起的再审申请一律不予审查，对原审裁判不服，但通过上诉方式提起的，对其申请再审理由不予支持。以此来引导和鼓励当事人树立正确的再审观念，力求在

---

① 刘洋、宋冰、李斌英：《我国民事审判监督程序的反思与重构》，知识产权出版社 2008 年版，第 65 页。

正常审级制度内寻求权利救济，从根本上变无限申诉为有限申诉，变无限再审为有限再审。[1] 确立再审的补充性原则，引导当事人利用常规的民事诉讼救济途径，有助于过滤和分流掉大批申请再审案件，节约有限的司法资源，更好地维护生效裁判的稳定性。

（二）加高申请门槛：限制次数并建立审查预收费制度

在经过原审法院审理和上级法院的审查之后，已能够基本保证案件会得到公正的处理。反复的申请及审查，无助于案件的妥善处理。毕竟，审理或审查次数的多少，与案件处理结果的公正性之间并无必然联系。建议规定申请再审不得以同一理由或变换不同理由，对相同请求事项重复提起再审，且申请再审提起的次数不超过一次。为避免当事人因错误表达而丧失再审申请权的情况发生，可借鉴日本民事再审程序中的"即时抗告"制度，[2] 即法院以再审事由不存在驳回申请的，当事人可以立即向该法院要求复议一次。同时，鉴于再审审查不收费是再审申请案件不断增多，恶意申请现象较为普遍的重要诱因，一定程度上引发了司法资源的大量浪费。加之，法院受理申请再审的案件后，所发生的调阅原审卷宗、调查取证、主持听证调解等诉讼活动，势必会花费相应的诉讼费用。建议实行再审审查的预收费制度，即法院在受理申请再审案件时，告知双方当事人需预先交纳再审审查费用，对申请再审请求被驳回的案件，申请再审人所交纳的诉讼费不予退回，对裁定再审的案件根据再审审理结果以败诉方当事人承担的原则，确定诉讼费的承担。同时，规定对于符合司法救助条件的当事人，可以依法减、缓、免交申请费。发挥价格杠杆的调控作用，避免再审的权利救济功用成为当事人逃避交纳上诉费用的捷径，将有限的司法资源真正用到化解合法、合理的再审申请诉求上。

（三）引入终结机制：从制度上杜绝再审的无限制提起

申请再审的案件一般都较为疑难复杂，且双方当事人之间多是矛盾尖锐、冲突剧烈，部分案件官司打了多年，双方积怨久远，有些更是涉及的背景复杂，社会影响较大。对于此类案件而言，倘若经过再审程序，仍然不能妥善化解矛盾纠纷，极易使各类矛盾进一步激化，甚至会导致缠诉、闹访等

---

[1] 蔡定剑主编：《监督与司法公正——研究与案例报告》，法律出版社2005年版，第311页。

[2] 张丽霞：《日本民事再审程序中值得借鉴的几个方面》，载《河南社会科学》2009年第1期，第24页。

影响社会稳定的现象出现。建议借鉴中央政法委信访终结制度，建立再审申请、申诉终结机制。由受理法院对当事人反复提起的再审申请、申诉进行分类处理。对经再审审查，发现确属应当提起再审情形的，应依法启动再审。对恶意申请再审的，部分诉求已得到基本解决、原有困难确有明显改善仍反复申请再审或申诉的，应当以召开听证、质证会的方式组织双方当事人到场，对是否应当启动再审进行公开听证或质证，将最终结果作公开答复。该审查结果报省级以上政法机关审核备案，并由其作出终结决定后，即宣告终结。各级法院自此均不再受理就该案件相关的再审申请、申诉或其他部门的交办、督办，用以维护司法机关的权威性和生效裁判的稳定性。

（四）健全法律法规：增强再审审查的规范透明性

增强再审审查的规范透明性，需要进一步完善再审审查法律法规。一要进一步规范再审诉状的内容格式。建议明确规定再审申请书应当载明当事人基本情况，申请再审事由、具体事实、理由，具体的再审请求等基本要素。二要进一步明确再审审查的审判组织形式。当前，尽管《若干意见》将审查案件的审判组织规定为合议制，但限于其法律层级不高，实践中执行效果不佳，有必要尽快以立法或法律修正案的方式，将从事再审审查的审判组织明确规定为合议制，以杜绝独任审判现象的发生。三要进一步规范审查方式。当前，当事人在提出再审申请后直至再审审查裁定作出，往往没有机会见到法官，一旦接到驳回再审申请的裁定，当事人多会对审查工作的公正性产生质疑。建议从立法层面上，设立再审审查程序中当事人和法官之间的沟通互动机制，使当事人有机会向法官当面表明观点、陈述理由。除再审事由明显不成立的情况下，可以不经询问当事人，对其他情况一般应当对当事人进行询问；对于以新证据为由申请再审的，应当询问对方当事人；对法官认为需要询问的其他情形，应当询问一方或多方当事人。同时，对于询问当事人、组织当事人进行听证的具体程序，包括通知、主持、确定发言顺序等也要作出科学合理的规定。四要进一步规范再审审查期限。鉴于三个月的审查期限在实践中往往因客观因素而无法落实，建议将起算日期规定为从"收到再审申请书之日"，并将审查期限延长至六个月，或将原审卷宗材料移送、通知证人参加询问、调查核实证据、双方当事人申请调解等客观情况明确规定为扣除审限的法定情形。

结　语

权利意识的苏醒如果不辅以程序制度的引导和规范，必然会导致司法体系运转的负重难行。[①] 面对当前申请再审、申诉案件数量的汹涌澎湃，法院司法公信力显著下滑的危急现状，积极革新旧有观念，逐步健全法律法规，科学规范审查流程，切实把好再审审查关，无论对于民事再审权利救济功能的发挥，抑或是司法公信力的维护，都有着深远的现实意义。我们有理由相信，随着配套法规的不断健全和审查流程日趋规范，被誉为确保案件质量、维护司法公正、保护合法诉权最后一道防线的民事再审制度，必能重又焕发出璀璨的法治光芒，实现保障当事人合理诉权与维护司法公信的动态衡平。

---

① 公丕祥著：《中国的法制现代化》，中国政法大学出版社 2004 年版，第 557 页。

对"刑事速裁制度"的批判研究：
一个实证的视角

——基于北京市 P 区的实践

胡宗亮　封　旺[*]

一、绪论：刑事速裁制度初探

刑事速裁制度即"刑事案件快速裁判"制度，是我国司法体制改革大背景下的一项试验性制度，至少在当前，该制度尚未出现于《中华人民共和国刑事诉讼法》（以下简称《刑诉法》）之中，其"试验性"就体现于此。

回顾这一制度的发展，可以追溯到 2014 年。2014 年 6 月，全国人民代表大会常务委员会发布了《全国人大常委会关于授权最高人民法院、最高人民检察院在部分地区开展刑事案件速裁程序试点工作的决定》，该决定授权最高院、最高检在北京、天津、上海、重庆、沈阳、大连、南京、杭州、福州、厦门、济南、青岛、郑州、武汉、长沙、广州、深圳、西安等城市开展刑事案件速裁程序试点工作。同年 10 月，最高院、最高检、公安部、司法部四机关联合发布《最高人民法院、最高人民检察院、公安部、司法部关于在部分地区开展刑事案件速裁程序试点工作的办法》（以下简称"办法"），对适用刑事速裁程序的条件进行了较为细化的规定，"办法"指出：

第一条　对危险驾驶、交通肇事、盗窃、诈骗、抢夺、伤害、寻衅滋事、非法拘禁、毒品犯罪、行贿犯罪、在公共场所实施的扰乱公共秩序犯罪情节较轻、依法可能判处一年以下有期徒刑、拘役、管制的案件，或者依法

---

* 胡宗亮，中国政法大学理论法学硕士；封旺，中国政法大学刑法学硕士。

单处罚金的案件，符合下列条件的，可以适用速裁程序：

（一）案件事实清楚、证据充分的；

（二）犯罪嫌疑人、被告人承认自己所犯罪行，对指控的犯罪事实没有异议的；

（三）当事人对适用法律没有争议，犯罪嫌疑人、被告人同意人民检察院提出的量刑建议的；

（四）犯罪嫌疑人、被告人同意适用速裁程序的。

该条文指出了何种案件、何种情节以及案件本身的证据达到何种标准时方能适用速裁程序，比照《刑诉法》可以发现，速裁程序相较于简易程序的适用范围更为狭窄，集中体现于速裁程序严格规定了适用该程序的案件类型、法定刑类型以及第一条第三款之"犯罪嫌疑人、被告人对法律适用无异议"的要求上①。这表明速裁程序相较于简易程序而言更具有专门性，即仅适用于轻微刑事案件。

此外，在审限、庭审程序以及其他程序事项方面，速裁程序相较于简易程序更为简化：

第八条 人民检察院一般应当在受理案件后八个工作日内作出是否提起公诉的决定。决定起诉并建议人民法院适用速裁程序的，应当在起诉书中提出量刑建议，并提供犯罪嫌疑人的具结书等材料。起诉书可以简化。

"办法"规定：

第十条 人民法院适用速裁程序审理案件，由审判员一人独任审判，送达期限不受刑事诉讼法规定的限制。

第十一条第二款 被告人当庭认罪、同意量刑建议和适用速裁程序的，不再进行法庭调查、法庭辩论。

第十五条 人民法院适用速裁程序审理案件，一般应当在受理后七个工作日内审结。

仅依照上述的条文，可以看出，速裁程序从审查起诉到宣布判决，相较

---

① 比照《刑诉法》第二百零八条："基层人民法院管辖的案件，符合下列条件的，可以适用简易程序审判：（一）案件事实清楚、证据充分的；（二）被告人承认自己所犯罪行，对指控的犯罪事实没有异议的；（三）被告人对适用简易程序没有异议的。人民检察院在提起公诉的时候，可以建议人民法院适用简易程序。"

于简易程序确实做到了"速度"和"效率"①。综上所述，刑事速裁程序相较于简易程序有如下特点：

（1）在实体方面，仅限适用于轻微刑事案件，且在适用之前要求当事人不仅认罪，还要同意量刑建议和法律适用，这类似于我国台湾地区"诉讼法"规定的"诉辩交易"②：

第七编之一"协商程序"

第四百五十五条之二：除所犯为死刑、无期徒刑、最轻本刑三年以上有期徒刑之罪或高等法院管辖第一审案件者外，案件经检察官提起公诉或申请简易判决处刑，于第一审言词辩论终结前或简易判决处刑前检察官得于征询被害人之意见后，径行或依被告或其代理人、辩护人之请求，经法院同意，就下列事实于审判外进行协商，经当事人双方合意且被告认罪者，由检察官请法院改依协商程序而为判决：

一、被告愿受科刑之范围或愿意接受缓刑之宣告；

二、被告向被害人道歉；

三、被告支付相当数额之赔偿金；

四、被告向公库或指定之公益团体、地方自治团体支付一定之金额。

检察官就前项第二款、第三款事项与被告协商，应得被害人之同意。

第一项之协商期间不得逾三十日。

速裁程序暗含着这样的逻辑，即如果嫌疑人能够认罪，并同意量刑建议和法律适用，就可以依照速裁程序进行审判，有利于嫌疑人节约辩护成本，

---

① 比照《刑诉法》第二百一十条："适用简易程序审理案件，对可能判处三年有期徒刑以下刑罚的，可以组成合议庭进行审判，也可以由审判员一人独任审判；对可能判处的有期徒刑超过三年的，应当组成合议庭进行审判。适用简易程序审理公诉案件，人民检察院应当派员出席法庭。"第二百一十一条："适用简易程序审理案件，审判人员应当询问被告人对指控的犯罪事实的意见，告知被告人适用简易程序审理的法律规定，确认被告人是否同意适用简易程序审理。"第二百一十二条："适用简易程序审理案件，经审判人员许可，被告人及其辩护人可以同公诉人、自诉人及其诉讼代理人互相辩论。"第二百一十三条："适用简易程序审理案件，不受本章第一节关于送达期限、讯问被告人、询问证人、鉴定人、出示证据、法庭辩论程序规定的限制。但在判决宣告前应当听取被告人的最后陈述意见。"第二百一十四条："适用简易程序审理案件，人民法院应当在受理后二十日以内审结；对可能判处的有期徒刑超过三年的，可以延长至一个半月。"

② 中国台湾地区"刑事诉讼法"第四百五十五条。

但是又不完全和域外的"诉辩交易"一致，速裁程序暗含着这样的逻辑，即如果嫌疑人能够认罪，并同意量刑建议和法律适用，就可以依照速裁程序进行审判，有利于嫌疑人节约辩护成本。量刑建议做出后，无论嫌疑人是否同意都不能更改，嫌疑人能够决定的仅是是否适用速裁程序。

（2）在程序方面速裁程序在诸多方面皆有简化，即在期限规定上，由20日的简易程序审限进一步缩短到7日，审查起诉时间也由一个月缩短为8天；而在法庭程序上，省略了法庭调查和法庭辩论，即将原本于简易程序中的"允许"省略的变为"应当"省略的。

故此，笔者认为，速裁程序可以被认为是被简化的简易程序。

二、实证的分析：以北京市 P 区检察院为例

（一）北京市速裁程序适用的数据分析①

北京市自 2014 年 8 月 26 日至 2015 年 2 月 25 日，检察机关共办理适用刑事案件速裁程序的案件 913 件，共计 924 人次，占比同期办理全部案件的 8.61%。在这 913 起适用速裁程序的案件中危险驾驶罪占的比例最高，共计 799 件，占 87.5%；盗窃罪 48 件，占 5.3%；信用卡诈骗罪 39 件，占 4.3%，其他还有少量毒品犯罪、故意伤害罪等。

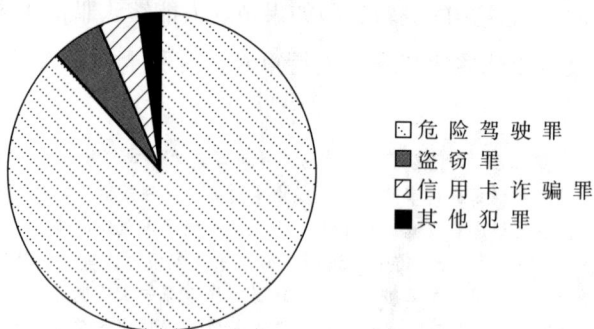

图1　北京市检察机关办理速裁案件类型分布图

此外，办理速裁案件的案件数量和人次在北京不同区域有较大差异。

---

① 整理自北京市检察院公诉一处：《速裁案件情况通报》（内部文件），2015 年 4 月 30 日。

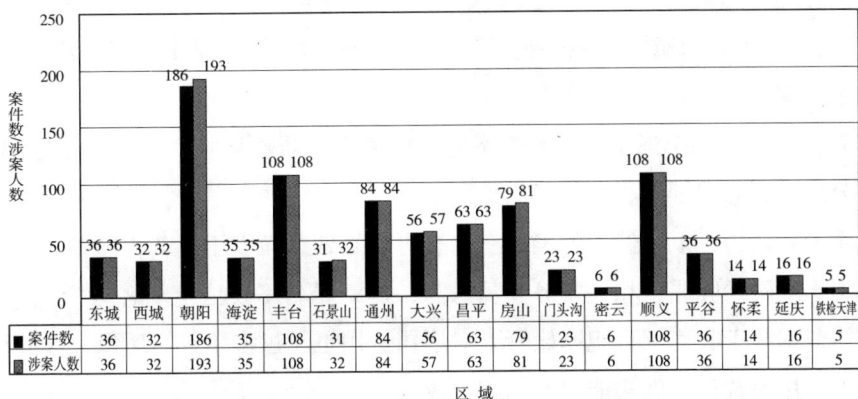

图2 北京市各区县适用速裁程序案件数量及涉案人数比较

最后，根据北京市检察系统《速裁案件情况通报》的内容，除上述数据可以反映出北京市的速裁程序主要适用的案件类型和各区县涉及速裁程序的案件的分布比例之外，速裁程序在 2014 年 8 月 26 日至 2015 年 2 月 25 日仍具有如下特点：

1. 强制措施以刑事拘留为主，绝大多数案件都是在刑事拘留 30 天内完成侦查、审查起诉和审判的。

2. 速裁制度的值班律师制度尚未实行，根据四机关"办法"第四条规定："建立法律援助值班律师制度，法律援助机构在人民法院、看守所派驻法律援助值班律师。犯罪嫌疑人、被告人申请提供法律援助的，应当为其指派法律援助值班律师。"但是由于经费、场地等问题，该方案确立后并未落实，仅有少部分犯罪嫌疑人、被告获得了法律援助。石景山区的实践，在此种现实下，或许是值得思考和借鉴的，石景山区检察院要求必须询问适用速裁程序的犯罪嫌疑人、被告是否有法律援助的需要，如果有需要则向法律援助机构发送告知函，要求其在一定期限内务必指派律所进行法律援助。①

3. 以下经验是值得借鉴的：

（1）建立刑事速裁地区合作机制，即公、检、法、司协调联动；

（2）建立专门的速裁程序办案机构，如 P 区就设立了由主任检察官直

---

① 资料来源：笔者于 P 区检察院的实地访谈，访谈人员：P 区检察院 Y 检察官，访谈时间：2015 年 4 月 28 日，访谈方式：无结构式访谈。

接负责的"速裁科",专门就速裁案件进行审查起诉和提起公诉等工作;

(3)创设和修改部分案件文书模板,逐渐形成以"表格填空式"文书为主的模式;

(4)建立两个通道,即移送案件快捷通道和居住地核实制度专用通道,部分地区还开辟了远程视频讯问的通道。

笔者认为,上述经验的确是有诸多可取之处,而由于速裁程序在北京多适用于危险驾驶罪,相关实务人员认为,这一罪名不仅法定刑轻微,[①] 而且往往证据易于收集,且犯罪嫌疑人对刑罚适用也无过多争议,所以,在此情况下适用速裁程序确实能够节约相关成本。

(二)实证调研:以北京市P区检察院和法院为对象

1. 检察人员的困扰:访P区检察院Y检察官

访谈时间:2015年4月28日9:30—10:30

访谈地点:P区人民检察院

访谈对象:P区Y检察官

访谈形式:无结构访谈

笔者二人于2014年4月28日赴北京市P区人民检察院进行调研,以了解速裁程序的落实状况及运行中的实际问题。

P区检察院的Y检察官接受了我们的访谈,Y检察官现正负责速裁科的工作,同时其本人也从事了近15年的检察工作,具有相当丰富的实务经验。

Y检察官认为,适用速裁程序首先需要保证民事争议得到解决,他表示这也是为了节约一定的时间成本,故上述速裁案件一律不属于附带民事诉讼的情况。

或许论者往往认为速裁程序的核心就在于一个"速"字上,不过,Y检察官对这个问题并不认同,他认为,所谓的"速裁"不仅要考虑法院,还要考虑到检察院,诚然,在庭审中省略了法庭调查和法庭辩论两个庭审步

---

① 我国《刑法》第一百三十三条之一关于"危险驾驶罪"的规定:在道路上驾驶机动车,有下列情形之一的,处拘役,并处罚金:(一)追逐竞驶,情节恶劣的;(二)醉酒驾驶机动车的;(三)在公路上从事客运业务,严重超过额定乘员载客,或者严重超过规定时速行驶的;(四)违反危险化学品安全管理规定运输危险化学品的。有前款行为,同时构成其他犯罪的,依照处罚较重的规定定罪处罚。

骤，以保证每个案件平均可以在十分钟内审结——这与过去的庭审相比，即使简易程序尚且需要三十分钟审结，所以不得不说，对于法院确实是"快"了。但是在检察院方面，这种"快"反而加剧了检察院的工作压力。

Y检察官认为，将审查起诉时间由30日压缩到8个工作日，即10个自然日，等于要将案卷的审查期限缩短三分之二，"功夫皆在庭外"，Y检察官作为一名"老检察"对此事毫不讳言，他做了一个比喻："审查起诉就好比喝一杯热水，如果用三十分钟喝完倒是觉得通体舒畅，但是要用十分钟喝完，难免有灼伤之患。"在案卷材料并未减少的情况下，将审查时间缩短，如果还要保证审查质量的话，就必须"加班加点"，这就给本来就不轻松的审查起诉工作平添了更多的负担。

除了审查起诉阶段耗费精力，在庭审阶段，检察人员也未必轻松，Y检察官介绍了自己的一个实例："往常对一起简易程序案件提起公诉，上庭的时间大约是二十分钟到半小时，而且一个上午最多也就是两到三起，在法院一个小时就可以回返；现在开庭一次需要半小时到四十分钟——原因是，法院会为了效率把多个速裁案件合并到一个庭进行审判，也就导致了检察官可能要在这三十到四十分钟内公诉三到四次。"Y检察官认为，暂且不论此种合并的庭审是否合乎诉讼法要求，至少检察官在法庭的时间并没减少——即使每个案件平均的时间花费少了，但是在每天"接踵而至""无穷无尽"的案件积累面前，这个"平均"或许是无意义的。

在程序之外，Y检察官也表示，其实该制度的最大问题就在于上级的文件过于简略，以至于在某些问题上检察院和法院难以做到协调一致："就好比法院对量刑建议的审查方式吧，在普通的诉讼程序下，法院要对量刑建议进行实质审查，以保障审判结果的公正，而刑事速裁程序是为了提高效率，这就要求法院在较短时间内对量刑建议'表态'。"Y检察官认为，由于"办法"中仍是规定法院要保证量刑建议中"事实清楚、证据充分、量刑适当"，方能决定适用速裁程序，这有一种含义就是仍然要求法院进行实质审查——显然这是与"效率"的要求相悖。"而显然速裁是要求进行形式审查的，毕竟速裁程序就是保证案件尽速解决的，这就必须舍弃实质审查而进行形式审查。"Y检察官表示："不过此处还需要确定的是，即使形式审查，也要维护法院的裁判权，而不是检察院一旦交给法院量刑建议法院就必须批准——这就等于审判权给了检察院了吧?"

为了说明其他问题,Y检察官也提供了一个自己经手的案件:

A帮助其表姐B"捉奸",在争执过程中,A将其表姐夫的"小三"C打伤,A在公安局的口供称,C并非其所伤,而是B所伤,C和B的丈夫的陈述和证词都表明是B将C打伤。A到检察院后认罪,承认是自己将C打伤。然而在庭审过程中,A当庭翻供,不承认所犯罪行。

Y检察官说,本案最后被法院根据相关规定转为简易程序进行审判,这本身没有问题,不过,Y检察官进一步探讨的是,如果此案中A不服判决,进而提出上诉,应该如何处理?因为速裁程序尚不完善,并没有相关的配套程序与其对接。

2. 审判人员的反映:访P区法院X法官

访谈时间:2015年5月9日20:30—21:00

访谈对象:P区X法官

访谈形式:无结构访谈、电话访谈

X法官在5月9日晚接受了笔者的电话访谈,期间不仅对Y检察官的某些观点作出了回应,更对速裁程序作出了自己的评价。

就Y检察官认为的检察院要在八个工作日,或者是十个自然日的期限内完成审查起诉工作,而法院则只要进行审判就足够了这一想法,X法官并不完全赞同。她认为,虽然检察院工作量变大,但是法院的工作也没有多清闲。原因首先在于当前的"错案追责"制度,这就要求法院必须对量刑建议进行严格的实质审查,以避免漏掉任何一个可能造成错案的细节,"其实如果能够在相关文件里规定一些形式审查的细则就好了",X法官表示,因为"办法"的规定还有不足,且要求的是实质审查,这就同样要求在缩短了的时间内完成和过去同样的工作,这对法院造成的压力也很大。

其次,X法官认为,由于案件的裁判毕竟要求一个"快"字,在证据收集和文书写作上就难免不比以往那般严谨,X法官表示,其实速裁程序不仅要求检察院、法院要快,对公安部门的要求也是类似的,所以上述的"时间缩短,工作不变"造成的压力无论是在速裁程序的哪个环节都会出现,X法官对检察院和公安部门的工作表示理解:"在简易程序三分之一甚至四分之一的时间内完成同样的工作,疏忽是难以避免的,我对检察院和公安机关表示理解。"但是 X 法官也同时表示，检察机关和公安机关出现问题尚且能够通过补充侦查等手段进行弥补，而在法院的审判环节是不能够出现问题的，因为"法院如果判错了案子，那是没有办法弥补的，他们（指检察院和公安机关）可以犯错，我们不行。"

最后，X 法官就笔者难以理解的"多案一庭"的现实对笔者进行了解释，"多案一庭"即将同属于一个案由的案件，合并开庭，分别宣判，所以在速裁程序中，经常看见这样的情况："台下有三四个案件的嫌疑人，三四个案件的辩护人，一个到两个公诉人，而台上只有一个法官"，X 法官如是说。究其原因，X 法官表示这也是有两个原因，一是基于现今在北京市适用速裁程序的案件大多都是交通肇事、危险驾驶案件，事实和证据较为清晰，适用法律也没有较大问题，更重要的是所有此类案件之间差别不大，都可以按照同样的审判思路进行；二是自从速裁程序开始试行以来，对于危险驾驶案的追究力度确实加大了，原本对于这种法定刑较轻的案件法院一般都会认为，即使启动简易程序都可能耗费较大成本，因此往往采用庭外和解等方式对案件进行处理，以达到放弃起诉的效果，但是当速裁程序试行之后，上级部门要求在交通肇事、危险驾驶案件中必须适用速裁程序，以达到"试验"的效果，所以就造成了"交通肇事和危险驾驶的井喷"。

如果说是实践中还有其他问题，那就是由于案件较为简单，嫌疑人通常不愿意聘请律师，而且现今在北京市并未完全建立前述的"值班律师"机制，这就确实对当事人的诉权造成了可能的损失。

三、速裁程序再探：问题之所在

根据上文的实证资料，我们确实发现了速裁程序在某些文件上的或者实践中的问题，以下将对其进行展开。

（一）政策要求：存在硬性结案率指标的限制

我国曾在民事诉讼中提出了两个效益的统一，即"注重法律效益和社会效益的统一"。在此精神的指导下，全国各地掀起了"构建司法能动主义模式"的热潮。这种思想要求以"案结事了"为目的，即通过替代性纠纷解决方式而非诉讼，达到双方当事人都对裁决结果满意，更能够将双方的关系恢复到纠纷发生之前的和谐状态。"能动司法"的典型有陕西陇县"能动司法八四模式"和江苏姜堰的"善良风俗引入民事审判"模式。① 这些模式有一个共性要求就是，必须保证法院每年的调解结案率，在部分省市甚至达到了调解结案数占全年民商事案件结案总数的98%这一惊人比例。

对于速裁程序，一位不愿透露姓名的司法工作者向笔者透露，② 北京市对速裁程序适用的内部规定还是较为宽松的，即能适用速裁程序就适用速裁程序，且适用速裁程序的案件应当达到本年度全部刑事案件总数的15%。这一比例与前文的"98%"相比确实低了许多。但是笔者认为，这样的规定还是存在一定的问题。

根据上文的数据可知，适用速裁程序的案件大多集中于交通肇事和危险驾驶等罪名，这些罪名法定刑较低，事实和证据往往易于查明，这一类案件适用速裁程序无可非议，但是请看如下报道：

今天上午，本市红桥区人民法院适用刑事速裁程序集中审理了三起贩毒案件，三案庭审用时共计30分钟，平均10分钟审结1起案件，与以往刑事庭审相比大大提高了效率。据悉，这是本市法院首次利用刑事速裁程序审结案件。

这三起案件的三名被告人都是因为贩卖冰毒等毒品被检察机关以涉嫌贩卖毒品罪诉至红桥区法院的。据了解，庭前，法院已核实三名被告人的身份情况、告知诉讼权利义务，对适用速裁程序的条件依法进行了审查，并就适用速裁程序征得了被告人的同意，做到"简程序不减权利"。今日法庭上，三名被告人都表示认罪，且均未对检察机关指控的犯罪事实、罪名提出异议。由于适用了速裁程序，省去了法庭调查、法庭辩论等常规程序。这三起

---

① 对于两种能动司法模式的探究，对"陇县模式"的介绍，详见沈德咏主编：《秋菊故乡新说"法"——能动主义司法模式理论与实践》，法律出版社2010年版；另见拙文胡宗亮：《试论民间法介入调解的正当性——以陕西陇县"一村（社区）一法官"制为例》，载《公共事务评论》（中国台湾地区）第15卷第3期。关于姜堰模式的探讨，详见汤建国、高其才主编：《习惯在民事审判中的运用》，人民法院出版社2008年版；对几种"能动司法模式"的批判，另见拙文胡宗亮：《浅析当代民间法适用的新方法与现代性内涵——以陕西陇县、江苏姜堰、上海松江为例》，中国政法大学2015年本科毕业论文。

② 访谈时间：2015年5月9日20：00—20：20，访谈形式：电话访谈，无结构访谈。因该受访者不愿意透露姓名，为尊重其隐私，笔者在此不单列出其访谈记录，更不表示其姓名、职务、工作单位等信息。下同。

案件仅用了 30 分钟就全部审结。①

关于毒品犯罪的证据收集问题，有如下困难，一是鉴定工作存在不足，影响证明力度——这体现在对毒品成分鉴定周期长，化学分析困难，毒品取样方式的不科学以及鉴定机构设置不合理；二是对毒品犯罪涉案嫌疑人的主观故意难以衡量；三是区分"贩卖"和"持有"的难度大，难以提出量刑建议；最后则是技术侦查所取得的证据难以在法庭上公开。② 可见，毒品犯罪的证据收集和审查起诉工作之复杂绝非交通肇事案件可比。所以，在毒品案件中能否适用速裁程序确实是值得商榷的。

笔者认为，应当关注以下两个问题：

（1）在适用速裁程序的前提中，重点应当在与"事实清楚、证据充分、被告或犯罪嫌疑人认罪并同意适用"，而绝非在于"可能判处 1 年有期徒刑以下之刑罚"。的确，单单考虑"1 年以下"确实能够保证每年的速裁结案率达标，但是为了这一形式要件不应当牺牲其他实质要件，这或许是在日后的司法实践中需要关注的。

（2）硬性的速裁结案率标准不可取，笔者基于"能动司法"的经验，难免有一种类比：原本创设初衷是"案结事了"的能动司法模式，由于要求硬性的结案率指标，变成"能调不诉"的带有强制调解倾向的制度，那么，速裁程序要求硬性指标——尽管是远低于能动司法之要求的，但是会否有类似结果？实在是值得思考的。

（二）规则制定：程序设定和细节问题尚需完善

无论是上文的 Y 检察官和 X 法官都提到了量刑建议中形式审查和实质审查的问题，即都倾向于形式审查，但是必须规定相关的审查模式，以规范形式审查方式，防止因形式审查追求效率而忽略正义的要求。

对于形式审查和实质审查的问题，首先，现实情况是，基于现今的"办法"规定，仍然保持实质审查的模式，但是实质审查耗费过多，必须考虑改进审查思路，提高效率，真正与"速裁"二字相吻合，故 X 法官和 Y

---

① 今晚网：《津法院首次使用刑事速裁程序，30 分钟审结 3 起贩毒案》，今晚报记者：孙启明，通讯员：王飞，发布时间：2015 年 1 月 4 日，最后浏览日期：2015 年 5 月 25 日。
② 钟锥：《毒品犯罪证据的收集与运用》，载《法治论坛》2014 年第 1 期，第 168—170 页。

检察官都建议将法院对量刑建议的实质审查改进为形式审查，这就要求上述的对形式审查的细节规定；其次，即使规定了形式审查的规范性要件，那么一个问题仍然无法解决，即量刑建议只要符合形式性的构成要件法院一般就会批准，那么案子的审判权究竟属于检察院还是法院？也即，在"形式"和"实质"的背后，有两对矛盾，一是"效率"和"正义"的矛盾——形式审查偏重前者而实质审查偏重后者，那么就必须建立一种在速裁程序中的、介乎形式审查和实质审查之间的另一种审查模式，以至少保障"效率"和"正义"两种价值能够达到皆不被偏废的程度；另一对矛盾则是"效率"和"审判权归属"之间的矛盾，站在法院的立场上不难看出，采用形式审查的方式固然可以提高判案效率，但同时意味着对于检察院的量刑建议至少大部分是应当采信的，这或许等同于将一部分审判权让出——而这显然是不符合《刑诉法》甚至是《宪法》的规定的，加之"错案终身责任追究"制度的逐步确立，法官也难以"放开手脚"——而反观检察院，似乎问题也是不少，一旦法院采用形式审查的方式，那么就必须要求检察院将量刑建议做到尽善尽美，毕竟"错案追责"对检察官也是适用的，而一个"尽善尽美"的量刑建议又何以达到"速"裁呢？

其次，除了对于量刑建议的"形式审查"和"实质审查"的选择之外，在其他程序设计方面也存在问题。据一名不愿透露姓名的司法工作人员①称，在其实际庭审的过程中，极少有犯罪嫌疑人或被告聘请律师进行辩护。这一方面是因为，如前文所述，并未建立起值班律师法律援助制度，更重要的是，犯罪嫌疑人和被告并不愿耗费成本进行辩护，因为如果辩护人介入，就涉及庭前会议、证据交换等程序问题，一旦出现新的证据，可能导致在庭前程序结束后，发现本案已经并不符合适用速裁程序的条件，而会按照简易程序甚至一审普通程序进行审判。按照这位司法工作者的介绍，聘请律师作为辩护人在速裁程序中是"吃力不讨好"的，一方面，如果适用简易程序甚至普通程序，那么按照嫌疑人或者被告的逻辑，自己被判处的刑罚就不能保证是"一年以下有期徒刑及更轻的刑罚"；另一方面，对于法院和检察院来说，一名辩护人可能造成诉讼程序的拖延，在原本的简易程序中律师取

---

① 访谈时间：2015年4月29日9：00—10：00，访谈形式：无结构化访谈。

证、会见等事务性行为并不会过分耽搁诉讼进程，但是在案件周期较简易程序缩短了三分之二甚至四分之三的速裁程序中，律师的介入可能导致案件难以做到在规定的时间内完成；最后则是律师本人，也不愿意代理这种在短时间内完成较大工作量，且报酬并不高的案件。这位司法工作人员认为，应当完善"值班律师"制度，这也是任重而道远的。

最后，在"办法"中，有如下表述，皆是关于速裁程序的启动方式：

第五条　公安机关侦查终结移送审查起诉时，认为案件符合速裁程序适用条件的，可以建议人民检察院按速裁案件办理。

第六条　人民检察院经审查认为案件事实清楚，证据充分的，应当拟定量刑建议并讯问犯罪嫌疑人，了解其对指控的犯罪事实、量刑建议及适用速裁程序的意见，告知有关法律规定。犯罪嫌疑人承认自己所犯罪行，对量刑建议及适用速裁程序没有异议并签字具结的，人民检察院可以建议人民法院适用速裁程序审理。

第九条　对于人民检察院建议适用速裁程序并且按照第八条①规定提供相关材料的案件，人民法院经审查认为事实清楚、证据充分，人民检察院提出的量刑建议适当的，可以决定适用速裁程序，并通知人民检察院和辩护人。

以上条文对启动速裁程序具有建议权的是公安机关以及检察院，决定权则属于法院，而按照第九条的语词进行文义解释可以发现如下结论，即第九条，按照法规范论的角度，首先，该条文符合"若条件，则结果"的条件句结构，规范的指引对象是作为国家机关的法院，故应属于裁判规范，该条文的适用条件如下：

A、检察院建议适用速裁程序；

B、检察院提供的案卷材料符合形式要件；

C、人民法院进行审查，检察院提供的案卷事实、证据和量刑建议符合实质要素。

该裁判规范的适用效果在于，如果符合条件，法院"可以"适用速裁

---

① "办法"第八条：人民检察院一般应当在受理案件后八个工作日内作出是否提起公诉的决定。决定起诉并建议人民法院适用速裁程序的，应当在起诉书中提出量刑建议，并提供犯罪嫌疑人的具结书等材料。起诉书可以简化。

程序。

那么，可以得出如下推论，即当上述条件具备，法院可以选择适用速裁程序，也可以不选择适用速裁程序；当条件不具备，法院则绝不能适用速裁程序。而问题在于，在上述的三个条件中，A选项至关重要，即如果检察院不建议适用速裁程序，则条件是难以满足的。职是之故，法院并无对适用速裁程序的完全意义上的决定权，也即唯有检察院建议适用方可以自行决定是否适用速裁程序。

反观公安机关和检察院之间的关系，"办法"第五条规定，在满足适用速裁程序的条件时，也即满足"办法"第一条规定的情况，而不属于第二条①规定的情形时，公安机关"可以"行使建议权；对第六条——同样是一条裁判规范的适用条件分析如下：

A、经审查案件事实清楚，证据充分的；

B、犯罪嫌疑人对指控的犯罪事实、量刑建议及适用速裁程序没有意见的；

C、犯罪嫌疑人承认自己所犯罪行，对量刑建议及适用速裁程序没有异议并签字具结的。

满足上述三个条件，检察院"可以"建议适用速裁程序，但是可以看到，上述的三个条件并不包含"公安机关的建议"，也即无论公安机关是否建议适用速裁程序，检察机关都可以建议适用之。上述的分析表明，启动速裁程序的关键不在于公安机关，也不在于法院，而在于检察院。

根据《刑事案件速裁程序试点工作座谈会纪要》可以发现，在实践中

---

① "办法"第二条是关于不适用速裁程序的情形。具有下列情形之一的，不适用速裁程序：（1）犯罪嫌疑人、被告人是未成年人，盲、聋、哑人，或者是尚未完全丧失辨认或者控制自己行为能力的精神病人的；（2）共同犯罪案件中部分犯罪嫌疑人、被告人对指控事实、罪名、量刑建议有异议的；（3）犯罪嫌疑人、被告人认罪但经审查认为可能不构成犯罪的，或者辩护人做无罪辩护的；（4）被告人对量刑建议没有异议但经审查认为量刑建议不当的；（5）犯罪嫌疑人、被告人与被害人或者其法定代理人、近亲属没有就赔偿损失、恢复原状、赔礼道歉等事项达成调解或和解协议的；（6）犯罪嫌疑人、被告人违反取保候审、监视居住规定，严重影响刑事诉讼活动正常进行的；（7）犯罪嫌疑人、被告人具有累犯、教唆未成年人犯罪等法定从重情节的；（8）其他不宜适用速裁程序的情形。

确实存在"人民法院能否自行启动速裁程序的问题"①，而相关部门的解决方案是：

"经研究决定，无论是从《试点办法》规定，还是从实际操作效果考虑，速裁程序的启动应以检察机关提出建议为主。检察机关没有提出建议，人民法院经审查认为可以适用的，在征得人民检察院、被告人同意后，也可决定适用速裁程序。"

对此，"两高两部"的解释或许是类比简易程序，然而正如修改后刑诉法仅规定了简易程序启动的整体模式，但对具体的启动程序并未作出详细的规定，因此在实际操作中可能会出现一些新的问题。如在速裁程序中对检察机关的建议，法院应当如何处理，若同意，是否需要书面回复？若不同意，对此又该如何处理？另外，法院决定适用需要征得检察机关的同意，那么检察院如果同意适用是否需要回复法院？检察机关不同意适用，但是被告人同意适用的，人民法院应如何作为？笔者认为，上述问题唯有进一步地立法完善方能解决。

（三）实践操作："速度"和"质量"的平衡

那么，在实践操作中，"速裁"又有何可能的问题呢？

上文提到的 Y 检察官提到了这样一个实例：

在一次开庭审理中，在被告席上有这样一些人：交通肇事案嫌疑人 A、另一起交通肇事案嫌疑人 B、危险驾驶案嫌疑人 C，对三个犯罪嫌疑人集中开庭审理，即将三名犯罪嫌疑人同时带到庭上，法官对三名犯罪嫌疑人分别审理，统一宣判，庭审总共用了十分钟。

对于上述案件，其"集中审理"的方式固然和常识不符，但是我国《刑诉法》也并未规定"集中审理"是不允许的，此处是一个法律的留白，故在此不讨论。

不过，通过上述案件可以看出，速裁程序确实能够保证刑事审判的"速度"，的确，在速裁程序试点开始后，在各大媒体上确实有多个关于刑事速裁程序在极短时间内解决多个案件的报道，比如有一位律师曾经统计

---

① 最高人民法院、最高人民检察院、公安部、司法部：《刑事案件速裁程序试点工作座谈会纪要》（内部文件），2015 年 1 月 8 日，第 4 页。

道："《新京报》两次报道《平谷试点刑事速裁，4 案庭审用时 6 分》和《密云法院适用刑事速裁程序办案，庭审最快 4 分钟》；《晶报》报道《龙岗首宗"刑事速裁"法院庭审过程仅用 3 分钟》；《沈阳日报》报道《刑事速裁程序审判案件，25 分钟集中判决 6 案》；法制网《济南历下法院首试刑事速裁程序，20 分钟宣判 4 起醉驾案》……"①。但是该律师也曾计算过这样的数据：

（根据前述的新闻标题）试点法院速裁一个刑案的时间在 1.5 分钟—5 分钟之间。1.5 分钟，以新闻联播的播音速度能说 330 字，如果是对话，还要扣除语气停顿、问答承接的时间。1.5 分钟，即使不再进行"法庭调查和法庭辩论"，也要完成如下内容："询问被告人对被指控的犯罪事实、量刑建议及适用速裁程序的意见""听取公诉人、辩护人、被害人及诉讼代理人的意见""听取被告人的最后陈述意见""当庭宣判"，此外，宣布法庭纪律、宣布法庭组成人员名单，询问是否申请回避也是不能省略的。②

这一统计应当是较为可信的，因为上文的作者是一名较有经验的律师③，其估算的数据应当是较为可靠的，即使在笔者调研的 P 区的上述实例中也做到了平均每个案件的审判时间不足 4 分钟。也有相关的报道根据如下的案例做出了批评：

法官黄莹被安排三起案件的庭审。经庭前调查，三起案件均由她独任审判，采用的都是"刑事速裁"。庭审中，她省略了宣读起诉书、法庭调查、辩论等环节，5 分多钟审理一起案件，不到 20 分钟就审了三起案件。审案变成了"直接宣判"，甚至险些连判决书都懒得念。律师成了"哑巴"，检察官成了"旁观者"。这样的庭审有什么意义呢？④

必须注意的是，无论是"办法"还是"会议纪要"都未对庭审的时间限制进行规定。那么在此情况下，根据估算的数据，以极短的时间对于案件进行"审判"，会否等于说法官并未针对案件的证据和事实进行充分的考量

---

① 刘玲：《给刑事速裁程序，泼一瓢冷水》，重庆律师网：http：//www.cqlsw.net/business/advice/2015051216265.html，发布时间：2015 年 5 月 12 日，最后浏览日期：2015 年 5 月 26 日。

② 同上。

③ 据介绍：刘玲为北京市律师协会刑事诉讼法专业委员会秘书长，从事律师、检察官 21 年。

④ 胡建兵：《"刑事速裁"莫变"直接宣判"》，《天津政法报》2015 年 4 月 20 日，第 006 版。

呢？而律师的"失声"甚至是如前所述的"缺位"，检察官的"旁观"是否等于法官只是依照"心证"去裁判案件呢？是否等于打破了原有的"控辩审"三方平衡而导致法官的裁量权扩大呢？

概言之，速裁程序现在在实践中有过分重视"速度"的趋势，而忽略了案件审理的"质量"，这或许也亟待通过司法系统内部领导和监督进行改进。

四、结语：未完的讨论

至此，有必要对笔者对速裁程序的观察进行一个总结，在速裁程序中，问题体现在"政策""文件"和"实践"三方面，这三个方面是相互纠缠的，甚至是有着一定的因果关系。而上述的所有问题，皆是围绕着一个"速"字，详言之，如为改变当今刑事审判积案繁多的情况，四机关联合制定了"办法"，对简易程序的进一步简化，以至于在实践中往往形成了"检、律集体失声"而法官"径行宣判"的现实；为了保障速裁程序的落实推进，规定了15%的速裁程序结案率硬性指标，这就反过来加剧了实践中的问题——虽然有"速"，但是裁判质量着实不敢保证，甚至为"辩诉交易"埋下了隐患；"办法"对公、检、法的分工不明确，如并未对速裁程序如何启动进行详细的规定，以至于在实践中加大了司法机关的工作压力；如量刑建议的审查方式应当为何的实践问题，也并未及时反映到文件和政策中。

据前文的数据可知，北京在2014年8月26日至2015年2月25日这将近半年的时间里，就发生了900多起刑事速裁案件，而至笔者完稿之日，该制度已经试点将近一年。然而这一新的制度显然没有受到学界的关注，如在中文社会科学引文索引数据库（CSSCI）来源刊无一篇论文探讨之。而对"速裁程序"，现有的讨论也局限于检察系统和法院系统内部的研究，这似乎也是值得思考的一个现象。故本文之结束，愿为另一开始，以为学界诸君"抛砖引玉"。

【检察改革】

吉林检察改革正当时

盛美军[*]

2014 年以来吉林省检察机关开展了检察改革，对此并结合理论界比较关注的"捕诉资源整合"试点情况做简要的介绍。

一、吉林检察改革的基本思路与进展情况

2014 年下半年以来，吉林省检察机关在高检院、吉林省委的领导下，着力推进"四位一体"的检察改革。此次改革的力度之大、触及矛盾之深、破解难题之多、社会关注度之高，是前所未有的。吉林省作为首批试点省份之一，切实把中央的框架指导意见落到实处，进行了深入的思考和研究。

首先，是确定"稳中求破、破中保稳"的总基调，坚持思想引导、发扬民主、利益兼顾、政策配套、领导带头、培训督导"六个到位"的原则，实行了自发先试、扩大试点、全面推开的"三步走"推进方式。

其次，总体把握"落实检察机关宪法地位"的深层改革目标，抓住司法改革这个历史性机遇，破解难题。针对内设机构设置不科学，导致职能碎片化、"案多办案人员少"的局面，大胆进行内设机构"大部制"改革。省

---

[*]　盛美军，吉林省检察院副检察长。

222

院成立了职务犯罪检察部、刑事检察部、控告申诉与刑罚执行检察部、民事检察部、行政检察部、检务管理部、检务保障部、政治部和机关党委，共"八部一委"，充分整合了法律监督职能，补齐了民事检察、行政检察相对薄弱的"短板"。

第三，是着力进行改革后的"精装修"工作，进一步细化、实化、深化检察机关内部管理和运行机制。同时，不断听取各方意见，进一步深化和完善检察改革，努力让改革红利逐步释放。

目前，吉林省三级检察机关开展的"四位一体"检察改革已初见成效。一是检察长——检察官的司法办案主线进一步凸显，责任压实，质效提升，改革改出了检察生产力。二是"大部制"改革实现了"五个手指握成拳"。政务、业务统一管理，增强了合力：碎片化的检察职能得到整合，业务工作力度得到进一步强化；队伍管理、后勤保障等机构规模压缩，工作人员向素能提升要战斗力，钻研业务，适应岗位的风气蔚然成风。三是检察官素质得到全面锻炼提升。"同一场域"内人员统一调配使用，长期以来检察人员思维、素能单一化问题将得到有效解决。四是为检察人员分类管理创造了更有利的内部氛围。领导机构、业务机构、综合管理机构按照各地特征进行运转，区分度显著增强，检察人员对自身能力、职责和所在部门性质的认知更为清晰、认同感更加强烈，将必然为下一步深化改革打下认同基础。

二、开展"捕诉资源整合"试点工作的设计及运行

2014 年党的十八届三中全会提出了"要确保依法独立行使审判权和检察权，健全司法权力运行体制，完善人权司法保障"这三大任务。而四中全会则进一步强调"推进审判为中心的诉讼制度改革"，对完善司法权力运行机制作出了重要部署。检察机关是法律监督机关，在全面推进依法治国、推进国家治理体系和治理能力现代化中担负着重要职责。检察体制和工作机制改革，应当放在司法改革的大背景下，从能否适应刑事诉讼制度的改造，能否充分释放改革红利的角度来考量。吉林省是中央政法委确定的司法改革首批试点省，省院党组和杨克勤检察长在改革之初就确定了进一步探索完善检察权的司法属性和监督属性的基调，我们实行的员额制改革、检察官办案

责任制改革和内设机构大部制改革，在推进检察官专业化、职业化进程中起到了至为关键的作用。在这个大的背景下我们进一步审视和梳理"捕诉资源整合"这个命题，为了破解长期以来检察机关一线办案队伍"案多人少"的老难题，在精算全省刑事检察队伍素质状况的基础上，就"如何在以审判为中心的诉讼体制下强化侦查监督职能和公诉职能"，具体针对这两项基础性职能的分立与合并问题，从2014年年初开始，就作了多次、全面、深入地考察论证。按照省院的统一部署，长春市南关区、九台区等基层院作为全省检察机关的试点院，于2014年6月率先在刑事检察工作中启动了"捕诉资源整合"机制。进入2015年后，延吉市院、敦化市院、辽源市龙山区院、长岭县院作为第二批试点院开始启动"捕诉资源整合"机制。

需要说明的是，"捕诉资源整合"机制的目标定位是以司法公正和司法效率为立足点，全面拓展捕诉职能，科学配置捕诉力量，有效地形成内部制约，有效地强化诉讼监督。"捕诉资源整合"机制的运行前景是立体的刑事检察工作系统平台，统筹全面推进侦查监督工作和审查起诉工作，有趋向一致、科学合理的目标管理，有"四位一体"的监督制约机制，有统一完善的队伍建设规划。既要坚守公平正义，又要体现司法效率，既要实现惩治犯罪，又要有效保障人权，既要强调侦诉协作，又要体现分工制约，既要保证个案质量，又要保证诉讼监督。

截至2015年9月，全省三级检察机关侦查监督部门与审查起诉部门全部整合成为刑事检察部。省、市两级检察院刑事检察部设置了侦查监督指导组和审查起诉指导组，分别负责对下侦查监督业务指导和审查起诉业务指导。在具体案件的运行方面，根据《刑事诉讼法》关于案件管辖的规定，市、州级人民检察院负责公诉危害国家安全、恐怖活动案件和可能判处无期徒刑、死刑的案件，而这些案件中约70%以上是由基层检察院批准逮捕后移交市、州院审查起诉的。同时，由市、州院批准逮捕的刑事案件也有近80%左右要交由基层检察院审查起诉。另外，职务犯罪案件的批准逮捕"上提一级"，其批准逮捕和审查起诉是上下两级院分开办理的。我们所说的"批捕和起诉由同一人办理"，是针对基层院的一些事实清楚、证据确实充分的，特别是简易程序的常见、多发性普通刑事案件，以及符合"轻刑快审"程序的案件，可能判处一年以下有期徒刑的"刑事速裁"程序等情形的微罪案件，等等。

因此，可以这样理解，目前吉林省检察机关试点运行的"捕诉资源整合"机制，是在全面整合侦查监督和公诉职能的基础上，创新部门协作模式，以检察官办案组为基本办案单位，积极适应以审判为中心的诉讼改革，强调惩治犯罪与保障人权并重的工作体系。从一年半的试点工作情况看，其成效主要有：1. 强化侦捕诉衔接，完善公诉引导侦查，有效提高引导侦查取证权威性；2. 用制度优势弥补监督盲区，使侦查监督落到实处，为人权保障提供坚实基础；3. 便于发挥侦查监督和公诉人才的聚集优势，科学配置人力，明确办案责任；4. 有效提高检察官的职业素能，增强责任感和职业尊荣。

三、"捕诉资源整合"工作机制的完善

伴随着全省三级院检察体制改革的全面推进，试点院的"捕诉资源整合"工作机制在尝试中也在不断地试错、纠正。在2016年的工作中，在检察机关内部管理和运行机制"精装修"的指导理念之下，我们进一步完善"捕诉资源整合"的思路如下。

（一）加强诉讼监督的路径探索

诉讼监督是检察机关法律监督工作的重要组成部分，也是刑事检察部门公信力的重要来源，就像基层一位资深的检察官所感悟的，"监督是检察机关的主业"。要寓监督于办案之中，着力解决自身观念上的束缚、能力上的不足和机制上的障碍，使现有的刑事诉讼法律监督从诉后型监督向诉前、诉中、诉后全程监督转变、从重实体型监督向程序、实体并重型监督转变、从有限监督向全面监督转变，推动诉讼监督工作在力度、水平和效果上取得新进展。

（二）办案规则流程的科学设计

由于批准逮捕工作与审查起诉工作周期不同，检察官们普遍反映"一会儿短跑，一会儿长跑"。在人员分工方向，在适应节奏，调整力量，繁简分流方面需要进一步制度设计。并坚持分类推进捕诉整合工作。对于自侦案件、市院批捕后交由基层院办理案件，以及重大复杂、事实和证据上有分歧

的案件，批捕和审查起诉仍然坚持交叉办理，保证办案的整体质量和监督效果。

（三）检察队伍建设的远景规划

司法实践告诉我们，成为"有成熟的刑事司法能力"的刑事检察部门检察官，具备全面侦查监督和公诉履职能力，是职业所需、职责所系。在调研的过程中，我们深深感到，检察官是改革的细胞，办案的主体，亟须提升"六种能力"。即：主动学习的能力、审查证据的能力、诉讼监督的能力、文字综合的能力、协调沟通的能力、拒腐防变的能力，使刑事检控人才更加专业化、精英化和职业化，使证据审查、监督研判、庭审指控、舆情应对和群众工作等实战技能和履职能力得到快速提升，才能培养出一支稳定、充足、成熟的检察官队伍。

在"捕诉资源整合"这个问题上，我们坚持既要在试点基层院大胆尝试，又要在检察全局上坚持有审慎负责的态度。我们经过阶段性的试点推进，将现有的侦查监督部门、公诉部门职能进行重新整合，由专门的独任检察官或办案组行使职能，可以更有效地发挥检察机关刑事诉讼监督职能，规划刑事诉讼监督环节，消除刑事诉讼监督盲区，构筑立案监督、侦查监督、审判监督的全方位、立体式的监督模式。"捕诉资源整合"机制切合当下司法现实，不仅是效率与公正价值的优质调配，更是落实和完善检察机关刑事诉讼监督职能，健全完备刑事诉讼监督线条，优化内部检察权行使的有益尝试。我们有理由相信，"捕诉资源整合"机制会在检察改革与实践中得到进一步检验，进一步焕发强大的活力，从而推动检察事业科学健康发展。

司法体制改革背景下
检察委员会司法属性的强化

姚俊宏　范水姣　俞向成*

根据《人民检察院组织法》规定，检察委员会（以下简称检委会）是指在检察长主持下，讨论决定重大案件和其他重大问题的业务决策机构。从司法实践来看，审议决定重大疑难复杂案件是检委会特别是基层检察院检委会业务决策的主要内容。而审议案件都是建立在事实、证据、法律的基础之上，必须按程序处断，需遵循司法规律。就检委会的职能特征而言，既是检察机关的领导决策机构，又是重要的办案组织。随着司法体制改革的推进，检察权运行机制将发生一系列实质性变化。最高人民检察院《关于完善人民检察院司法责任制的若干规定》提出要健全司法办案组织，科学界定内部司法办案权限，完善司法办案责任体系，做到谁办案谁决定，谁决定谁负责，该规定还对检委会的组成、职责权限和责任追究作出规定。

检委会制度是一项具有中国特色的检察制度，体现了检察长负责制和民主集中制相结合的特点，有利于取长补短，发挥各自优势，既符合检察长负责制的要求，保障检察长决策的权威和效率，同时也发挥集体智慧，弥补个人不足，通过民主合议监督和制约检察长权力的行使，防止检察长独断专行，保证决策质量，预防司法腐败。但随着谁办案谁负责、谁决定谁负责的检察权运行机制的确立，现行检委会的组成、职责权限、运行机制、责任追究都存在一定局限性。适应司法体制改革的要求，对现行检委会制度进行完善，强化其司法属性，淡化其行政色彩，对于保障检察权依法独立公正行使具有重要意义。

---

* 姚俊宏，浙江省衢州市检察院政治部主任；范水姣，浙江省衢州市检察院研究室主任；俞向成，浙江省衢州市衢江区检察院办公室主任。

一、当前检委会司法属性仍显不足

（一）决策主体专业化水平不够高

司法的专业性要求司法主体具有丰富的法律专业知识和办案经验，并且能够熟练地运用专业技能。作为检察机关的重要业务决策机构，检委会的专业化水平直接影响到检察机关决策的质量和效率。我国《人民检察院组织法》和《人民检察院检委会组织条例》对检委会及其成员的管理作了原则规定，但这些规定过于笼统，导致实践中容易出现委员专业性不足、履职不当、决策水平不高等问题，难以有效发挥集体智慧的优势。

一是委员选任与行政职务挂钩，存在重资历不注重专业能力的问题。委员资格看重行政资历，党组成员和内设机构负责人才可以被任命为检委会委员，而一些专业素质能力强的检察业务骨干或办案能手则很难进入检委会。二是委员任期无限制。目前对委员任期并无明确规定，不少委员任期至退休，导致许多年富力强的部门负责人或检察官未能充实到委员岗位，检委会组成人员更新不畅。三是委员履职积极性不高。实践中有观点认为，除专职委员外，检委会委员这一职位本身并不能解决行政级别和待遇，相反要承担决策错误的风险，因此部分委员履职的积极性不高。四是委员履职无考核。实践中缺乏对委员履职情况、履职能力和水平的系统性考核，对委员会前是否充分准备、上会议事议案水平的高低等无法准确评价，可能影响到检委会会议的严肃性和决策的权威性。五是委员履职过错难追究。当前《检察人员执法过错责任追究条例》已经出台，但具体到检委会层面如何落实，如何认定追究委员执法过错责任尚不明确，一旦出现执法过错往往因责任追究机制不健全而导致无法追究具体委员责任，不符合权责相统一的原则。六是委员集体学习制度落实不到位。有的基层检察机关很少举行甚至从未举行过委员集体学习，委员知识储备更新不足，加之部分领导委员长期脱离业务，导致检委会整体的业务素质水平难以提高。

（二）决策程序行政化色彩较浓厚

司法化的程序是司法权运行的核心要素，其对于防止权力滥用、确保权力依法独立公正行使具有重要作用。正当的程序能够将司法权控制在法律的范围内，用程序限制司法主体的擅断与恣意，使差错的概率降到最低。而当前检委会在决策程序方面体现出较强的行政化色彩，与司法化程序要求有所偏离。一是职责权限范围把握不严。集中体现为对上会讨论的重大案件范围把握不严，对检委会与党组会、院务会和检察长办公会等会议的职责权限划分不明确等，影响了检委会的权威性和严肃性。二是议题提请时间仓促。实践中存在提请讨论案件即将到达诉讼期限、议题材料发放仓促等情况，特别是提交检委会讨论的一些重大疑难复杂案件，往往卷宗材料多，委员没有足够的时间进行全面审查判断。由于检委会委员大多数是兼职人员，很难有时间和精力专心对案件进行具体的审阅研究，审查书面材料和委员发言讨论，又带来先入为主的预断，如果短时间内听承办人汇报来了解案情，更容易导致认识偏差，影响司法认知的准确性。三是回避制度未能有效落实。由于检委会制度运作本身的特点，当事人难以行使对检委会委员申请回避的权利，只能依靠自行回避。实践中还存在部分委员原来处理过该案而执着于原处理决定，未主动申请回避影响决策的科学性。

（三）决策机制司法化不明显

司法的本质是裁判或者判断。司法判断性要求裁判者以直接言词为原则，通过考察两造对抗，对案件事实与法律问题进行实质性判断。当前检委会决策机制在司法判断性方面的缺陷主要体现为：一是司法的亲历性不足。实践中，多数检委会议案停留于阅读议题报告、听取承办人口头汇报的模式，由于议题报告概括性较强，承办人汇报案件又容易受到主观判断影响，加之部分议题材料发放不及时，导致委员掌握的信息不全面、不精确，影响思考判断的质量。二是议案的辩论性不强。实践中检委会一般先就案件事实部分提问，然后按照专委、非院领导委员、院领导委员的顺序发表处理意见，检察长作为主持人最后发言并汇总意见作出决定，并没有经过充分的辩论全面阐述对事实证据及法律适用的不同理解。三是请示及复议弱化决策的司法属性。请示、上报和复议均属于行政程序范畴，将检委会审议案件通过上述方式转移决策，实质上是将司法断案演变为行政决策，同时也为推卸责任开辟了渠道，与司法判断的独立性、严肃性存在出入。

二、增强检委会司法属性的必要性

（一）符合检委会主体性质及职能活动特点

检委会及其成员实质上是一种高度专业的司法主体，在审议案件活动中应当处于相对独立和客观的状态，以确保司法权力的独立公正行使。鉴于当前检委会决策的司法化程度不足、行政化色彩浓厚，有必要加强检委会的司法属性。从职能活动特点来看，检委会是检察机关的重要业务决策机构，其职能重在对案件的审查判断，活动的法定性和程序性较强，应当具备司法化的一般要求。一是从检委会的议案范围及程序来看，检委会决策是部分刑事案件必经的诉讼程序，其议案范围及程序具有法定性，例如重大疑难复杂刑事抗诉案件。实践中，省级以下基层检察机关检委会以议案为主，适用法律处断案件已成为其核心职能。由于处断案件是一种适用法律的司法活动，特别是自侦案件的撤案、案件不起诉决定等更是一种终局性的司法活动，因此应当遵循司法规律，强化司法属性。二是从检委会决定的效力来看，检委会作出的决定具有确定性和执行力，执行主体必须执行，这无疑是其司法属性的体现。

（二）符合检委会历史发展及改革趋势

从检委会制度的历史发展来看，其在检察机关业务决策中的地位逐步加强，职权行使的民主化、法治化水平也在不断提高，司法属性逐渐凸显。新中国成立初期，检委会实行的是以检察长为主席的"民主"参考决策制，根据 1949 年《中央人民政府最高人民检察署试行组织条例》和 1951 年《中央人民政府最高人民检察署暂行组织条例》规定，检委会议以检察长为主席，委员意见不一致时，取决于检察长，委员们的意见只起参考作用。可见，在形式上，当时的决策类似于单一的行政决策模式，功能上近似于参谋智囊机构而非议事决策机构。1954 年颁布的《中华人民共和国人民检察院组织法》将"检委会议"修改为"检委会"，将检察长"主持"改为"领导"，并取消了"意见不一致时，取决于检察长"的表述，因此这一时期检委会的决策模式可以归结为检察长领导下的不完全民主集中制。1979 年颁布的《中华人民共和国人民检察院组织法》首次将民主集中制的原则引入检委会，不再规定检委会由检察长"领导"，而是由检察长"主持"，并明确检委会内部实行民主集中制原则，检察长不同意多数委员意见时没有决定权，可以报请同级人大常委会决定，这一系列制度的改变标志着我国检委会决策模式进入了检察长主持下的民主集中制时期。随着检察改革的不断深入，高检院对检察长不同意多数委员意见时的处理模式进行逐步调整，并在2008年制定的《人民检察院检委会组织条例》中明确区分"案件争议与事项争议"，肯定了上级检察院对"案件争议"的唯一决策权，这无疑是司法独立的重要体现。从新中国成立以来检委会的发展历程来看，检委会决策模式的民主性不断提高，决策的独立性不断增强，体现出了现代司法发展的规律，也符合民主科学决策机制的要求。

另外，从司法改革的整体趋势来看，保障检察权的依法独立公正行使是本次改革的重要目标，而增强检委会的司法属性无疑是实现该目标的一个重要环节。当前的检察改革方向是规范权力运行、维护司法公正，检委会作为检察机关的重要业务决策机构，是实现检察机关法律监督职能和维护司法公正的重要依托，检委会处断案件是检察机关行使检察权的重要方式。强化检委会的司法属性能够有效提高检委会的决策质量、决策效率和决策权威，形成民主、科学的决策机制，符合检察改革依法独立公正行使检察权的目标。

三、增强检委会司法属性的路径

（一）深化检委会管理体制

1. 科学合理选任委员。检委会委员需要审议讨论表决重大疑难复杂的案件，并主要针对其中的法律适用问题进行讨论和发表意见，这是一个高度专业化的领域。因此，检委会委员应当是具有审议讨论重大疑难复杂案件的司法精英。需要改革检委委员与行政职务挂钩的选任方式，除检察长、分管执法办案业务的副检察长外，结合司法体制改革的需要，引入竞争性选拔机制，对未担任领导职务但业务素质能力较强的资深检察官，可以通过考试、考核等方式公开竞争，择优选拔为检委会委员，以提高检委会组织的专业化水平。对检委中的专职委员，更是要经过严格政治素质和业务素质考核，确保其具有较强的业务能力和丰富的业务工作经历。

2. 实行委员任期制。针对实践中非院领导职务检委会委员任期不明确、委员终身制的弊端，建议通过修改检委会组织条例等形式对委员任期予以明确，委员任期一般应与检察长任期相同。任期届满后，应根据委员工作表现及履职情况，重新进行考核任命；任期未满的，如果存在违法违纪情况，亦可提请本级人大免除其委员资格。

3. 探索履职考核模式。探索建立检委会委员述职制度，每年就本人履行委员职责情况向全院干警述职，接受评议和监督。探索建立检委会委员决策质量评估机制，考察其议事、议案，与检委会最终决定相同或者不同意见的比例等。通过探索相关考核机制提高委员履职的主动性和履职质量，进而提高检委会整体决策水平。

4. 完善责任追究机制。《关于完善人民检察院司法责任制的若干意见》提出要完善司法办案责任体系，构建公正高效的检察权运行机制和公平合理司法责任认定、追究机制，做到谁办案谁负责，谁决定谁负责。检委会审议表决案件，是对案件作出处断的司法行为，根据权责相当的原则，需要建立完善责任追究机制，合理处分责任，消除检委会审议讨论案件出错，检委会委员个人谁都不负责任的有权无责现象。根据《若干意见》，检委会审议讨论案件，承办人对事实和证据负责，检委会对决定事项负责，以及因为承办人的原因导致检委会作出错误决定的，检委会根据错误决定形成的具体原因和主观过错情况承担责任。上述责任区分具有合理性，但对具体情形和追责程序还需要进一步区分、明确和细化。

5. 落实检委会学习制度。当前新问题、新情况日益涌现，法律法规不断补充修正，对检委会委员及时更新知识储备、不断提高履职能力提出了更高要求。要进一步落实检委会学习制度，通过集体学习讨论、开展自学、邀请专家开设讲座、安排优秀检察官列席检委会交流等多种方式开展学习，大力提高委员的专业化技能和履职水平。结合司法体制改革，消除部分检委会委员只议案不办案的现象，分类管理实施后，新增检委会委员应从员额检察官中选任，通过办理一定数量案件、合理设定研修任务，保障和提高检委会委员专业化水平。

（二）强化检委会审议程序

1. 规范检委会议案范围。借助司法改革契机，制定检察官办案责任制授权清单，明确规定主任检察官、副检察长、检察长、检委会在办案中的职责权限。除法律明确应当由检察长、检委会行使的职权之外，其他经检察长授权的案件处理决定均由检察官独立作出。不能为了转移风险将本该由检察官独立决定的案件提交检委会决定，也不能将本应提交检委会的案件由检察官、主任检察官或检察长擅自决定。从现行基层检察院检委会审议讨论案件情况来看，存在两个比较突出的问题：一是大量事实清楚、法律适用争议不大的案件进入讨论，如大量的不起诉案件；二是检委会经常讨论案件事实和证据问题。上述问题的存在，影响检委会业务决策的效率和质量。根据司法体制改革突出检察官办案主体地位的需要，应修改相关规定，并建立相关工作机制，把好入口关，严格控制检委会审议讨论案件范围，使检委会对案件的审议讨论表决侧重于重大疑难复杂案件的法律适用问题，并建立辩论机制，解决检委会审议讨论案件不议而决，或各说各话的问题。

2. 严格议题提请时间。为保证检委会委员有充足的时间了解案件内容，防止决策流于形式，应严格执行检委会议事和工作规则的相关规定，除批准逮捕、抗诉等时间较紧迫的案件外，确保议题材料在会前三天发放至各位委员手中。同时，还应明确提请检委会讨论案件必须留有一定的办案期限，防止提交即将到期的案件导致检委会仓促作出决定。

3. 扩大检委会列席范围。公开透明是当前司法程序发展的一个重要趋势，作为检察机关决策的重要程序，检委会决策也应当朝适度公开的方向发展。就目前的法治发展和检察实践来看，邀请非委员身份的人员列席检委会是一个较好的方式，但考虑到检委会讨论案件是检察机关的内部活动，具有一定的保密性，故在完善列席制度时既要注意体现列席效果，又不能随意扩大列席范围。可以在检察机关内部实行适度公开：对本院具有探讨意义的重大疑难复杂案件，可安排业务骨干列席旁听学习；对基层检察机关请示的案件，可安排该院分管检察长和承办人列席。

4. 尝试终局性案件公开听证。以公开促公正，贯彻检务公开原则，增强检委会议案和议事的透明度。安排业务骨干列席之外，还可以邀请法官、律师、法学专家等人列席检委会，扩大检委会的参会人员范围。对权利处分、诉讼程序具有终局性效力的案件，以及社会关注度高争议性大的案件，检委会可以听取侦查人员、犯罪嫌疑人、律师、被害人及其诉讼代理人等对案件的陈述、质证、辩论，以使检委会讨论决定案件在程序上具有更强的正当性和合理性。对于涉及高度专业性问题的案件，可以听取专家就专业方面问题提供的咨询意见，解决相关领域专业知识不足的问题。考虑到检委会委员的人数及工作性质，可以授权由专职委员代为举行听证并对听证过程录音录像，其他委员根据现场情况再综合判断。

5. 落实检委会委员回避制度。检委会成员是法律规定的回避对象，但检委会委员的回避在实践中很少适用，原因并非不存在回避情形，而是因为透明度不高、封闭式运作的特点，当事人知情权得不到保障，申请人难以行使申请回避权。为保证检委会科学公正决策，可以将回避作为讨论前的一个必经程序，由主持人询问检委会委员是否具有法定回避情形，给予委员一个申请自行回避的机会。同时，也可以探索告知当事人对检委会委员申请回避，并充分保障该项权利，使检委会委员依法回避制度得到有效落实。

（三）优化检委会决策机制

1. 议事议案二元化改造。检委会讨论决定的内容主要包括两个方面：一是案件，二是检察业务事项。其中，讨论案件是对具体事实认定和法律适用的过程，这一部分职能理应属于司法职能的范畴；对检察业务事项的讨论主要是对司法解释、工作规范的制定和实施，以及检察工作的部署总结，属于宏观指导方向，这一部分职能更类似于行政职能。因此，可以对检委会进行议事议案二元化改造，在讨论案件时，决策机制应更强调司法属性；在讨论业务事项时，决策机制可以在注重效率的基础上兼顾民主。

2. 加强检委会决策亲历性。可由检委会专职委员在会前对案件进行实体性审查，并在会上对事实证据问题作补充说明，使决策主体能够全面掌握案件信息，对案件作出较为客观准确的判断。在开展实体审查的案件范围方面，主要审查疑难、复杂案件，对简单案件可以不进行会前实体审查；在实体审查方式上，以听取承办人介绍、审阅案卷材料、讯问犯罪嫌疑人等方式为主。另外，可以借助现代通信科技手段，如观看同步录音录像、多媒体还原案发情景，视频听取当事人意见等方式了解案情，增强检委会审议案件的亲历性。

3. 划分讨论与表决程序。实践中，检委会议事议案一般按照承办人汇报、委员提问、委员依次发表处理意见、检察长汇总形成决议的顺序进行。

委员就审议问题通常仅发表一轮意见，没有就不同意见开展辩论，谁的意见正确、谁的意见可以采纳，一般难以分辨。为增强检委会的司法属性，可以划分讨论与表决程序。在讨论程序中，每个委员和列席人员都可以针对议题自由发表意见；对议题涉及的主要问题，应当注意开展充分讨论；遇到分歧时，委员可以针对不同观点进行辩论。在讨论程序结束后，委员可根据讨论情况调整自己的观点，依次对议题进行表决。

【公安改革】

推进执法办案工作的创新与探索

张跃进*

党的十八届四中全会明确提出："推进以审判为中心的诉讼制度改革，确保侦查、审查起诉的案件事实证据经得起法律的检验。"① 这一重大改革举措对侦查办案的程序、证据等要求必然越来越高，检法机关司法审核的要求也必然越来越严。公安机关兼具行政执法和刑事司法双重职能，侦查工作是刑事司法活动的起始阶段，司法改革的压力必然最终要传导到公安机关。如何适应以审判为中心的诉讼制度改革成为当前各地公安机关亟须研究的重要课题。近年来，苏州市公安局通过大力推进执法办案工作创新，不断改进作战模式、执法制度、监督方式和培训考核方法，为规范高效执法奠定基础、提供保障，不仅打击破案能力显著增强，有效提升了群众安全感，而且执法办案质量大大提高，进一步提升了群众法治满意度，主动适应了以审判为中心的诉讼制度改革。

---

* 张跃进，江苏省公安厅党委委员、苏州市副市长、公安局长。
① 《中央关于全面推进依法治国若干重大问题的决定》，http://news.sina.com.cn/c/2014-10-28/180131058286.shtml。

一、改革作战模式，提升实战能力，为规范高效执法提供实力保障

过去，侦查破案往往靠"排查、调查、审查"，审讯靠的是"一吼二问三动手"，取证能力不强。现在，为主动适应诉讼制度改革要求，苏州市公安局紧紧围绕全面、依法收集证据开展侦查活动，侦查破案"一靠基础、二靠机制、三靠科技"，侦查办案质量明显提升。

（一）加强基础建设，从"重显绩"向"重基础"转变

传统侦查办案过度依赖口供证据，甚至引发刑讯逼供、冤假错案等执法问题。现在，苏州市公安局始终把基础建设置于公安工作的重中之重，依托基础工作及时发现、收集、固定各种证据，把执法办案的重心从"抓人"审讯转移到物证收集上来。目前，基础数据已超过70多亿条；市县全部建立DNA实验室，DNA数据量已突破110万，DNA直接破案连续三年超过指纹破案数，直接比中案件数每年近6000起；连续九年将全市社会治安监控系统建设列入市政府年度实事项目，全市视频监控探头达39.5万，道路监控智能抓拍及电子警察系统基本覆盖城市所有主干道、交叉路口和县际以上卡口，为侦查办案提供了强大的基础支撑。

（二）建立系列合成作战机制，从"各自为战"向"集约合成"转变

过去，侦查资源较为分散，侦查办案合力不强、效能不高。近年来，苏州市公安局先后建立合成侦查、合成禁毒等一系列合成作战机制，侦查办案能力显著提升。建立市局合成侦查中心，健全情报信息合成研判、案件线索快速流转、侦查手段同步上案等合成侦查机制，在重大刑事案件侦办中，刑侦、网侦等同步到达现场、同步开展工作，实现"多侦联动"。推动建立合成禁毒机制，坚持情报主导，合成作战，解决各自为战、零敲碎打的问题。通过合成作战机制建设，将各种侦查资源有效汇聚起来，侦查办案效能明显提高。

（三）积极推进大数据、云计算建设应用，从"手工作业"向"智能警务"转变

过去，科技对侦查办案支撑力度不大；现在，苏州市公安局依托信息化

技术，特别是大数据云计算建设应用，着力提高侦查办案的智能化水平。比如，探索开发涉黑涉恶情报研判系统，从债务纠纷、非法拘禁、聚众斗殴等警情（案件）以及信访问题中梳理、挖掘、提取线索，严厉打击可能隐藏其后的涉黑涉恶、寻衅滋事、组织赌博以及非法经营等违法犯罪活动。比如，自主研发机动车影像特征智慧识别与应用系统（又称"蜻蜓系统"，能够自动识别包括 160 个车辆品牌的 1043 个车辆型号）和人像比对系统，实现车辆、人像自动识别，提升侦查破案效能。

二、改革执法制度，细化执法要求，为规范高效执法提供制度保障

过去，由于侧重于打处数据，很多执法办案部门为了凑数据，放低了规范执法要求，甚至产生执法瑕疵问题。现在，苏州市公安局全面调整完善刑事司法工作制度，制定出台《苏州市公安局执法规范标准体系》等一系列工作制度，细化执法职责，明确执法行为标准，确保侦查移送起诉的案件事实证据经得起法律的检验。

（一）建立执法联席会议制度

为及时发现和解决执法中存在的问题，苏州市公安局制定了《执法联席会议制度》，建立由法制部门牵头、各综合部门以及相关执法部门参加的执法联席会议机制，每两月召开会议，通报执法问题，会商基层执法难点，规范重点执法环节，切实保证执法办案质量。

（二）建立执法工作定期通报制度

在市局每个月第一周局务办公例会上，由法制支队全面通报上月全局执法规范化建设情况，分析突出问题，研究工作对策，明确整改措施，进一步提升执法规范化水平。

（三）建立受立案统一管理制度

为规范案件办理，苏州市公安局在县分局建立案管中心，在一线所队建立案管室，对受立案情况统一审核、对待处人员统一跟踪、对未破案件证据材料统一保管、对办案质量统一把关，实现对在处警情、在办案件、在所人员、在扣财物的实时监督管理，着力提高案件办理质量。

（四）建立刑事案件统一审核、统一出口制度

制定下发了《关于刑事案件重点环节归口法制部门法律审核的工作意见》，对刑事案件出口以及适用取保候审、监视居住、提请逮捕、移送起诉等重点环节实行归口法制部门法律审核，切实把好刑事案件流向关、强制措施适用关、嫌疑人出口关，及时发现、纠正问题，提升刑事执法办案水平。

（五）积极推行主办侦查员办案责任制

根据完善司法责任制的客观要求，苏州市公安局实行了主办侦查员定级与办案数量、执法质量挂钩，把每一起案件的侦办责任落实到具体人身上。同时，实行了办案质量终身负责制和错案责任倒查问责制，做到有权必有责、失职要问责、违法要追究，确保案件处理经得起法律和历史的检验。

（六）探索实施刑事和解制度

会同市检察、法院、司法部门联合下发《轻微刑事犯罪案件侦查阶段刑事和解暂行规定》，成立"刑事和解救助协会"，帮助符合条件的弱势群体争取从宽处理和悔罪机会，最大限度减少执法成本，促进社会和谐，转变民警执法理念，更加注重执法为民，注重实现公平正义。

三、改革监督方式，注重信息化应用，为规范高效执法提供监督保障

在"以审判为中心"的诉讼制度下，不但证据的收集受到监督，而且一切执法办案活动都要经得起法庭，特别是辩方的推敲、质疑、询问，监督力度越来越大。近年来，苏州市公安局充分发挥科技信息化优势，实行人工监督与智能监测相结合，实现对执法办案过程的全程化、全天候监督，促使执法办案活动变得更加规范和透明。

（一）加强流程控制

全面开展警务流程再造工程，加强对关键节点的控制和考核，使整个警务活动都有规定动作并全程可控，从源头上解决执行力不高、体外循环、案件久拖不决等问题。依托自主研发"警务流程监督管理系统"，对24个流程项目400多个关键控制环节的平台数据进行实时监控，及时查缺补漏，最大限度减少执法办案瑕疵，确保案件办理的每一个环节都符合依法办案、公

正司法的要求。

（二）强化实时监督

全面实现网上办案，从接处警开始全面录入"大平台"执法办案系统，严格落实"三个必进"（执法信息进平台、审查人员进场所、涉案财物进系统）；开发执法服务管理平台，对"在处警情、在办案件、在用措施、在审人员、在管财物"开展网上巡查，及时发现、堵塞执法隐患和漏洞；推进执法办案场所同步录音录像工作，研发门禁开关系统、画中画功能、防篡改水印等功能，并做到远程实时监控，促使办案人员更为自觉地按照法定程序和审判标准收集、固定和移送证据，确保案件办理质量。

（三）推动执法公开

开发执法告知系统，公开警务执法行为全流程，刑事案件的受害人、犯罪嫌疑人及其家属，可以直接在派出所终端查询机上、互联网上实时查看处警受立案、行政办案、刑事执法情况，并对办案情况开展满意率测评、公正率测评，将执法办案情况始终处于有效的监督之下，促使每一位执法办案人员严格按照法律规定办事，按法律规定行使权力。

四、改革培训考核，提升法治素养，为规范高效执法提供素质保障

"以审判为中心"的诉讼制度改革打破了"以侦查为中心"的传统工作模式，强调以审判标准来要求和规范执法办案标准，这必然对执法主体的能力素质提出更高的要求。近年来，苏州市公安局持续加强执法主体能力建设，着力提升全体民警的规范执法水平和依法履职能力，努力适应"以审判为中心"的诉讼制度改革新要求。

（一）丰富领导干部学法方式

紧紧抓住领导干部这个"关键少数"，不断健全完善领导干部学法用法制度，每月组织局领导班子成员、各部门负责人集中学习新颁布法律法规、与公安执法有关的规范性文件。通过举办领导干部专题培训班、领导干部执法大讲堂，专题学习重要法律法规。另外，还建立健全公安机关负责人出庭应诉制度和所队长办案制度，充分发挥领导干部学法、用法的模范带头作

用，不断提升运用法治思维和法治方式解决问题、推进工作的能力。

（二）建立法制员队伍

为加强执法管理，提高执法办案质量，全力推进执法规范化建设，苏州市公安局在市局机关部门和所有有办案职能的单位全部设置法制员，形成两层四级、覆盖全市执法所队的法制员队伍，负责案件审核、监督管理、信息监管、指导服务，为规范执法办案提供有力保障。

（三）构建执法办案咨询组

为进一步整合全局执法办案资源，提升整体执法水平和攻坚克难能力，苏州市公安局在市局、分局以及刑警、治安、交警、网警等主要业务警种成立两级执法办案咨询组和相关警种执法办案咨询组，制定《苏州市公安局执法办案咨询组议事规则》，为侦办新型犯罪、疑难复杂案件提供法律服务。

（四）加强执法教育培训

通过研判剖析典型执法问题和案件，加强警示教育，引导全体民警牢固树立法律意识、证据意识、程序意识和自觉接受监督意识。针对不同工作岗位，围绕重点执法环节，强化警种部门专业培训，做到无缝对接实战、全面给力实战。同时，鼓励民警参加高等级执法资格考试和司法考试，对合格者予以嘉奖，激发民警自觉学法用法的积极性，不断提升全体民警法律素养和执法能力。

（五）制定"五度"考核办法

为引导全警上下牢固树立证据意识、人权意识，坚守法律底线，苏州市公安局改革调整了传统绩效考核办法，不再单纯追求打击数字，而是着眼规范执法。通过制定"五度"考核体系（人民群众满意度、治安掌控度、警营和谐度、资源整合和能力提升度、党委政府和上级公安机关认可度），把人民群众的安全感和满意度放在首位，占比达40%。同时，我们坚决不向派出所下达打处指标，切实把工作重心从数字GDP转移到提升人民满意度和提高执法质量上来。

浅议刑事案件在公安
侦查阶段的案件管理

张新军*

2012 年 3 月 14 日第十一届全国人民代表大会第五次会议通过的最新刑事诉讼法修正案，将《刑事诉讼法》第二条中华人民共和国刑事诉讼法的任务修改为："保证准确、及时地查明犯罪事实，正确应用法律，惩罚犯罪分子，保障无罪的人不受刑事追究，教育公民自觉遵守法律，积极同犯罪行为作斗争，维护社会主义法制，尊重和保障人权，保护公民的人身权利、财产权利、民主权利和其他权利，保障社会主义建设事业的顺利进行。"

相对于 1979 年《刑事诉讼法》而言，该修正案增加了对"尊重和保障人权，保护公民的人身权利、财产权利、民主权利和其他权利"。同时，该修正案将《刑事诉讼法》第三十三条修改为："犯罪嫌疑人自被侦查机关第一次讯问或者采取强制措施之日起，有权委托辩护人；在侦查期间，只能委托律师作为辩护人。被告人有权随时委托辩护人。""侦查机关在第一次讯问犯罪嫌疑人或者对犯罪嫌疑人采取强制措施的时候，应当告知犯罪嫌疑人有权委托辩护人……犯罪嫌疑人、被告人在押期间要求委托辩护人的，人民法院、人民检察院和公安机关应当及时转达其要求。""犯罪嫌疑人、被告人在押的，也可以由其监护人、近亲属代为委托辩护人。""辩护人接受犯罪嫌疑人、被告人委托后，应当及时告知办理案件的机关。"

《刑事诉讼法》修正案通过后，如何落实上述规定，是各个刑事诉讼参与人不得不面对的课题。具体到刑事案件侦查阶段，作为办案机关的公安机

---

* 张新军，北京德宝律师事务所律师。

关、犯罪嫌疑人及犯罪嫌疑人权利臂膀的律师如何在办案过程中正确履行职权，统一办案程序，确保办案质量，提高办案效率及行使自己的权利？笔者作为律师，现结合刑事案件中的执业实践，就公安机关侦查阶段办案中的些许问题提出如下建议。

一、加强犯罪嫌疑人拘留、逮捕的告知管理

《刑事诉讼法》修正案将第六十四条改为第八十三条，第二款修改为："拘留后，应当立即将被拘留人送看守所羁押，至迟不得超过二十四小时。除无法通知或者涉嫌危害国家安全犯罪、恐怖活动犯罪通知可能有碍侦查的情形以外，应当在拘留后二十四小时以内，通知被拘留人的家属。有碍侦查的情形消失以后，应当立即通知被拘留人的家属。"

暂且不论"无法通知或者涉嫌危害国家安全犯罪、恐怖活动犯罪通知可能有碍侦查的情形"等案件的具体标准或准则是什么，但就法律规定应当通知案件类型来说，具体的"通知"的操作程序就是模糊的。而现实情况是，部分公安机关的办案部门，为了在短时间内迅速突破犯罪嫌疑人心理防线，拿下口供，以各种理由不予通知犯罪嫌疑人家属。致使有些当事人家属找到律师后，还不知道自己亲属被哪个公安部门拘留了，因为涉嫌什么罪被拘留了，甚至不知道被拘留在哪里。这不仅给犯罪嫌疑人家属带来沉重的心理负担，更不利于犯罪嫌疑人合法权益的及时维护，也阻碍了律师会见或为犯罪嫌疑人提供法律帮助职能的行使；更谈不上落实《刑事诉讼法》修正案第三十三条："犯罪嫌疑人自被侦查机关第一次讯问或者采取强制措施之日起，有权委托辩护人。"

在"通知家属"程序上，笔者建议，首先应当限定"无法通知"的适用。其次当犯罪嫌疑人能够提供家属详细住址或电话时，按照犯罪嫌疑人提供的家属住址或电话通知，犯罪嫌疑人无法提供家属详细地址的，按照公安信息系统常住人口基本信息中户籍登记地址邮寄通知。即使按照上述方法仍然无法通知的，办案部门应当在办案机关所在地设置"案件查询窗口"，便于犯罪嫌疑人家属或律师在得知罪犯嫌疑人被拘留或被逮捕的消息时，凭列明的相关证件或手续及时查询落实犯罪嫌疑人涉嫌的罪名与办理会见手续等。

二、律师会见权的落实与管理

侦查阶段会见权作为辩护权的重要组成部分，直接决定着辩护权行使的效果，关系到被追诉人基本权利及其他合法权益的实现。《刑事诉讼法》修正案第三十七条"辩护律师可以同在押的犯罪嫌疑人、被告人会见和通信。""辩护律师持律师执业证书、律师事务所证明和委托书或者法律援助公函要求会见在押的犯罪嫌疑人、被告人的，看守所应当及时安排会见，至迟不得超过四十八小时。""危害国家安全犯罪、恐怖活动犯罪、特别重大贿赂犯罪案件，在侦查期间辩护律师会见在押的犯罪嫌疑人，应当经侦查机关许可。"

刑事案件办案过程中，会见难屡见不鲜。究其原因，根本在于作为办案机关的公安机关，在落实《刑事诉讼法》任务过程中，单方面的偏好"准确、及时地查明犯罪事实，惩罚犯罪分子"，而忽略了"保障无罪的人不受刑事追究"。依据固有传统观念，把律师对立面化，把律师当成自己短时间内迅速办案的天敌，甚至把律师当成帮助犯罪分子逃脱罪责的帮凶。

笔者在此不去论述办案机关这种偏好的对错是非。从现实考量，"屁股决定脑袋"的设置，让律师更多的偏好"犯罪嫌疑人无罪或最轻"的证据与信息。律师的这种偏好与公安机关的偏好在具体案件中，形成对立统一：在对立中，发现寻找己方想要的证据和信息，完成自己的偏好；在统一中发现、还原案件事实的真相，给犯罪嫌疑人一个罪刑均衡的刑事处罚。

站在犯罪嫌疑人权利维护角度，笔者就律师会见方面作如下建议：

第一，限定"许可会见"的犯罪的适用范围

《中华人民共和国律师法》（2008 年 6 月 1 日实施）第三十三条规定："犯罪嫌疑人被侦查机关第一次讯问或者采取强制措施之日起，受委托的律师凭律师执业证书、律师事务所证明和委托书或者法律援助公函，有权会见犯罪嫌疑人、被告人并了解有关案件情况。"《刑事诉讼法》修正案原则上采纳了律师法的相关规定，但对律师法赋予的会见权作出了一定的限制，规定危害国家安全犯罪、恐怖活动犯罪、特别重大贿赂犯罪三类案件，在侦查期间辩护律师会见在押的犯罪嫌疑人，应当经侦查机关许可。

笔者在此不论述《刑事诉讼法》规定上述三类犯罪案件会见许可制度的合法性与合理性，还是从现实考量，建议相关部门明确上述三类罪的划分标准。尤其是"重大贿赂犯罪"的量化标准，是从案件涉及金额上考量，还是从社会影响角度考量？标准划定后，有关办案机关严格按照该标准适用"许可会见"，不能肆意扩大许可会见范围。同时，办案机关亦必须明确"审查"许可的期间，避免"久拖不见"。

第二，保证会见时间

修正后的《刑事诉讼法》没有对律师会见在押犯罪嫌疑人的次数、时间作出规定。实践中，往往出现侦查机关随意限制律师会见在押犯罪嫌疑人的次数和时间，使律师和犯罪嫌疑人没有充分交流，不利于律师发现案件事实真相（更或是涉及犯罪嫌疑人无罪或最轻的相关证据材料与信息）。

第三，明确会见内容

修正后的刑事诉讼法，对律师在侦查阶段会见犯罪嫌疑人向其了解的内容作出了规定，即"可以了解案件有关情况，提供法律咨询等。"这说明，在侦查阶段，律师了解的内容与案件移送审查起诉后有所不同，但该规定不够明确，需要进一步明确。

三、移送"移送审查"的通知管理

办案实践中，经常出现律师三天两头向侦查机关和审查起诉机关打听，侦查人员经常出差，检察院找不到承办人。修正后的《刑事诉讼法》第一百六十条规定，公安机关侦查终结的案件，应当做到犯罪事实清楚，证据确实、充分，并且写出起诉意见书，连同案卷材料、证据一并移送同级人民检察院审查决定；同时将案件移送情况告知犯罪嫌疑人及其辩护律师。

该修正案明确提出公安机关侦查终结，"将案件移送情况告知犯罪嫌疑人及其辩护律师"，不仅是律师辩护程序权利的又一重大进步，更有利于辩护律师履行职责，切实保障犯罪嫌疑人合法权益。

【司法传统】

《太平经》中的司法观

王谋寅*

成书于汉代的《太平经》是早期道教的重要经典。① 该书卷帙浩繁，内容庞杂，涉及宇宙观、神学理论、政治思想、炼养方术等诸多方面，学者们在宗教学、政治学、伦理学、语言学的视界中展开了杰出的研究，取得丰硕成果。不过，美中不足的是，目前尚未有学者系统考察《太平经》的司法思想，鉴于此，笔者不揣浅陋，拟就《太平经》的司法思想作一探析，祈请方家指教。

一、"致太平"的司法目的论

《太平经》孜孜以求的是建立一个"太平"世界。何谓"太平"？《太平经》从多方面进行了论说：

> 太者，大也，乃言其积大行如天，凡事大也，无复大于天者也。平者，

---

* 王谋寅，法学博士，同济大学马克思主义学院副教授。
① 学术界大多认为《太平经》成书于东汉后期，它非一时一人之作，而是经历了一个集体撰写与增修的过程。《太平经》原有一百七十卷，但在流传过程中多有散佚，明《正统道藏》仅收录了残存的五十七卷。当代学者王明综合利用有关文献资料，编成《太平经合校》，大体恢复了全书的原貌。

乃言其治太平均，凡事悉理，无复奸私也；平者，比若地居下，主执平也，地之执平也。①

太者，大也；平者，正也。②

天气悦下，地气悦上，二气相通，而为中和之气，相受共养万物，无复有害，故曰太平。③

其治日兴太平，无有刑，无穷物，无冤民。④

平之为言者，乃平平无冤者，故为平也。⑤

概言之，"太平"意即最大的公平、均平、和平。在"太平"社会里，阴阳和顺，国泰民安，政治清明，司法公正，人们共享财富，互爱互助。这是《太平经》热切企盼的理想社会模式。

然则"太平"理想何以实现？在《太平经》的作者看来，"致太平"的根本条件是"三气"的和谐相通。"三气"指由元气分化而成的天之太阳气、地之太阴气、人之中和气。在宇宙生成论方面，《太平经》继承了老子道论的基本观点，以"道"为宇宙的本原及其运动变化的总规律；同时，它也吸纳了汉代流行的元气说，认为天地万物是元气依照"道"的法则化生出来的。元气有"太阳、太阴、中和"三名，三气的交合形成天地万物，三气的和谐则是"太平"的基础。《太平经钞乙部·和三气兴帝王法》云：

元气有三名，太阳、太阴、中和。……则三气合并为太和也。太和即出太平之气。断绝此三气，一气绝不达，太和不至，太平不出。⑥

当太阳、太阴、中和气的融通达到"太和"——最和谐的状态，"太平气"就会出现，"太平气"的出现则意味着人类社会步入太平盛世，"天上皇太平气且至，治当太平"⑦。在此过程中，人们并非只能消极等待"太平气"的到来；相反，人的行为乃是"太平气"降临的关键因素，"太阴、太

---

① 王明编：《太平经合校》，中华书局1960年版，第148页。下引该书，仅注页码。
② 王明编：《太平经合校》，第148页。
③ 王明编：《太平经合校》，第149页。
④ 王明编：《太平经合校》，第206页。
⑤ 王明编：《太平经合校》，第451页。
⑥ 王明编：《太平经合校》，第19—20页。
⑦ 王明编：《太平经合校》，第125页。

阳、中和三气共为理，更相感动，人为枢机"①。《太平经》反复强调君臣民应当各尽其职，并力同心，其中有大量篇幅讨论统治者的施政行为，司法问题也被提及。

《太平经》认为，司法的最终目的在于促成"太平气"的到来，实现人类的"太平"理想。为此，司法应以宽平为导向，因为冤狱和滥刑会严重影响阴阳的和谐，搅乱太平之气：

无妄伤害，则乱太平之气，令治愤愤。②

欲得天地心者，乃行道与德也。故古者圣贤，乃贵用道与德，仁爱利胜人也，不贵以严畏刑罚，惊骇而胜服人也。以此邪枉安威骇服人者，上皇太平气不得来助人治也。③

明刑不可轻妄用，伤一正气，天气乱；伤一顺气，地气逆。④

时气不和，实咎在人好杀伤，畋射渔猎，共兴刑罚，常有共逆天地之心意。⑤

帝王其治不和，水旱无常，盗贼数起，反更急其刑罚，或增之重益纷纷，连结不解，民皆上呼天，县官治乖乱，失节无常，万物失伤，上感动苍天，三光勃乱多变，列星乱行。⑥

太阳气（天）、太阴气（地）、中和气（人）是一个相互感应、相互沟通的有机整体，司法的冤滥势必影响天地的运行和阴阳的和合，进而阻断"太平气"的降临。这样，司法问题就显得非常重要了。那么，如何防止冤狱的产生与刑罚的滥用呢？《太平经》将希望寄托在力行道德的君主与清正仁慈的官吏身上。《太平经》强调君主应当"正""平"，"天子者，天之心也；皇后者，地之心也。夫心者，主持正也"⑦，"天地调则万物安，县官（汉称天子为县官——引者注）平则万民治"⑧。君主不应以刑杀取威，"古

---

① 王明编：《太平经合校》，第18页。
② 王明编：《太平经合校》，第385页。
③ 王明编：《太平经合校》，第144页。
④ 王明编：《太平经合校》，第109页。
⑤ 王明编：《太平经合校》，第672页。
⑥ 王明编：《太平经合校》，第23页。
⑦ 王明编：《太平经合校》，第219页。
⑧ 王明编：《太平经合校》，第18页。

者圣人君子威人以道与德，不以筋力刑罚也"①。《太平经》充分认识到各级官吏对于司法宽平的重要性，人君"不详择其臣，民多冤而乱生焉，去治渐远"②。职是之故，《太平经》主张帝王应当选用有德行的仁慈之人担任官吏，"上古帝王之任臣，常求慈仁，好长养万物与为治"③，"上古圣帝王将任臣者，谨选其有道有德，不好杀害伤者"④。

总之，《太平经》依托元气论和天人感应论，将司法问题置于天地人的系统中进行考量，指出司法的最终目的是"致太平"。

二、"重生惜命"的司法价值论

《太平经》极力肯定和珍惜人的生命价值，高扬"乐生""重生"的思想，"人乃道之根柄，神之长也"⑤，"要当重生，生为第一"⑥，"人命至重，不可须臾"⑦，"死生重事，不可妄也"⑧。基于这样的认识，《太平经》将"重生惜命"视为司法的核心价值。

《太平经》从天道的高度阐述了"乐生""重生"伦理观的合理性和正当性，它认为，"好生恶杀"是天道的体现：

> 天乃好生不伤也。⑨
>
> 夫道者，乃与皇天同骨法血脉，故天道疾恶好杀，故与天为重怨。⑩
>
> 天道恶杀而好生，蠕动之属皆有知，无轻杀伤用之也。⑪
>
> 天之法，不乐害伤也。⑫

---

① 王明编：《太平经合校》，第107—108页。
② 王明编：《太平经合校》，第25页。
③ 王明编：《太平经合校》，第705页。
④ 王明编：《太平经合校》，第207页。
⑤ 王明编：《太平经合校》，第12页。
⑥ 王明编：《太平经合校》，第613页。
⑦ 王明编：《太平经合校》，第153页。
⑧ 王明编：《太平经合校》，第207页。
⑨ 王明编：《太平经合校》，第32页。
⑩ 王明编：《太平经合校》，第166页。
⑪ 王明编：《太平经合校》，第174页。
⑫ 王明编：《太平经合校》，第304页。

天道好生，以安上也。①

天者好生道，故为天经。②

同时，《太平经》运用阴阳学说，进一步论证了"天道好生"的命题，并采取类比方法，赋予为政者生养民众的神圣职责：

道者，天也，阳也，主生；德者，地也，阴也，主养。……夫道兴者主生，万物悉生；德兴者主养，万物人民悉养，无冤结。③

天阳主生也，地阴主养也。……君，阳也，主生；臣，阴也，主养。④

阴阳是中国古代表示对立统一关系的一对哲学基本范畴。在道—德关系中，道为阳，德为阴；在天—地关系中，天为阳，地为阴；在君—臣关系中，君为阳，臣为阴。阳的主要属性是生，阴的主要属性是养。由于君为阳，故与道、天相应，职在施生；臣属阴，故与德、地相应，职在助养。此外，《太平经》还借助五行理论来申说君之属性。以五行配五方，东方属木，万物始生，南方属火，万物兴盛，故《太平经》称"东方者好生，南方者好养"，"东方为道，道者主生；南方为德，德者主养"；而"木与火动者"是君之象，所以，"夫天法，帝王治者常当以道与德。"⑤ 于是，对于统治者来说，生养人民便成为天经地义的神圣使命了。

既然天道恶杀而好生，那么人间的统治者自然应当将之贯彻于治国实践中。《太平经》认为，治国当以教化为先，刑罚只有万般无奈时才可使用，"夫严畏智诈，但可以伏无状之人，不可以道德降服而欲为无道者，当下此也"⑥，"古者圣王知天法象格明，故不敢妄用刑也，乃深思远虑之极也"⑦。《太平经》强调，司法人员务必要以"重生惜命"为出发点，谨慎公正地施用刑罚：

君国子民，当为教道，导其善恶，务得情实。无夭人命，绝人世类，刑从其刑，数见贤智，以为首尾。……慎无贪杀，当时自可，后被其患。吏无

---

① 王明编：《太平经合校》，第307页。
② 王明编：《太平经合校》，第307页。
③ 王明编：《太平经合校》，第218—219页。
④ 王明编：《太平经合校》，第220页。
⑤ 王明编：《太平经合校》，第262—263页。
⑥ 王明编：《太平经合校》，第144页。
⑦ 王明编：《太平经合校》，第385页。

大小，正卒因缘，宜明其事，勿为民之所患。①

各级司法人员一定要查明案件的真相，公正地裁判，切忌一时性起，任情害民。在《太平经》卷四十《乐生得天心法》中，天师列举了君主效法皇天而为的八项要务，其中涉及司法原则：

> 其次人既陷罪也，心不欲深害之，乃可也。其次人有过触死，事不可奈何，能不使及其家与比伍，乃可也。其次罪过及家比伍也，愿指有罪者，慎毋尽灭煞人种类，乃可也。②

在此，《太平经》从"人命至重"的理念出发，提出了司法审判的三项具体原则：一是毋轻罪重判；二是有人犯了死罪，不得株连其亲属和邻居；三是倘若牵涉到罪犯的亲属和邻居，那也只能查办确应承担法律责任的人，切莫把同族人和所有邻居都处死。这些原则是对暴虐司法的拒斥，反映了"重生惜命"的司法价值观，其中对于连坐之法的否定更是闪烁着人道主义的光芒。

三、"增寿减年""流及子孙"的法官报应论

善恶自有报应的思想在中国古代由来已久。《尚书·汤诰》有"天道福善祸淫"之说，《周易·坤·文言》称："积善之家，必有余庆；积不善之家，必有余殃。"汉代纬书又衍生出天地神灵监督人的善恶行为并予以奖惩的思想，《河图·纪命符》云："天地有司过之神，随人所犯轻重，以夺其算纪。恶事大者，夺纪；过小者，夺算。随所犯轻重，所夺有多少也。人受命得寿，自有本数。数本多者，纪算难尽，故死迟。若所禀本数以上，而所犯多者，则纪算速尽而死早也。"道教继承和发展了中国本土的善恶报应思想，提出了"善自命长，恶自命短"和"承负"说，并将之与司法官吏的行为联系起来，形成了"增寿减年""流及子孙"的法官报应论。

作为道教经典，"乐生""长生"是《太平经》的重要旨趣。《太平经》虽有先天命定的观念，但亦强调后天因素对寿命的影响。通过行善积德，人

---

① 王明编：《太平经合校》，第 568 页。
② 王明编：《太平经合校》，第 80 页。

的寿命可以延长，甚至能够长生成仙，"如有大功，增命益年"①，"务道求善，增年益寿，亦可长生"②。由此，《太平经》得出了"善自命长，恶自命短"③ 的结论。对于司法官员来说，草菅人命、酷刑伤民是大过，会折损其寿，《使能无争讼法》对此进行了详细的论说：

> 所以寿多者，无刑不伤，多伤者乃还伤人身。故上古者圣贤不肯好为刑也，中古半用刑，故寿半，下古多用刑，故寿独少也。刑者其恶乃干天，逆阴阳，畜积为恶气，还伤人。故上古圣贤不重用之者，乃惜其身也；中古人半愚，轻小用刑故半，贼其半；下古大愚，则自忽用刑，以为常法，故多不得寿，咎在此。④

《太平经》在此提出了一个重要观点：杀伤人等于自杀伤。这是因为，一方面，"好用刑乃与阴气并，阴者杀，故不得大寿"⑤；另一方面，人的行为无所逃脱于天地之间，司法官员滥用刑罚致人伤亡的行为违背了"乐生恶死"的天地之性，属于严重的恶行，故神灵减其年寿。《太平经》建立了完备的神灵监察体系，天地之间有许多神灵，甚至人身中也驻有神灵，他们无时无刻不在关注人的一言一行，并将之记录于册：

> 何为作恶久灭亡？自以当可竟年，不知天遣神往记之，过无大小，天皆知之。簿疏善恶之籍，岁日月拘校，前后除算减年。⑥

> 为善亦神自知之，恶亦神自知之。非为他神，乃身中神也。⑦

这就是说，每个人的所作所为尽在天神的掌握之中，天神用簿籍记录人之善恶功过，定其年命长短，行善增年，为恶减岁。人的行为不仅关系到其寿命的长短，还能影响子孙后代的祸福。《太平经》卷三十九《解师策书诀》提出了"承负"说：

> 不知承与负，同邪异邪？然，承者为前，负者为后；承者，乃谓先人本承天心而行，小小失之，不自知，用日积久，相聚为多，今后生人反无辜蒙

---

① 王明编：《太平经合校》，第 537 页。
② 王明编：《太平经合校》，第 569 页。
③ 王明编：《太平经合校》，第 525 页。
④ 王明编：《太平经合校》，第 206—207 页。
⑤ 王明编：《太平经合校》，第 207 页。
⑥ 王明编：《太平经合校》，第 526 页。
⑦ 王明编：《太平经合校》，第 12 页。

其过谪，连传被其灾，故前为承，后为负也。负者，流灾亦不由一人之治，比连不平，前后更相负，故名之为负。负者，乃先人负于后生者也。①

今人的境况与其先人的行为具有关联，而今人的行为同样会给其子孙后代带来重要影响。与佛教强调自业自报、自作自受的报应论相比，道教的"承负"说将报应的对象扩展至家族后人，认为报应的承担者不止于行为主体本人，在报应未尽的情况下，其子孙后代也要承受报应的后果，这反映了中国文化重宗嗣的传统。《太平经》告诫好用刑者："夫人者，乃天地之神统也。灭者，名为断绝天地神统，有可伤败于天地之体，其为害甚深，后亦天灭煞人世类也。为人先生祖父母不容易也，当为后生者计，可毋使子孙有承负之厄。"② 滥杀人会损坏天地之体，危害特别深重；到后来，上天就用灭绝门户的方式来严厉惩治滥用刑罚者，所以世人应当慎重行事，不要让子孙有那承负的灾厄。《太平经》中的法官报应论在中国古代颇具影响力，对于遏制司法的酷虐起到了一定的作用。

结　语

《太平经》站在宗教神学的立场，吸纳糅合儒墨道法诸家的治世思想，其中包含丰富的司法思想。《太平经》依托元气论和天人感应论，将司法问题置于天地人的系统中进行考量，指出司法的最终目的是"致太平"；《太平经》极力肯定和珍视人的生命价值，从天道的高度论证了"重生""好生"的正当性，强调司法应贯彻"好生"之天道，以"重生惜命"作为核心价值；《太平经》建立了完备的神灵监察体系，天神用簿籍记录人之善恶功过，行善增年，为恶减岁，而滥刑属于严重的恶行，好用刑罚者不能长寿，倘若杀戮过重，还会影响子孙后代的祸福。《太平经》的司法思想蕴含着人道、和谐的精神，是可资借鉴的传统司法资源。

---

① 王明编：《太平经合校》，第 70 页。
② 王明编：《太平经合校》，第 80 页。

《刑案汇览》中的判例适用研究

李 杰*

"判例"这一汉语概念源自日文汉字。早期英和词典中，特别强调相关词语具有"例"的意义。19 世纪末，日语中开始出现"判决例"这一概念，如 1888 年起由裁判杂志陆续出版的《大审院判决例》系列在描述中国的状况时，也用"判决例"来说明当时清代的"成案"制度。至 20 世纪初以后，"判决例"一词日渐式微，而"判例"使用更趋广泛。清人对高级裁判机构，特别是刑部和皇帝对重大刑事案件的意见非常重视。从清代对成案进行大量汇编的情况可以看出，它是从侧面清晰地反映出了当时各级司法官员对于旧案的态度和需求。① 一方面，是基于遵循先例在司法实践中所发挥的作用，也就是"即有判决对未来案件裁判产生影响"；另一方面，在某种程度上体现出了法官在司法实践中对于经验判决的肯定和尊重。

一、遵循先例

判例并未在传统中国的司法体系中形成制度，主要原因是中国传统法律体系特别注重维护成文法的稳定性。明洪武二十五年（公元 1392 年），刑部奏律条与条例不同者宜更定，明太祖以律条不可改，不从。② 清代在乾隆

---

* 李杰，法学博士，济南市委党校讲师。

① 王志强：《中国法律史叙事中的"判例"》，载《中国社会科学》2010 年第 5 期，第 137—139 页。

② 怀效锋点校：《大明律》，法律出版社 1999 年版，第 5 页。

五年（公元 1740 年）完成定律后，律文便不再变动，只每隔一段时期酌修条例。① 虽然律文的不可变动在维护成文法的稳定性上效果凸显，但却不得不面对律文逐渐落后于社会生活的变化，导致纯粹依据律文进行的司法裁量出现困难。明清两朝采用的策略基本同一，既用例的不断修订与变动来响应社会现实，已备司法裁量之需，而大量定例的来源便是判例。因此，判例的产生，多是成文法的例外情况，从某种意义上说，它甚至可能与成文法构成了一定的冲突。然而，判例确为司法实践所需，并为司法审判提供了成文法形式之外的依据，此点在清代中央级的案例汇编《刑案汇览》中得到了较为清晰的体现。下文将详尽分析判例在司法实践中的法律效力和在司法裁断中作为判决依据的适用模式。

（一）法律渊源

成文法的稳定性与社会变动的复杂性及人性的多维之间，需要维持一种适当的张力，以保证法律在规制社会秩序上的可能。在一个相对成熟且良性运行的法律体系中，需要一种能够补充正式法律条文的辅助性法律形式来保持这种"张力"。"例"作为法律规则的一种，承担了对基本法律规则"律"的补充作用。"例"的来源有二：其一是皇帝的诏令，其二是刑部就具体案件做出的并经过皇帝批准的司法判决。② 在这两种来源中，后一种更为普遍，因为皇帝的诏令并非凭空创设，而是有其现实指向性，多为就现实问题抽象总结进行概括所形成的具有普适性的规则。然而，正如苏亦工教授在谈到条例、判例与判例法的关系时所言："绝大多数清代案例或判例并不必然享有法源的地位。只有个别判例譬如某些成案，有时可以被接受为一种法源，但成案的地位很不可靠"③。在很多情况下，成案的适用与否完全取决于刑部的决议，而刑部的决议本身就具有或然性因素，故直接导致了成案适用带有的不确定性。在《刑案汇览》中，明确、清晰地表明该案判决已被纂例，以之严格筛选出完全意义上被称为法律渊源的判例，数量其实是相当有限的。据笔者统计，《刑案汇览》中案例的判决被明确纂例的有 109

---

① 田涛、郑秦点校：《大清律例》，法律出版社 1999 年版，第 6 页。

② ［美］D.布迪、C.莫里斯：《中华帝国的法律》，朱勇译，江苏人民出版社 2003 年版，第 46 页。

③ 苏亦工：《明清律典与条例》，中国政法大学出版社 2000 年版，第 217 页。

个，其中，通行已纂例的有 75 个，说帖已纂例的有 19 个。包括修例时比照原帖判决加减定拟的，如《刑案汇览》卷 33·威逼人致死·尸水灌人口内致令气愤自尽案，为嘉庆元年的说帖，重伤而非致命系嘉庆六年定例，是以此案量减拟徒；包括修例时增添适用对象的情况，如《刑案汇览》卷 49·子孙违犯教令奸·夫拒毙奸妇之翁其姑匿报案，是年修例添出子孙之妇有犯悉与子孙同科；还包括先由说帖被定为通行，再将通行纂例的情形，如《刑案汇览》卷 40·妻妾殴夫同·姓为婚将妻殴死案，为乾隆四十年说帖，已通行，嗣于嘉庆十三年定有专例，载嫁娶违律主婚媒人入罪条。其他现审案已纂例的有 15 个。上述对定例时所做的加减变通以及对时间跨度的考虑，说明原有的判决在很大程度上更像是为今后类似案件提供的参照和指导，其本身也需要不断地完善。上文之列举，表明了在中国古代判例作为法律渊源的存在受到了相当程度的限制。也即是说从严格的对法律渊源的界定（由国家强制力保证实施的能够产生法的效力的文本或条款才可能成为法的渊源）角度来看，[①] 判例在中国古代的司法活动中难于被认定为独立的实质性的法源。因此，本文的研究不侧重考察判例在司法实践中应然的"应有的作用"，而是侧重考察判例的"原本的作用"，也即判例在司法实践中的实然性作用。

（二）法律效力

《刑案汇览》中的案例并未明确揭示出判例在清代法律体系中的地位及其效力，这就导致先例的法律效力在很大程度上带有了随意性。也就是说，先例是否具有效力，并非出自法律的明确规定，而是取决于刑部的推理和最终议定。如嘉庆七年，云南省黄老九纠窃王刘氏家，敫文祥临时行强一案。该案的难点在于确定黄老九行为的法律性质——是否属于强盗。云南巡抚以乾隆二年浙江省俞五案为先例拟判，但刑部却认为"远年成案，不准援引比照，该抚舍现行正条，率引未经通行之旧案，殊属违例"，[②] 以此为由进行改判的同时也否定了先例的法律效力。又如嘉庆十五年，徐贵长等发掘朱尚名孙女尸身惨毁图诈案，在判决中便援引了乾隆二十年河南省贾士桀偷刨

① 参见张文显主编：《法理学》，高等教育出版社 2011 年版，第 53 页。
② 《刑案汇览》卷 14·刑律·贼盗·强盗·既经入室虽不搜赃亦应斩决，《刑案汇览全编》（全十五册）点校本，法律出版社 2007 年版，第 0831—0833 页。

贾复智无棺尸身案作为先例，刑部对此表示"虽系远年成案，第立论甚为平允，既有成案足依，似可照覆"。① 与上一案不同的是，本案中时间不再是先例适用的前提，远年成案亦获得了刑部的认可。即便司法实践中判例能否适用有着多维视角的考虑，但至少在这两个案件中刑部对"远年成案"的适用并未体现出任何规律，而是带有对当下个案具体考察的不确定性。甚至是在同一案件中，也出现了这样的情况。如嘉庆二十二年，河南省周家恒纠抢犯奸妇女周氏并刃伤雇工刘万春案。在该案中引用了数个先例，其一是发生于嘉庆八年的直隶杨士信案，其在新例纂定之前，由于溯及力的问题不足为据。而发生于乾隆四十七年，更早于新例纂定的刘振常与蒲老严案却获得了溯及力，刑部对赋予更早判例溯及力的解释是因其判决"特思彼时虽尚未定有伙抢妇女拒捕杀人之例，而抢夺杀人，拟斩立决已有专条，此二犯均为立予斩决，是从前抢夺妇女即不与抢夺财物一例科罪，已可概见"。② 纵然刑部的理由具有实质上的判明力，但以此获得的判明力却具有模糊性，因为在同一案件中刑部对先例的取舍并没有体现出明晰的，可据以运用于其他案件中的准则，"远年成案"究竟效力几何至少从刑部的"自述"中并无标准可依。显然，如若单纯以效力及"确定性"的法源式运用来评估《刑案汇览》中判例适用的进路，就可能会低估判例在司法审判中的实际作用和价值。

在司法实践中，刑部绝大多数时候只是进行法律审理，甚少参与案件的事实审理。在先例记录的内容上，"中国的关注点在于刑部等高级司法机关的书面意见，完全没有庭审过程的记述"，③ 如果认定事实清楚，适用法律正确，量刑适当，刑部会以"洵属允协，似应照办"或"情罪相符，似可照覆"等语批准拟判；如果适用法律不当，或者量刑畸轻畸重，刑部会直接改判；如果事实不清，会要求原审官员查明事实，另行上报。在程序方面，如果地方官员所上呈的文书种类适用不当或罪刑有变动的，刑部也会一

---

① 《刑案汇览》卷 20 · 刑律 · 贼盗 · 发冢 · 发掘已埋包席尸身，《刑案汇览全编》，第 1151—1152 页。
② 《刑案汇览》卷 9 · 户律 · 贼婚姻 · 强占良家妻女 · 强抢犯奸妇女刃伤事主雇工，《刑案汇览全编》，第 0563—0566 页。
③ 王志强：《中国法律史叙事中的"判例"》，载《中国社会科学》2010 年第 5 期，第 148 页。

并要求更正，如"所有该省审办窃盗刃伤事主一案，应令该侍郎即照例定拟具题"①，"再此案张贞祥系由死罪减等改遣，未便据咨率结，应照例改为专本具题"②。刑部的司法活动主要是将"目光"流转于已经查证的事实与法律规则和相似案例之间，找寻实质上的相同或相似之处，就案例角度言之便是"远年成案"能否适用，因此时间标准绝不是最重要的，最重要的是其适用能否对现有案件的判决产生积极的启示。"提督咨送：陆烈儿系叛逆案内缘坐分赏为奴之犯，乘伊主领其取当时，该犯乘间逃脱，旋即畏惧投回，尚知畏法。伊主不愿领回。将陆烈儿比照乾隆四十一年为奴犯常汰妹之案，发黑龙江为奴。"③ 本案为嘉庆二十三年案，所比照之常汰妹案为乾隆四十一年案，两案时间上前后相距四十余载，但案情上的相似使刑部决定直接依照先例办理。同时刑部的上述做法也是对相同或类似案件裁断一致性的维护，只不过这样的同一性建立在共时的刑部司法价值观及其方法论相统合的基础上。

另外，关于年代久远的先例依然能够适用于后来的案例，原因如下：首先，由于成文法修订的滞后性，尚未将这一类行为纳入成文法规规制，而之前恰好也发生过类似的案件，并且它的判决得到了肯定，这时，先例就责无旁贷地承担起裁断依据（成文法）的责任。更应注意到自乾隆五年后确立起律文不变，例文定期修纂的基本立法原则后，《清会典》谓"条例五年一小修，十年一大修"的修例原则基本上只存在于理想状态下，实际的修例活动并不受五年、十年时间上的具体限制，而清后期社会的不断动荡，更使得修例活动在同治九年（公元 1870 年）彻底停止。④ 律的恒定不变，法律对社会秩序的控制，尤其是随着社会发展体现出的法律的适应性基本上由"例"来体现，而一旦"例"的更新也落后于社会的现实需求，或者说例的更新完全停止时，判例就成为因应社会现实问题的极为有力的司法准据，于

---

① 《刑案汇览》卷4·刑律·贼盗·犯罪自首·窃贼刃伤事主抱赃自首，《刑案汇览全编》，第 0327—0328 页。

② 《刑案汇览》卷4·刑律·贼盗·犯罪自首·拒杀自首闻拏投首俱止免因，《刑案汇览全编》，第 0329 页。

③ 《刑案汇览》卷12·刑律·贼盗·谋反大逆·缘坐人犯逃回其主不愿收领，《刑案汇览全编》，第 0734 页。

④ 田涛、郑秦点校：《大清律例》，法律出版社 1999 年版，第 6 页。

是在清中后期的司法实践中就出现了明显的"以案代例"之倾向。① 其次，某一类案件发生的并不多，如关于老年人殴杀的案件，一般情况下照先例办理可也，没有必要专门进行规定。再次，如果依照先例的判决就能够很好地处理现有案件，说明先例确立的法律准则能够适应社会生活的发展变化，通过援引先例能够为解决新问题提供经验性的指导或者启示，也就最大限度地发挥了判例的作用，这也正是判例的生命力所在。判例"生命力"的获得也因其在产生的过程中经历了缜密的法律逻辑推理，严格的推敲及审查，凝聚了清代中央司法官员们所认同的律学理论和司法实践的经验。因此，当例常态化纂修时，有些判例被定为通行，再通过修例最终上升为成文法；而当例不再纂修时，又可"以案代例"作为司法裁量的重要准则和依据。

二、判决理由

上文从法律渊源及效力的角度对《刑案汇览》中的判例适用进行了分析，或者说从法的本体的视角对判例进行了本体论的解析。本部分的研究侧重于判例作为案件裁量的理由是如何被适用的，其法律效力是如何具体体现在法律推理及判决中的。期望更加清楚地体现出判例在司法实践中是如何发挥作用的。根据不同案件情况下判例发挥的不同作用，本文将其概括为三类，即：证明判决、比照判例、明晰法律适用。

（一）证明判决

在传统成文法的背景下，成文法律规则通常作为最直接的审判依据而存在。② 然而，从《刑案汇览》中的案件揭示出的情况来看，有时候刑部为了最大化地实现判决的可接受性，在已有成文法规定的时候，会通过援引先例来增强判决的说服力。

"直隶司查：上年八月湖南省咨谢元与王九万之妻李氏通奸，商同氏父李绍周逼令本夫休弃娶讨为妻一案。经本部照棍徒扰害例拟军。此案赵端士因见胡氏被夫责逐回家，谋娶给伊子赵伯麟为妾，逼令氏夫誊写休书，核其

---

① 《刑案汇览三编·序言》，北京古籍出版社 2004 年版，第 7 页。
② 何勤华：《清代法律渊源考》，载《中国社会科学》2001 年第 2 期，第 115—132 页。

情节，与谢元情罪相等，该省将赵端士照棍徒扰害例拟军，似可照覆。"①

又"四川司审拟礼部皂役杨起隆之子杨成偷窃稿件一案。检查嘉庆六年有周四偷窃兵部册籍一案，十四年有孔符儿行窃吏部旧稿一案，均系照偷窃衙署服物例拟军。该司将该犯照偷窃衙署服物例发极边足四千里充军，核与成案相符，应请照办。"②

这两个案例中，虽然湖南省和四川司的原拟并无不妥，但刑部均以当下之案与先例之案进行比较，确认前后两案的一致性后才认可了判决。可以说，这在某种程度上已将先例打造为衡量的标尺，只有情节上以及处刑上的双重符合，才被认为是合理合法的判决。还应当说明的是，判例均为刑部做出或经过确认的判决的案件，同案同判，不仅是法律统一的要求，也是刑部对自身司法权威的维护。在案件有相应法律规定的同时，尽可能地找到相类似的先例作为支持判决的依据而引用，对于论证判决的"可接受性"是极有帮助的。

"广东抚咨：陈蚬纪因小功堂叔黄夜强奸伊妻未成，暗中不能辨认，登时致伤身死一案。又嘉庆十六年十一月直隶省题阎昶殴死强奸伊妻未成之胞兄阎宽身死烧毁死尸一案。经本部照拟斩后，并声明犯时不知，应同凡论，例应拟徒。该省将陈蚬纪照犯时不知依凡人论，强奸未成被本妇有服亲属登时忿激致死例拟徒，系属照例办理，并无错误。该司议驳勿论，既与例义未符，亦与本部通行及阎昶成案显有歧义，应请仍照该省所拟咨覆。"③

作为先例的阎昶案是刑部多次商议后，反驳其原拟斩刑而改拟徒刑的成案，体现了相关法律在实际应用时的规则和限度。通过本案与先例的情节对比，刑部认为应该遵照例案判决，故肯定了广东巡抚的拟判，否定了再审的议驳。先例在本案中不仅为肯定原拟提供了支持，而且还成为刑部反驳改判的依据。

---

① 《刑案汇览》卷8·户律·婚姻·强占良家妻女·吓逼本夫休妻乘机聘娶为媳，《刑案汇览全编》，第0520页。
② 《刑案汇览》卷16·刑律·贼盗·窃盗·礼部皂隶之子偷祀祭司稿件，《刑案汇览全编》，第0966—0967页。
③ 《刑案汇览》卷24·刑律·人命·杀死奸夫·杀死强奸伊妻堂叔犯时不知，《刑案汇览全编》，第1339页。

（二）比照判例

比照判例进行判决，对先例与待判案件在诸如情节轻重、社会影响、处罚结果等方面的相似性有着更高的一致性的要求。同时，也要求先例的判决更为精确，因为"比照判例"是直接依照先例对待审案件进行审理判决，而不只仅仅希望先例提供某一方面的说理依据。从这一角度来看，此类案件中，"判例"的作用几乎等同于成文法，正基于此，自然会对先例的判决提出更高的要求。否则，就无法成就"比照判例"的归纳式法律推理方法。下面两个案例是为典型。

"晋抚题：赵张氏商同伊婿张翔鹄勒死伊女张赵氏一案。张翔鹄听从妻母赵张氏将伊妻赵氏谋勒毙命，与李如榜听从义父傅添成将伊妻杨氏悬吊致死事同一辙，似可援照定拟。应请将张翔鹄一犯改照李如榜之案于绞罪上减一等，杖一百，流三千里。"① 可以看出，能够比照先例进行判决不仅仅是基于两案有相似之处，更重要的是先例判决已得到刑部的肯定。本案之前拟判以律无明文将张翔鹄依杀妻本律定拟绞候，但刑部检查先例李如榜案，认为两案情节类似，应该依照先例的量刑来处理，故做出改判。本案后来被定为通行并纂例，成为新的条例。

又"北抚题：汪贵等行窃熊伦家临时行强一案。致事主之妻畏惧心慌，奔至附近岩洞，受冻身死。奉批细查成案，有乾隆六十年江西省题张五丫头等行劫事主惊慌失足落河身死一案，照强盗杀人问拟斩枭。此案与先例情事相同，既有照强盗杀人问拟斩枭成案，自应一例改拟。"② 该判决明确指出依据既有成案办理。此外，还有一模拟较特殊的案件，即老年人杀人收赎案件，通常的处理方式是"依律奏闻，取自上裁"，③ 由于此类案件较少发生，"依律奏闻，取自上裁"的结果也就逐渐演变成仿照成案办理了。

从上述这些比照判例处理的案件中可以看到这样一种情况，即更强调情节的相似性和量刑的一致性，在"情罪相符"问题上的体现尤为突出。因

---

① 《刑案汇览》卷 23·刑律·人命·谋杀祖父母父母·谋杀妻系他人起意本夫为从，《刑案汇览全编》，第 1269—1270 页。
② 《刑案汇览》卷 14·刑律·贼盗·强盗·首盗冻毙事主伙盗免死发遣，《刑案汇览全编》，第 0817—0818 页。
③ 《刑案汇览》卷 4·名例·老小废疾收赎·八十老人犯改斩绞俱准收赎，《刑案汇览全编》，第 0299—0300 页。

其是比照处理的案件，故在罪名上并没有像有成文法可循的案件那样有着严格的要求。其实，此类案件在罪名上也确实达不到那样精准，无论是比照判例还是比照律例。

（三）明晰法律适用

援引判例的目的之一是为了明确法律的适用。有清一代，例文的大量增修以及先例的不断涌现一方面有利于弥补律文的不足（乾隆五年后《大清律例》的律文几未变动过，如此固化的律文难免滞后于社会现实），加强了司法实践中的可操作性，另一方面也因繁杂的例文和先例产生了适用上的不便，给基层司法官员在具体的法律依据的选择上带来了困扰，进而造成法律适用上的混乱。为了厘清法律适用中显现的和潜藏的混乱情况，刑部选择了引用判例进行比较说明的司法进路。

"广东抚咨：林亚晚、曾阿尔图劫未成二案。该省将曾阿尔、劳洸太等均依强盗未得财，又未伤人为从例各杖一百，流三千里。检查历年办过成案，不特该省向系如此办理。即道光元年福建省拿获洋盗案内王进等五犯听从驾船行劫，该省亦系将王进等依强盗未得财又未伤人为从例拟流。惟据广东司查出：广西司办理似此案件，首从各犯则系量减拟徒，核与广东、福建两省所办系属两歧。伏思强盗洋盗为闾阎商贾之害，立法不宜从宽，所有曾阿尔等二案，应请照覆，毋庸改拟。其广西壮族自治区办理两歧之处，即由广东司与曾阿尔案内咨行该省，转行广西巡抚。嗣后遇有此等案件，应即画一办理，不得仍照旧案量减问拟。"① 由林亚晚、曾阿尔图劫未成案引出福建省、广西壮族自治区对此类案件判决两歧的问题。鉴于江洋匪盗案件的社会危害性较大，刑部肯定了本案以及先例福建省对王进案的判决，并基于本案及其所适用的先例的判决统一了嗣后类似案件的法律适用，否定对江洋匪盗案件从轻处理的判例，确定了重罚判例的适用性，要求以后同类案件均应照此例办理，以求避免同案不同判的司法偏差。

又"川督咨：卓明远捉奸杀死伊妻梁氏弃尸不失案。比引律载，弃妻之尸比依尊长弃毁缌麻以下卑幼之尸律，杖一百，流三千里。详参律例，尊

---

① 《刑案汇览》卷14·刑律·盗贼·强盗·图劫未成已置器械已纠伙党，《刑案汇览全编》，第0861页。

长毁弃缌麻卑幼死尸，律得依凡人减一等拟徒，若系期服卑幼，则递减四等，止应杖七十，徒一年半。"于是确认夫之于妻的服制关系就成为本案的关键。刑部认为"查夫之于妻，论服制则齐衰期年，论名分亦非功服可比。将卓明远从重拟杖六十，徒一年半"①，肯定了本案应适用期亲服制关系。刑部所查之先例为乾隆三十四年云南省苏卜林将伊妻杨氏死尸遗弃水中不失案，嘉庆十六年山东省职官丁锡绶殴妻身死，致尸两遭蒸检案，夫妻间均适用了期亲服制关系，将人犯比例拟徒。本案的审理及先例引用表明了刑部在处理此类案件时一以贯之的态度和依据的标准。并嗣后将比引律文拟流一条删除，进一步统一了法律规定。

"福建司审办高寿行窃雇主银两罪应拟流一案。奉批：雇工人盗家长财物，律内减凡盗一等免刺。今既用例照窃盗计赃治罪，似记别司竟有一体刺字者"，"通查各司成案，现据四川司查出二十年审办李贵一案，陕西司二十二年审办高海明一案，广东司本年审办李升一案，均系奴雇行窃主财，俱声明照例刺字。惟本年山东司审办西华姐奴窃主财一案，因系妇女，照例声明免刺。此外查无奴雇行窃主财免其刺字之案，历来办理本属画一，今高寿一稿声明免刺，似属错误，应请教饬更正。"② 本案争议的焦点是应否对罪犯适用刺字的刑罚。福建司依律"同居奴仆、雇工人盗家长财物，减凡盗罪一等，免刺"之规定判处免刺。但部议指出，雍正六年已酌改定例，奴仆偷盗家长财物，照窃盗计赃一体治罪；乾隆五年又改定雇工人盗家长财物，亦照窃盗计赃治罪，均不准照律减等。后纂修之例内虽未指明此等人犯应否刺字，但既称照凡盗一体治罪，自当照凡盗一体刺字。于是本案中又出现了当律例规定不一致时，应该如何适用的问题。在清代，普遍遵循的原则是对于某一案件来说，在律与例内容不相吻合，甚至发生冲突时，适用例而不适用律。③ 原因在于，例的定时更新更能满足通过司法实践以维护社会秩序的需要，而本案中所涉及的条例从雍正六年到乾隆五年两次酌改，便是例

① 《刑案汇览》卷21·刑律·贼盗·发冢·夫弃妻尸比较服制递减科罪，《刑案汇览全编》，第1169—1171页。
② 《刑案汇览》卷18·刑律·贼盗·亲属相盗·奴仆雇工偷窃主财均应刺字，《刑案汇览全编》，第1051—1052页。
③ ［美］D.布迪、C.莫里斯：《中华帝国的法律》，朱勇译，江苏人民出版社2003年版，第47页。

之于律的这一优势的最好证明，同时，这也是本案改判的法律依据。当然，案中三个先例也可以看作是案件改判的事实性依据，用以说明相同情况同一处断。

再如"广东抚题：张亚受等因图财谋杀幼孩高亚笼一案。查谋杀幼孩旧例，首犯拟斩立决，从而加功之犯拟绞立决。"① 先例是嘉庆十四年十二月四川省谢文彪图财揿溺张狗儿身死一案。谢文彪着即处斩枭示。并且刑部以法律解释的形式明确规定嗣后如有图财或因奸情事谋毙十岁以下幼孩之案，俱着于斩决例加以枭示，将寻常谋杀幼孩之案和以图财或因奸情事谋杀幼孩之案相区别，明确了各自的定罪量刑准则，从而为以后案件的判决做出了指导，起到了补律之不足，发律所不及的作用。而本案正是依据刑部的上述权威性司法解释进行了改判。

可见，弥补成文法之不足，往往是通过引用判例得以实现的。正如乾隆五十七年，安徽省老焦刘氏因奸谋杀儿媳小焦刘氏案，所援引的先例是乾隆五十六年浙江省张云潍案。先例进一步细化了因奸致死子女的主观恶性这一情节，从而明确了惩罚规定。"嗣后因奸将子女致死灭口者，无论是否起意，入系亲母拟绞监候。例应抵命者，系专指因奸碍眼，谋故致死之案而言。若因子媳窥破奸情，两项争闹，邂逅致毙，审无谋故别情，自不便概以重辟。"②

综上所述，可见刑部在司法活动中主要在两个维度上运用了判例，其一，当有明确的成文法以资适用，或成文法的规定繁杂且存在相互龃龉之处时，判例的适用本身是作为指导性判例来适用的，这种指导性判例的效力受到国家权力加诸的强制力的维护，为各级司法部门提供具有法律效力的"指引"。其二，当成文法的具体规定付之阙如时，某一或一系列案件的事实与本案事实相一致，且前述案例已被总结出可适用的规则和原则，那么就可以依上述先例处理本案，这是刑部采用的归纳的法律推理方式，并一定程度上带有非予言明的隐性的判例法色彩。当然，在司法活动中，无论刑部在

---

① 《刑案汇览》卷22·刑律·人命·谋杀人·图财谋害幼孩首从从重科罪，《刑案汇览全编》，第1250—1251页。
② 《刑案汇览》卷23·刑律·人命·谋杀祖父母父母·虑媳张扬奸情吓打一伤适毙，《刑案汇览全编》，第1254页。

何种维度上运用了判例，其都以具体司法实践表明了，一旦刑部确定了新的法律价值标准或明晰了既往模糊的法律价值标准，就会选择遵循由新确立的判例创设的规则，而否定既有规则的适用。

三、社会与思想基础

可以认为，刑部的判决"是通过以职业直觉为基础的情感判断与法律（包括律例和成案）检索及论证的互补共同完成的"，[①] 判例的生成及其运用亦离不开价值判断和法律这两个因素。而无论是价值判断还是法律都不能脱离中国传统社会而独立存在，在立足于中国传统社会结构与思想的同时，其本身也作为经验性的累积而存在。本部分的主旨即是从传统中国的社会与思想两个方面来考察作为经验型累积的判例生成和适用的基础条件。

（一）社会基础

传统中国社会历经了两千多年的封建社会时期，时间纵然长久，但社会性质并未发生根本性的变化，专制主义的中央集权与社会生活的和谐宁静构成了传统中国的全部国家主题。诚如黄仁宇所言"维系着亿万农民安居就业和上万官僚宁静在职，缘于一种精微的平衡，为保持如此之平衡，清朝也不愿对财政作更大的更革和寻求科技发展。"[②] 不独清朝如此，中国古代各朝都有着同一的希冀，希望能够鸡犬之声相闻，不离本乡本土之往来。亦如费孝通先生所言，中国是一个乡土社会，乡土社会是生于斯、死于斯的社会，常态的生活方式是终老故乡。……这是一个"熟悉"的社会，没有陌生人的社会。[③] 寻求"固化"的社会，最不能接受的便是无端扰动。社会生活模式的固化，反映于法律体系上，一方面表现出法律体系的固化而不是变革，另一方面体现出经验的重要，当缺乏变革的思维指引，不断重复和翻检既有经验以期获得灵感，理所当然地就会成为必经之途。

"西汉建立之初，即开始对庞杂的秦律删繁就简，形成了以《九章律》为核心的六十篇汉律体系，建构完成了汉代律典。此后，为适应社会发展的

① 王志强：《法律多元视角下的清代国家法》，北京大学出版社2003年版，第91页。
② 黄仁宇：《中国大历史》，生活·读书·新知三联书店2007年版，第269页。
③ 费孝通：《乡土中国·生育制度》，北京大学出版社1998年版，第6、9页。

需要，诏令、科条、决事比、律学章句等不断增加，成为律典之外的重要补充。从而开创了中国古代法律体系以律典作为政治合法性及法制稳定性的基础，以其他法律形式的灵活性满足社会发展的司法需要的基本模式。"① 这种模式到清代发展之顶峰。"与明朝相似，在清朝，立法者也不急于将新产生的例直接编入法典之中。在 1723—1727 年最后一部重要的清律修订本产生之前，除了将《大明律》沿袭下来的原有例之外，所有的例都独立于法典之外发生效力。"② 甚至出现有例不用律，律既成虚文，而例遂愈滋繁碎，其间前后抵触，或律外加重，或因例破律的现象。相对于明初修律来说，清初修律简直就是原封不动地照搬明律。王明德说："我清入定中原，首申律令，一本明律为增损，源而溯之，则寔归宗乎?"③ 清初人甚至说："大清律即大明律之改名也"。④ 之所以会出现这样的现象，实乃固化的希冀以"维稳"为主旨的社会当需要解决未知性问题时，便诉诸了对既有经验的认同。

在具体的司法实践中，如无明确的成文法规则，遵循先例即是一种非常必要的做法。这其实就是一种经验性的做法，经验的运用不仅要求具备实践得来的知识、技术和经历，它还需要适宜的社会背景以期能够被认可并发挥作用，固化"维稳"为主旨的传统社会恰好提供了适当的社会背景。同时，经验本身也通过被反复适用而得到进一步的提升，成为真正有指导性的准则。就清代而言，判例不仅仅提供予以对比的参照，而是它体现出当时刑部对某一具体行为的价值判断，以及损害后果发生后进行补救或利益平衡的办法。诚然，这种"向后看"的判例适用稍显保守，但却是最明智、稳妥的办法。既然法律、制度无法脱离社会的牵制和对经验的依赖，那么，对于具体的司法实践而言，当面对世间百态、人情世故，更需要一个稳定的、牢固的支撑，否则，便没有办法达到法律上的统一，符合民众的心理认同，而这种认同与法律的形式逻辑推理运行不同，它就是一种根据既有经验而为的价值判断，也可以说这是适用判例的社会基础。

---

① 张晋藩主编：《中国法制史》，高等教育出版社 2007 年版。
② ［美］D.布迪、C.莫里斯：《中华帝国的法律》，朱勇译，江苏人民出版社 2003 年版，第 46 页。
③ （清）王明德：《读律佩觿》康熙刻本，北京大学图书馆藏。
④ 苏亦工：《明清律典与条例》，中国政法大学出版社 2000 年版，第 378 页。

（二）思想基础

传统中家国同构的宗法社会性质明显，家国同构既带有原始氏族社会的体制性遗留，又加诸了后世的个体式设计，① 即梁漱溟谓："中国之以伦理组织社会，最初是有眼光的人看出人类真切美善的感情，发端在家庭，培养在家庭。他一面特为提掇出来，时时点醒给人；——此即'孝弟'，'慈爱'，'友恭'等。一面则取义于家庭之结构，以制作社会之结构；——此即所谓伦理。"② 氏族（大夫）［家］——部落（诸侯）［国］——部落联盟（天子）［天下］，③ 这套制度草创之初，家国就是互联的，宗法制度贯穿其间，并在后世发展中写入儒家的实用理性与情感体验，将本源于人的内心情感体验由氏族层面的家推展至个体层面的家时，作为维护上层的国（由部落联盟渐成大一统的国）之稳定的重要环节，维护家的稳定就成为重要任务，也就是孟子阐释的"国之本在家"（《孟子·离娄上》）。在家庭内部确立了与天子-诸侯结构相同的父-子结构，树立家长（天子）权威的同时消解个体家庭（国）的内部矛盾。于是，产生了严厉的慈父，也必然要求出现驯顺的孝子，要求人们尊敬服从父亲，即"亲亲父为首"。因此，历代的统治者上至西周，下讫清末无一不重孝，无不强调"孝治天下"。④

对孝道的强调，以及对父子、家国结构的维护，使中国的传统法律体系带有了明显的亲缘性伦理法色彩，而上述结构的稳定意味着任何与以上结构有关的纷争都能够纳入伦理的维度进行讨论，同时这种伦理本身也是稳定的，由此解决此种纠纷的经验便能够反复适用以传诸后世。伦理法的特质与伦理之于社会的相对稳定性，为解决于此种纷争形成的判例和判例的反复适用提供了有力支撑，伦理性判例的生成与反复适用，颇有天不变道亦不变的意味，即便出现了新生成的判例进而造成对原有判例的否定，也并不意味着打破了对伦理稳定性的诉求，只不过是在伦理这一大前提下，根据具体的案情做出适当的法律价值判断上的调整而已，其大前提仍旧是稳定存在的。

综上，在强调中国社会和思想中含有的稳定性结构引发了对经验的重

① 钱穆：《中国历史研究法》，生活·读书·新知三联书店 2005 年版，第 18 页。
② 梁漱溟：《中国文化要义》，上海人民出版社 2005 年版，第 80 页。
③ 李泽厚：《中国古代思想史论》，三联书店 2008 年版，第 12、19 页。
④ 张国华：《中国法律思想史新编》，北京大学出版社 1991 年版，第 183 页。

视，并进而在法律活动中体现为重视判例的同时，也不能忽略中国传统文化中讲求"实用理性"的一面。李泽厚认为"实用理性乃是'经验合理性'的概括或提升。人类的经验来源于'实践'——使用、制造物质工具的劳动操作活动，实用理性的内核是'经验的合理性'，亦即经验的'理性'，此种理性大致合于一种'百姓日用而不知'的具有人类普遍性思维准则的形式逻辑。"① 经验的合理性审视指出了经验的另一面向，依循既有却并非意味着全然绝对的经验依赖，其内置了对现实情况的考虑，体现在判例中就是刑部固然尊重和依循既有的判例，但也会根据现实的案情对既有经验形成的判例进行部分甚至全部的修正，以适应当下的价值判断，并为未来提供经验指引。修正和适当否定既有经验并不是对上述稳定结构的背弃，也不会消解既有的经验本身，而是经验为适应社会的变化为自身留下的空间，而同样基于经验形成的判例也自然带有了这样变化、适应与指引的色彩。

结　语

作为经验理性的产物，判例在清代的法律体系中并未获得独立的法源地位，但通过本文的解析可以看出，司法实践中判例的具体应用事实上对案件的审理产生了极大帮助，甚至可以说，以隐性法源形式存在的判例，对完善成文法体系是不可或缺的。而司法职业经验的运用，一直贯穿于司法活动的全过程，架构起成文法与个案司法沟通的桥梁。从清代修律活动中可以知悉，判例的产生及不断适用，在修律时或被删改，或被抽象地上升为成文规则，是一个动态的、不断更生的具有生命力的模式，因此才能为整个清代的法律体系注入新的元素，促使其不断发展、完善。就这一点而言，不得不承认，经验并非仅能局限守成，之于创新，亦是不可或缺的。

---

① 李泽厚：《实用理性与乐感文化》，生活·读书·新知三联书店 2008 年版，第 3—5、246—247 页。

《唐律》追求量刑统一化的现代意义

杨海强[*]

一、问题的提出

公正是人们所追求的崇高理想、价值和目标，也是法治的灵魂和核心。而司法公正是法律精神的内在要求，是法治的组成部分和基本内容，是民众对法制的必然要求。

司法公正，或曰公正司法，其基本内涵就是要在司法活动的过程和结果中坚持和体现公平与正义的原则。在这里，司法主要指法院的审判活动；公正的含义则包括公平、平等、正当、正义等。司法公正既要求法院的审判过程遵循平等和正当的原则，也要求法院的审判结果体现公平和正义的精神。[①] 在法律实施的过程中，司法者公正司法是实现社会公平、正义的最后一道防线，因此司法公正是实现法律公正的保障，也是维护社会公平正义的有利武器。因此，司法者在司法活动中，应该以公平、正义为根本的价值追求，司法者应该是公平、正义的化身，司法者应努力将法律平等地适用于相同的行为而得出相同的结论，以实现公平、正义的要求，尽力避免同罪异罚情形的出现，以免造成司法不公。

东汉许慎《说文解字》中认为，"法"字的古体字从"水"，象征公平；"法"字的古体字从"去"，象征法的正直与正义。由此可见，"法"字的字源上已经显示了法所具有的公平与正义的内涵。文献中常以"中刑"

---

[*] 杨海强，华东政法大学司法学研究院助理研究员、师资博士后。
[①] 何家弘：《司法公正论》，载《中国法学》1999 年第 2 期。

"中罚"或"刑中"表示执法的公平、公正。"刑中"是《吕刑》全篇的基本宗旨，其中反映的司法公正的理念影响到后来的儒家，并将其加工改造为中庸之道的司法思想。① 中庸之道表现在司法领域，就是要求司法公正。② 我国历代的社会思想家和政治家都十分重视公正的问题，对公正的理解也十分丰富，往往与公、正、中、平甚至义相联系，与私等相对立。③ 为了实现司法公正，历朝历代形成了一些体现公平的法律原则，如"一断于法""刑不二门"，如"赏当其功、刑当其罪"，如"执法必信、司法必平"等。④ 以及一些具体的制度保障，如审判制度、证据制度、监察制度、死刑复奏制度、司法者的选拔制度等。对上述原则和具体制度都有很多相关专著或者论文加以分析和总结。然而本文将着眼点放置于《唐律》为了实现量刑公正而进行的量刑规范化的努力，因为经过下文的分析可以发现，《唐律》追求量刑统一性的努力和我国目前全国范围内的法院系统所进行的量刑规范化的活动，无论在价值追求还是具体的举措方面都具有内在的一致性。前者是后者的文化之根，目前我国正在进行的量刑规范化的文化基础便在于《唐律》。因此《唐律》追求量刑统一性的努力具有了现代性的意义和价值。

二、《唐律》追求量刑统一化的制度构建

从学理上分析，刑事司法公正与否主要有三项衡量指标：一致性，即同样案件的处理方法相同；比例性，即情节越严重，处罚越严厉；非歧视，即监禁谁、监禁多久不取决于年龄、性别、种族等因素。⑤ 其中第一项指标，"一致性"是指相同或者类似的案件需要相同或者类似的处理，量刑需要均衡考虑，不得出现同罪异罚的情形，这种公正是一种比较型的公正；后两种公正是指对某一犯罪人判处的刑罚应与其所犯罪行和承担的刑事责任相适

---

① 崔永东：《对中国传统司法观的理性分析》，载《现代法学》2011年第2期。
② 崔永东：《中国传统法律思想的现代性诠释》，载《南京大学法律评论》2005年秋季号。
③ 高其才、肖建国、胡玉鸿：《司法公正观念源流略论》，载《清华大学学报》2003年第2期。
④ 张晋藩著：《中国法律的传统与近代转型》，法律出版社2009年版，第70—79页。
⑤ Richard P.Kern：《弗吉尼亚州"量刑真理"系统》，"中美量刑改革国际研讨会"会议材料，2008年10月，第95页。

应，也就是所谓的罪责刑相适应原则。由此可见，刑事司法公正包括形式公正和实质公正两方面的内涵。前者是指类似情况类似处理，或者相同情况相同处理，这是司法公正的基本表现形式，一般认为"同样情况同样对待"和"不同情况不同对待"是公平观念的核心要素。① 这种形式公正仅仅着眼于案件处理时的平衡，但这种平衡是公正的形式，而不能成为公正的全部标准。② 因为在司法实务中，虽然同样情况同样处理了，但同样的案件可能全部都判处了较重的刑罚或者较轻的刑罚。从平衡的角度看，这些案件的处理已经符合形式公正的要求，但很难说这些案件的处理真正符合公平、正义的要求，是否符合民众心目中朴素的正义观念以及社会常理的需求也存在很大疑问，因此也很难说这样的裁量会得到民众的普遍理解和支持。因为案件的处理还缺乏实质公正的要求，即犯罪人被判处的刑罚应与其所犯罪行和承担的刑事责任相适应。当然要实现司法的实质公正首先应该有一部着力体现实质公正的立法，在此基础上，司法者依法裁判，不偏不倚，最终才能实现司法的实质公正。

《唐律疏议·名例》前言曰："譬权衡之知轻重，若规矩之得方圆。迈彼三章，同符画一者矣。"由此可知，唐律在量刑制度建构中，把量刑比作"权衡"和"方圆"，认为量刑规范可以引导人们的行为，因此必须保持一致，即"画一"。③ 因此《唐律》特别注重"画一"，即量刑的统一性，追求同样的情况同等对待。防止出现《唐律疏议·名例律》前文中所指出的刑罚适用悬殊，量刑不一致的情况，即"刑宪之司执行殊异：大理当其死坐，刑部处流刑；一州断以徒年，一县将为杖罚"。立法者在倾力制定一部体现罪刑相适应的《唐律》的同时，还特别注意量刑的统一化，防止出现同罪异罚的现象。由此可见，在司法活动中，唐代非常注重追求量刑的统一化和规范化，从下文的分析也可知，《唐律》采取许多的制度措施以保障量刑统一化的实现。因此，本文着重考察《唐律》为了实现量刑的形式公正

---

① ［英］哈特著：《法律的概念》，张文显等译，中国大百科全书出版社1996年版，第157页。

② 李洁：《论量刑规范化应当缓行——以我国现行刑法立法模式为前提的研究》，载《吉林大学社会科学学报》2011年第1期。

③ 王立民：《唐律新探》，北京大学出版社2007年版，第5页。

而进行的量刑规范化的努力，具体如下：

（一）规定量刑的指导原则

刑法的基本原则是指刑法本身所具有的，贯穿于刑法立法和司法始终，必须得到普遍遵循的具有全局性、根本性的准则。我国 1997 年《刑法典》第 5 条规定了罪责刑相适应原则，即"刑罚的轻重，应当与犯罪分子所犯罪行和承担的刑事责任相适应"，也就是司法者在适用刑罚时既要考虑被告人所犯罪行的轻重，也要考虑被告人应负刑事责任的大小，做到罪责刑相适应。该原则对于指导司法者准确裁量刑罚具有重要意义。我国目前最高人民法院发布的《关于常见犯罪的量刑指导意见》也明确法官在量刑时应遵循该原则的要求。唐律在裁量刑罚时，也在追求罪责刑相适应的原则，以此作为指导，规范裁判者的裁判行为。

1. 刑罚应与罪行相适应

《名例律》开头的疏文说："名因罪立，事由犯生，命名即刑应，比例即事表。"在这里，一定的刑罚决定于由犯罪行为构成的罪名与犯罪事实。[1]按照现代刑法的理解，该疏文体现的便是刑罚应与罪行相适应的意思。在《唐律》中，刑罚与罪行相适应主要体现在两个方面：

犯罪行为的结果对于刑罚的轻重具有决定作用。如唐代的"六赃"，都是依其赃值的多少为刑罚轻重的根据。如官吏为特殊主体的四种"赃"，则全依赃值的多少，规定刑罚轻重。如"诸监临之官，受所监临财物者，一尺笞四十，一匹加一等；八匹徒一年，八匹加一等；五十匹流二千里"（《职制律》总第 140 条）。强盗与窃盗根据赃的增额而加刑罚的轻重。另外唐律对以追求经济利益为目的的犯罪，以及一切造成经济后果的犯罪也是根据犯罪结果的严重程度决定刑罚的轻重。又如唐律以"伤—伤重—死"的结果不同对殴打行为适用轻重相异的刑罚。

犯罪性质的不同决定刑罚的轻重。这个最明显的唐律对杀人罪刑罚适用的规定上。唐律贼盗、斗讼篇中根据犯罪人的犯罪性质和主观意图的不同区分了"六杀"，即"谋杀""故杀""斗杀""误杀""过失杀""戏杀"。虽然六杀都导致被害人的死亡，但六杀的处罚却各不相同。如故杀，一般处斩

---

[1]　钱大群著：《唐律研究》，法律出版社 2000 年版，第 79 页。

刑。误杀则减杀人罪一等处罚。斗杀也同样减杀人罪一等处罚。戏杀则减斗罪二等处罚。过失杀，一般"以赎论"，即允许以铜赎罪。

2. 刑罚应与刑事责任相适应

在《唐律》中，虽然刑罚的轻重主要由所犯罪行所决定，然而《唐律》在量刑时并未忽略犯罪人再犯罪可能性的大小对刑罚的作用。因为在《名例律》篇中，有关于自首以及老幼废疾减刑的相关规定，还有盗窃、强盗罪按累科、累犯加重处罚的规定。[①] 而自首、老幼废疾等减轻刑事责任能力人以及累犯都是反映被告人再犯可能性大小的情节，这些情节的存在都减轻或者加重了刑罚，都对刑罚适用产生了影响。因此《唐律》在量刑时不但要考虑犯罪人所犯罪行的轻重，也要考虑犯罪人在犯罪可能性的大小，也就是现代刑法中所规定的罪责刑相适应原则。

（二）确定量刑的基本方法

为了追求量刑的统一化，《唐律》首先确定了量刑时应遵循的基本步骤，即首先确定量刑起点，然后再依次确定基准刑和宣告刑。其次，《唐律》通过量化的方式，规定了确定基准刑的方法以及确定宣告刑的方式，最终确定刑罚的适用。目前在全国范围内实行的最高人民法院《关于常见犯罪的量刑指导意见》也规定了法官量刑应该遵循的基本步骤，而该步骤也是依次确定量刑起点、基准刑和宣告刑，而确定基准刑和宣告刑的量化方法也跟《唐律》所采用的方式相同。

1. 规定量刑的步骤

（1）确定量刑起点

在《唐律》中每一个犯罪都被规定了起点刑，即犯罪人的犯罪行为构成犯罪后的最低量刑起点。此时犯罪人的犯罪行为刚刚达到构成犯罪的最低限度，刚刚进入犯罪圈。如《卫禁律》（总第58条）规定："诸阑入太庙门及山陵兆域门者，徒二年；阑，谓不应入而入者"，其中"徒二年"就是该罪的量刑起点。又如《斗讼律》（总第302条）规定："诸斗殴人者，笞四十；谓以手足击人者。伤及以他物殴人者，杖六十……"，其中"笞四十"便是该罪的量刑起点。我国目前进行的量刑规范化的活动在量刑时也是首先

---

① 张晋藩：《中华法制文明的演进》，法律出版社 2010 年版，第 437—438 页。

根据犯罪构成事实确定量刑起点。在量刑起点的基础上,《唐律》又采用下文所述的两种方式,运用量化的方法确定基准刑。

（2）确定基准刑

基准刑是指在量刑起点的基础上,根据其他影响犯罪的犯罪数额、犯罪次数、犯罪后果等事实增加刑罚量最终确定的刑罚。《唐律》主要采取下面两种方法,采用量化的方式最终确定基准刑:第一是通过多种类的计量单位的运用,对犯罪危害量作轻重不同的描述,从而使刑罚的适用呈现出轻重层次的差异,适用不同的刑罚;第二是运用众多的表示某类事物之间差异的等级档次,来对犯罪行为的性质、结果作量化定位。① 《唐律》采用这两种方式将犯罪行为的社会危害性做出轻重不同的阶梯式划分,并将刑罚的适用量也作轻重不同的层级式区别,最终根据犯罪社会危害性程度的差异决定刑罚适用量的大小,使得刑罚的适用与犯罪社会危害性的大小一一对应。唐律量刑制度的最大特色就在于以量刑技术细化审判官的量刑标准。② 我国目前进行的量刑规范化的活动在量刑起点的基础上,也是采用量化的方式确定基准刑,二者是一致的。

（3）确定宣告刑

前文已述,在《唐律》中,虽然刑罚的轻重主要由所犯罪行所决定,然而《唐律》在量刑时并未忽略犯罪人再犯罪可能性的大小对刑罚的作用。因为在《名例律》篇中,有关于自首以及老幼废疾减刑的相关规定,还有盗窃、强盗罪按累科、累犯加重处罚的规定。而自首、老幼废疾等减轻刑事责任能力人以及累犯都是反映被告人再犯可能性大小的情节,这些情节的存在都减轻或者加重了刑罚,都对刑罚适用产生了影响。因此《唐律》在确定基准刑后并未止步,而是又规定了自首、累犯、老幼废疾等量刑情节,通过这些情节的适用再对基准刑进行修正,最终得出对犯罪人适用的刑罚,而该刑罚也是最终确定对犯罪人适用的刑罚,也即宣告刑。而最高人民法院《关于常见犯罪的量刑指导意见》也规定了自首、未成年人犯罪、立功、坦白等犯罪情节以及这些量刑情节对刑罚的调节比例。现在正在进行的量刑规

---

① 钱大群:《唐律立法量化技术运用初探》,载《南京大学学报》(哲学·人文科学·社会科学版)1996年第4期。

② 姜涛:《〈唐律〉中的量刑制度及其历史贡献》,载《法学家》2014年第3期。

范化活动也是在确定基准刑的基础上，通过自首、坦白、立功等量刑情节的运用，对基准刑进行修正，最终确定对犯罪人适用的刑罚，这也是确定宣告刑的过程。

2. 确定基准刑的方法

《唐律》主要采取下面两种方法，采用量化的方式最终确定基准刑第一种方式中的计量单位种类很多，主要有"匹""尺""日""头"等等。如《名例律》（总第 34 条）规定："诸平赃者皆据犯处当时物价及上绢估平"。《职制律》（总第 140 条）规定："诸监临之官，受所监临财物者，一尺笞四十，一匹加一等；八匹徒一年，八匹加一等；五十匹流二千里。"该条就是通过受所监临财物匹数的增加反映犯罪人犯罪社会危害性的大小，相应的增加刑罚量的适用，使得犯罪人的罪刑相均衡，并且据此规范司法官员的自由裁量权，使得司法官员的刑罚裁量具备可操作性。按照《唐律》的规定，其他经济犯罪所得的结果需要折合为绢的多少，从而反映犯罪社会危害性的严重程度，这些犯罪也是通过绢的匹数的增加随之增大刑罚的适用量，最终实现罪刑均衡和量刑统一性。又如《擅兴律》（总第 224 条）规定："诸擅发兵，十人以上徒一年，百人徒一年半，百人加一等，千人绞。"该条就是通过擅自发兵人数的多寡表明不同犯罪行为的社会危害程度的差别，从而适用轻重不同的法定刑。又如《职制律》（总第 96 条）规定："诸之官限满不赴者，一日笞十，十日加一等，罪止徒一年。"该条中犯罪人犯行的社会危害性的严重性程度就是通过不赴任天数的增加来显现的，天数越长，犯行的社会危害性越重，相应的刑罚适用也越重，从而实现罪刑相适应原则的要求。又如《斗讼律》（第 359 条）规定："诸越诉及受者，各笞四十。若应合为受，推抑而不受者笞五十，三条加一等，十条杖九十"。这里的计算单位是"条"，而且以"条的数量"（危害量）增加为依据，"杖"（刑罚量）随之增加。

唐律这种描述犯罪危害程度不同等级的方法与目前在全国范围内实行的量刑规范化活动所采用的方法如出一辙。现行最高人民法院《关于常见犯罪的量刑指导意见》也是通过多种计量单位的运用，展现不同犯罪行为的社会危害性的程度。这些计量单位包括"元""次""人""日"等。如最高人民法院《量刑指导意见》规定在量刑起点的基础上可以根据强奸人数的不同增加刑罚量。各地高级人民法院根据最高院《量刑指导意见》的授权，结合当地实际出台了实施细则，对最高院的《量刑指导意见》进行细化规定，如山东省高级人民法院发布了《山东省高级人民法院〈人民法院量刑指导意见〉实施细则》。该《实施细则》规定："强奸妇女每增加一人，可以增加二年六个月至三年刑期确定基准刑；强奸同一妇女的，每增加一次，可以增加一年至一年六个月刑期确定基准刑"。该规定就是通过被强奸妇女人数的增加或者妇女被强奸的次数的增加反映犯罪人强奸行为的不同严重程度，从而适用不同的法定刑。若被强奸的对象是幼女的，也采用这样的方式确定不同犯罪行为的基准刑，只不过强奸幼女的社会危害性比强奸妇女更为严重而已。同样，在非法监禁罪中，《量刑指导意见》和《实施细则》也通过被拘禁人数的增减分别确定犯罪人不同的刑罚。另外《实施细则》中规定："非法拘禁时间超过二十四小时的，每增加十二小时，可以增加一个月至二个月刑期确定基准刑"。该规定中所使用的计量单位便是时间，此时非法监禁罪的社会危害性就是通过非法监禁行为存续的时间长短来反映的。又如，《实施细则》规定："抢劫数额超过1千元的，每增加150至250元，可以增加一个月刑期确定基准刑；抢劫数额超过1万元的，每增加1500至2500元，可以增加一个月刑期确定基准刑"。在该规定中，抢劫所得财物数额的多寡影响了犯罪人刑罚适用的大小，因为抢劫罪侵害了被害人的财产法益，抢劫数额的多寡反映了被害人财产损失的大小，也即抢劫罪社会危害性的大小。其他侵犯财产法益的犯罪，如盗窃罪、诈骗罪、敲诈勒索罪、抢夺罪也如法炮制，通过犯罪行为所得财物的多少适用不同的基准刑。

第二种方式是运用众多的表示某类事物之间差异的等级档次，来对犯罪行为的性质、结果作量化定位。如《斗讼律》（总第312条）规定："诸殴制使、本属府主、刺史、县令及吏卒殴本部五品以上官长，徒三年；伤者，流二千里；折伤者，绞。折伤，谓折齿以上。"该条中"伤者""折伤"是殴打后结果的不同，该条就是通过殴打所致的伤重程度的不同决定刑罚量的增加幅度，从而使得刑罚的适用反映犯罪的社会危害性程度的不同。又如《斗讼律》（总第320条）规定："部曲殴良人加凡人一等，奴婢又加一等；部曲与奴婢相殴伤杀者，各依部曲与良人相殴伤杀法。"这是通过《唐律》中犯罪人和被害人等级身份的不同划分犯罪行为社会危害性程度的大小，从而确定刑罚的减轻还是加重适用。依照《唐律》，越是卑贱的犯罪人殴打越是尊贵的被害人时，其社会危害性越重，刑罚也相应加重；反之，越是尊贵的犯罪人殴打越是卑贱的被害人时，其殴打行为的社会危害性越轻，相应的刑罚适用也越轻。又如《名例律》（总第40条）疏文规定："谓同职犯公坐，假由判官断罪失出，法减五等，放而还获，又减一等；通判之官减七等，长官减八等，主典减九等"。

在这方面，唐律与最高院的《量刑指导意见》以及《实施细则》的心意是相通的，现在的量刑规范化实践中不乏这样的处理方式。如《实施细则》规定，"每增加一级一般残疾的，增加二个月至三个月刑期确定基准刑；每增加一级严重残疾的，增加六个月至九个月刑期确定基准刑；每增加一级特别严重残疾的，增加二年至二年六个月刑期确定基准刑"。该规定中，故意伤害罪的伤害结果首先区分为一般残疾、严重残疾和特别严重残疾三种情况，每种情况之下，随着等级的增加，故意伤害罪的伤害结果也越重，刑罚也相应地逐级加重。强奸致被害人伤残、抢劫致被害人伤残的规定也是如此，采用了相通的方式。当然，因为目前《量刑指导意见》并未对现行刑法典中所有犯罪的量刑进行规范指导，而仅针对司法实践中最常见的十五种犯罪。在这十五种犯罪中，最高法院主要采取前面所述的第一种方式，即通过多种类的计量单位的运用，对犯罪危害量作轻重不同的描述方式对不同犯罪的社会危害性程度进行区分，第二种方式适用的较少。

总之，唐律就是通过上述两种方法，采用一种可操作性的方式，将犯罪行为的社会危害性作出轻重不同的阶梯式划分，并将刑罚的适用量也作轻重不同的层级式区别，最终根据犯罪社会危害性程度的差异决定刑罚适用量的大小，使得刑罚的适用与犯罪社会危害性的大小——对应。这使得贝卡利亚所倡导的罪刑相当的理论设想成为现实。贝卡利亚构建了一个罪刑相当的理论模型，他首先设定了在严重程度上由高到低顺序排列的各种犯罪组成的一个犯罪阶梯，在这个阶梯中"它的最高一级是那些直接毁灭社会的行为，最低一级就是对于社会成员的个人所可能犯下的、最轻微的非正义行为"。然后他又指出，也需要有一个相应的、由最强到最弱顺序排列的刑罚阶梯。这两个序列之间的高度相当，让最严重的犯罪对应最严重的刑罚，轻微的犯罪对应轻微的刑罚，不使犯罪与刑罚的对应出现轻重次序混乱，就是罪刑相适应的基本蕴含。① 而且唐律这种描述犯罪危害程度不同等级的方法与目前在全国范围内实行的最高人民法院《关于常见犯罪的量刑指导意见》所采用的方法如出一辙，二者是相通的，具有内在的一致性。

3. 确定宣告刑的方法

上文已述，《唐律》在确定基准刑的基础上，又规定了自首、累犯、老幼废疾等量刑情节，通过这些情节的适用再对基准刑进行修正，最终得出对犯罪人适用的刑罚。按照《唐律》的规定，这些调解基准刑的方法包括以下两方面。

（1）具有单个量刑情节的

具有单个量刑情节的，根据量刑情节的调节比例直接调节基准刑。这些量刑情节对基准刑所起的作用包括两个方面：一是增加刑罚量，加重处罚；二是减轻刑罚量，减轻处罚。

在《唐律》中起增加刑罚量作用的量刑情节主要指累犯情节。当然与我国目前《刑法》总则中有关于累犯制度的一般规定不同，《唐律》中相当于后世总则的《名例律》中并无累犯制度的明确规定。但《贼盗律》中的"前后三犯"制度包含和反映了累犯的精神内涵。② 因此犯罪人在符合相关累犯制度的条件时，应在原先法定刑的基础上加等处罚，加重其刑罚。在《唐律》中起减轻刑罚量作用的量刑情节则相对较多，且诸多量刑情节都在《名例律》中有明确规定，从而一般性地适用于唐律所有犯罪中，从而对唐律中所规定犯罪的量刑产生重要影响。这些量刑情节包括自首、从犯等，如《名例律》（总第 37 条）疏文云："谓犯法，知人欲告而自首者，听减二等"。此即是有关自首减等处罚的规定。又如《名例律》（总第 42 条）规定："诸共犯罪，造意者为首，随从者减一等"。此即是有关从犯减等处罚的规定。

（2）具有多个量刑情节的

该情形是指在同一犯罪中同时存在多个量刑情节，多个量刑情节都对刑罚的适用产生影响。该情形又可以细分为两种情况：一是这些量刑情节都是

---

① ［意］切萨雷·贝卡利亚著：《论犯罪与刑罚》，黄风译，北京大学出版社 2008 年版，第47 页。

② 钱大群著：《唐律研究》，法律出版社 2000 年版，第 143 页。

同时减轻或者增加刑罚适用的情节，即多种情节对刑罚适用产生的影响是同向的；二是这些情节有的减轻刑罚的适用，有的则增加刑罚的适用，即多种情节对刑罚适用产生的影响是逆向的，互相抵消的。唐律中虽然没有在《名例律》中明文规定存在多种量刑情节时，多种量刑情节该如何发挥其对刑罚适用的作用，但适用的规则应该是同向相加，逆向相减。

首先，前文已述，唐律确立了罪刑相适应的原则以正确的打击犯罪和有效的预防犯罪。此处的罪刑相适应原则不仅指刑罚应与犯罪人的犯行相适应，还应与犯罪人的刑事责任，即再犯可能性相适应。也就是说，确定刑罚时不但要考虑犯罪人的犯罪性质、危害后果，还应该考虑犯罪人是否有累犯、自首、从犯等情节。为了与轻重不同的犯罪行为及其刑事责任相适应，唐律规定了轻重有序的五种主刑，即笞刑、杖刑、徒刑、流刑和死刑，每种主刑还存在轻重的差异，形成轻重不同的等级。最终唐律的主刑形成了五种二十等的轻重衔接的体系结构。

其次，唐律中有关于累加或者累减的规定。累加就是在增加原先法定刑的基础上再次增加其法定刑，即两个或者以上增加刑罚适用的情节并存时，这两个情节对刑罚适用产生的影响就是累加。累减即在减轻原先法定刑的基础上再次减轻其法定刑，即两个或者以上减轻刑罚适用的情节并存时，这两个情节对刑罚适用产生的效果就是累减。如《贼盗律》（总第 283 条）规定："诸监临主守自盗及盗所监临财物者……本条已有加者，亦累加之"，即是两个或者以上情节累加法定刑适用的规定。又如《名例律》（总第 14条）规定："若从坐减、自首减、故失减、公坐相承减，又以议、请、减之类，得累减"，即是两个或者以上情节累减法定刑适用的规定。因此可见唐律中存在累加以及累减的刑罚适用规则，在多个量刑情节并存时，采取的是累计计算量刑情节对刑罚适用产生的影响，最终确定宣告刑。这样，若在同一案件中，若同时存在自首、从犯等量刑情节时，这些情节对刑罚适用产生的影响也应累加计算，即应累减，最终确定宣告刑，这也就是量刑指南中所谓的同向相加的量刑适用方法。当然，若同一案件中，同时存在累犯以及自首、从犯等量刑情节，而且这些量刑情节对刑罚适用产生的影响是相反的，这时应对这些情节全部加以考虑，并采取逆向相减的方法，在唐律主刑中确立的五种二十等的轻重衔接的体系结构中，最终确定宣告刑，以实现罪刑相适应的原则。这也是罪刑相适应原则的要求。

再次，量刑情节的单一性使得同向相加逆向相减的刑罚适用方法成为可能。按照目前《刑法》的规定，我国的量刑情节呈现多样化的形态，量刑情节既有法定情节又有酌定情节，既有从重情节也有从轻、减轻情节。因此我国目前的量刑规范化实践中对所有情节简单采取同向相加、逆向相减的处理方式可能存在疑问。① 但从唐律的规定来看，量刑情节却呈现单一化的特征。唐律中规定的情节都是应当型的情节，并无可以型情节的存在，裁判人员此时并无自由裁量权，因此，目前量刑指南中，应当型情节与可以型情节能否简单同向相加、逆向相减的疑问在唐律中并不是问题。唐律中规定的情节都是减轻情节，或者加重情节，并无从轻情节或者从重情节，因为唐律中规定的都是某某情节存在时加一等或者加几等处罚，或者某某情节存在时减一等或者减几等处罚，我们现行刑法中的从轻情节或者从重情节，在唐律中都被规定为减轻情节或者加重情节。因此目前量刑指南中，从轻情节与减轻情节能否简单同向相加，或者减轻情节与从重情节能简单逆向相减是一个需要讨论的问题，而该问题在唐律中并不存在。唐律中规定的情节都是法定情节，并无酌定量刑情节存在的空间。在目前的量刑中，法官除了考虑法定量刑情节的作用之外，还需要酌定量刑情节。在唐律中，为了限制裁判人员的自由裁量权，任何对刑罚起作用的量刑情节都在唐律中明文规定，酌定量刑情节在唐律中并无存在可能。因此，目前量刑指南中，法定量刑情节与酌定量刑情节仅仅根据什么简单采取同向相加、逆向相减的刑罚适用规则是否科学，是一个问题，但该问题在唐律中完全无关注的必要。因此从唐律中规定的量刑情节具有单一性，唐律中刑罚的适用不会产生目前量刑指南的实际情况来看，在多个量刑情节并存时，依照唐律适用刑罚时，采取简单的同向相加、逆向相减的量刑方法是完全可行的，并不存在任何困难和疑问。

而对照目前最高人民法院发布的《关于常见犯罪的量刑指导意见》可以发现，在司法实践中，法官确定基准刑后也需要根据自首、立功、累犯等相关的量刑情节再对基准刑进行修正，最终确定对犯罪人所判处的刑罚。并且现在量刑规范化的司法实践中调节基准刑的方法与《唐律》中所规定的

---

① 石经海、严海杰：《中国量刑规范化之十年检讨与展望》，载《法律科学》2015 年第 4 期。

方法都是一致的：首先，对于具有单个量刑情节的，根据量刑情节的调节比例直接调整基准刑；其次，对于具有多个量刑情节的，一般根据各个量刑情节的比例，采取同向相加、逆向相减的方法调节基准刑。

三、《唐律》追求量刑统一化的现代意义

（一）《唐律》追求量刑统一化的价值的现代意义

上文已述，刑事司法公正包括形式公正和实质公正两方面的内涵。前者是指类似情况类似处理，或者相同情况相同处理。唐律非常注重形式公正的实现。根据上文的分析可以发现，《唐律》首先规定了裁判者进行案件裁判时必须遵守的量刑的原则，以此指导裁判者的刑罚裁量活动；其次，《唐律》规定了量刑遵循的基本步骤和程式，使得量刑活动分步进行，不同的量刑情节对量刑产生不同的影响；最后，《唐律》通过量化技术，制定细化的、可操作性的量刑规则，严格限制司法裁量者的自由裁量权，司法者的任务是严格地依照量化规则的要求，套用相关量刑参数，这样在实际的刑罚裁量中，司法者的量刑恣意得到最大限度的抑制。通过上述方式，《唐律》追求的结果是相同的情况同样的对待，量刑规范化严格限制了司法者的自由裁量权的行使，通过刚性的立法，严格束缚了司法者的司法任意。

当然，在量刑规范化的过程中，量刑的实质公正在很大程度上也得以实现。因为唐律追求犯罪的社会危害性和所判处的刑罚之间的一一对应，并通过两个方面的量刑技术的运用使得这种一一对应成为可能，并且具有实施的可能性，这样随着犯罪社会危害性的增加，刑罚也逐渐加重，从而使得刑罚的适用反映了犯罪的社会危害性程度。这在很大程度上符合实质公正的要求，即犯了多大的罪，就适用多重的刑罚，刑罚的轻重与犯罪人的社会危害性和所承担的刑事责任相适应。

由此可见，唐律非常注重司法公正的价值意义，而且唐律不仅关注形式公正的实现，还尽量满足实质公正的要求。唐律对司法公正的重视与我国目前司法对公正的价值追求如出一辙。在当前的司法实践中，为了实现司法公正，首先立法者尽量提供一部保证量刑公正的刑法规范，为司法公正的实现

提供前提性的依据，奠定良好的基础。这是实现司法实质公正的保障，也是其基本要求。因此在制定刑法典以及制定修法修正案的过程中，立法者都在努力追求立法的价值目标，即公正。然而"关于公正和正义与否的判断是典型的价值判断，而不是事实判断。对于古往今来不同时空中的社会而言，其主导价值观念的形成均受到当时当地社会生活条件的制约。因此，在代际之间和国际之间，公正和正义的概念常常带有鲜明的时代性、地域性和民族性，被某一时代或某一社会视为公正和正义的事情，在另一个时代或社会却可能被认为是令人难以容忍的不公和不义。"[①] 在此意义上，要找到一个绝对的实现公正的实体刑法标准，是人力所不及的，这不仅由于社会的复杂，社会的变动，还在于不同的人有不同的价值观念。何种规则具有合理性，想要达到完全合理，拒绝任何偏颇与矛盾，只能是幻想，社会的存在与运行离不开规则，但苛求规则是无理的。因此，司法实质公正与否的判断是一个价值判断，得出一致结论相对较难，而且在目前立法中实质公正存在一定不足，但目前最受诟病的还是形式公正方面的问题，也就是所谓的量刑失衡的问题，即由于量刑标准模糊不清或者不统一，导致类似案件的量刑结果悬殊，从而形成不合理的差别对待。为了满足形式公正的要求，使得同等情况得到同等对待，目前我国正在全国范围内的法院如火如荼地开展量刑规范化活动，即通过对刑法分则规定的罪刑关系进行细化的方式，达到刑罚裁量的规范化。因此，现在全国范围内的量刑规范化活动，追求形式平等的目标与唐律通过量化技术、追求"画一"的努力其实是相通的，二者是同调的，对形式公正的重视是一致的。因此，我国目前进行的量刑规范化的努力不是孤立无助的，唐律追求形式公正的先例为我国目前进行的量刑规范化改革作了很好的诠释和注脚。

（二）《唐律》追求量刑统一化的制度建构的现代意义

上文已述，唐律在一千多年前便十分注意司法实务中"刑宪之司执行殊异"的问题，通过一系列举措实现刑罚裁量的一致化，达到"同符画一"的效果。这些举措包括：首先，在《名例律》中确立量刑的基本原则——

---

① 郑成良：《法律之内的正义——一个关于司法公正的法律实证主义解读》，法律出版社2002年版，第4页。

罪责刑相适应原则，即在量刑时应考虑犯罪人所犯罪行的轻重，同时还应注重犯罪人再犯罪可能性的大小。不但考虑到了刑罚的报应一面，同时注重刑罚预防目的的实现。通过确立该原则统一指导裁判官员的案件裁判。其次，统一量刑的方法和步骤，使得量刑按照一定程式进行。即首先根据犯罪事实确定量刑的起点，然后根据犯罪事实、犯罪后果等事实，在量刑起点的基础上增加刑罚量以确定基准刑，最后，再根据量刑情节和全案的情况对基准刑再进行修正，最终确定对犯罪人适用的刑罚。这样就明确了裁判官员进行裁判时的步骤和方法，使得裁判依步骤逐渐进行，每一步骤考虑不同的犯罪情节，最终对犯罪人适用刑罚。当然，在此期间，《唐律》还明确了确定基准刑和调节基准刑的具体方法等。对照我国目前正在进行的量刑规范化活动便可以发现，目前最高人民法院为了实现量刑的规范化、统一化所制定的《关于常见犯罪的量刑指导意见》中所采用的举措与一千多年前唐律所采用的举措如出一辙，具有惊人的相似性。首先，《量刑指导意见》也在开头规定了量刑的指导原则，其中罪责刑相适应原则是最主要的原则；除此之外，《量刑指导意见》还规定在量刑时要考虑刑事政策的要求以及社会形势的变化等。最高法院也是首先规定量刑的基本原则，以此统一指导法官的量刑活动。其次，《量刑指导意见》也是规定了量刑的基本方法，而量刑的基本方法也是依次确定量刑起点、基准刑和宣告刑。而且根据上文的具体分析，目前《量刑指导意见》所规定的确定基准刑以及确定宣告刑的方法与《唐律》并无二致。而且我国目前《量刑指导意见》仅仅是对十五种常见犯罪的量刑基准和宣告刑如何适用进行了详细的规定，其他犯罪则未顾及。不但如此，《量刑指导意见》仅规范现实生活中常见的十五种犯罪中判处有期徒刑和拘役的案件，并不包括无期徒刑和死刑；而死刑案件则往往引起民众的强烈关注，而《唐律》则不但规范判处徒刑的案件，也包括死刑的案件。另外，目前虽然最高人民法院发布了《量刑指导意见》，全国范围内的法院根据该《量刑指导意见》进行裁判，但我国现在开展的量刑规范化运动不过几年的时间，《量刑指导意见》也在进一步发展、完善中。在这之前法官们量刑时普遍采用的是传统的"估堆量刑方法"，该方法又称综合估量法、经验作业法。在这种量刑方法中，法官在法定刑幅度内根据自己的司法实践经验，大致地估量出对当前案件判处的刑罚，再考虑案件中加重、减轻等量刑情节，综合地估量出犯罪人应当执行的刑罚。[①] 因为我国目前刑法规定的法定刑幅度相对较宽，法官们的素质有待提高以及缺乏保障公正司法的有效举措等原因，"估堆量刑方法"的结果是量刑的结论参差不齐，造成量刑失衡的问题。[②] 而《唐律》则在一千多年前便明确了量刑的步骤以及各种情节在量刑中所起的作用。这为我国法院推行量刑规范化改革提供了历史经验和文化根基，从而使得我们目前开展的量刑规范化运动更具现实合理性和实施可能性。

[①] 参见赵秉志：《量刑情节与量刑方法专题整理》，中国人民公安大学出版社 2009 年版，第 90 页。

[②] 周长军：《量刑治理的模式之争——兼评量刑的两个指导"意见"》，载《中国法学》2011 年第 1 期。

第二届司法学论坛暨"审（检）委会制度改革与司法责任制落实"研讨会综述

刘家楠*

2015 年 11 月 27—29 日，由华东政法大学司法学研究院主办的"第二届司法学论坛暨'审（检）委会制度改革与司法责任制落实'研讨会"在上海召开。论坛围绕"法院改革·审判委员会制度改革""检察院改革·检察委员会制度改革""司法学理论·司法责任制·法律职业共同体"三个单元进行了研讨。华东政法大学党委书记曹文泽教授，最高人民法院咨询委副主任、副部级专委、华东政法大学司法学研究院名誉院长王秀红等嘉宾应邀出席并致辞。来自最高人民法院、最高人民检察院、江苏省高级人民法院、河北省高级人民法院、上海市人民检察院、吉林省人民检察院、上海市第三中级人民法院、广西钦州市中级人民法院、重庆市第四中级人民法院、浙江省衢州市人民检察院、浙江省文成县人民法院、上海市闵行区人民法院、上海市虹口区人民法院、上海市虹口区人民检察院、江苏省江阴市人民法院、河北省赵县人民法院、河北省晋州市人民法院、苏州市公安局、北京大学、中国人民大学、中国政法大学、中央财经大学、华东政法大学、同济大学、上海大学、上海政法学院、南昌大学、湖北大学、华中师范大学、济南大

---

* 刘家楠，法学博士，济南大学政法学院讲师，华东政法大学司法学研究院兼职副研究员。

学、浙江工业大学、济南市委党校约 70 名法律实务界与理论界人士参加了本次会议。

华东政法大学党委书记曹文泽教授在致辞中指出，华东政法大学作为以法学为特色的综合性大学，理应主动对接国家和区域重大发展战略的需求，走在中国特色社会主义法治理论研究的最前沿，充当法治智库建设的探索者和领导者，为依法治国提供全面支撑。因此，学校高度重视、非常支持司法学这样的直接服务于社会主义法治建设的学科，发展司法学学科是坚持人无我有、人有我优的学科发展规划的重要体现。虽然华东政法大学司法学研究院成立的时间不长，但业已在学科建设、科学研究、人才培养、社会服务等方面取得了令人可喜的成绩，在理论界和实务界发出了自己的声音。曹文泽书记希望司法实务界与理论界能够一如既往地支持华东政法大学司法学学科的发展，也希望司法学研究院的各位同仁继续努力，加强协同创新，把研究院建设成为在司法学领域具有较大影响力的高端智库！

最高人民法院咨询委员会副主任、副部级专委王秀红女士在致辞中表示，在司法改革逐步深化进入攻坚阶段的大背景下，本届司法学论坛能够紧扣时代脉搏，聚焦司法改革热点问题，这一时机选择的非常好；审委会和检委会以及司法责任制的落实，应当说是非常具体、非常贴近司法实际的重要内容，论坛以"审（检）委会制度改革与司法责任制落实"为主题，积极回应司法改革中的热点和难点问题，这一主题选择的非常好；与会人员既有来自学术界的专家、学者，也有来自实务界的法官、检察官、律师等，通过"对话"形式由实务界与理论界共同就主题进行研讨交流，有助于打破职业分工的界限，提供不同的思考角度，这一"对话"的形式非常好。同时，作为华东政法大学司法学研究院的名誉院长，王秀红女士对以崔永东教授为首的司法学研究院在成立一年以来通过出版学术专著、发表专业论文、举办司法学论坛、招收司法学博士和博士后研究人员等扩大司法学学科影响力，为司法改革建言献策所做的各项工作予以充分肯定，希望华东政法大学在学校发展战略的层面上对司法学学科进行定位，在具体措施上助推该学科的发展，也希望司法学研究团队再接再厉为司法学发展做出更大的贡献。

华东政法大学司法学研究院院长崔永东教授向与会嘉宾介绍了司法学论坛的"前身"，即在北京举行过两次的"司法学研讨会"，2012 年年底在北京举行的司法学研讨会共有100多位嘉宾参加，法学界五位泰斗级的老先生悉数参会，为司法学学科的发展建言献策。在"司法学研讨会"召开前曾举行过征文活动，并进行了评奖，共评出优秀奖百余篇，三等奖90篇，二等奖20篇，一等奖10篇，随后将部分获奖文章汇编成《审判管理研究》一书，纳入司法学研究丛书，由人民出版社出版。

本届司法学论坛的主题是"审（检）委会制度改革与司法责任制落实"，崔永东教授指出之所以选择这样一个主题是因为现在司法改革特别强调去行政化，那么审委会、检委会制度改革也存在一个去行政化的问题，妥善处理好去行政化问题，有助于司法责任制的落实，所以通过与实务界的专家沟通确定了本选题，这个问题实际上是目前司法改革的焦点问题和难点问题，希望通过本次研讨会，能够形成共识，深化对这个问题的认识，从而为当前的司法改革建言献策。

不久前崔永东教授在《人民日报》学术版发表了《司法学研究大有作为》一文，其中编者按写到"司法学是一个学科，而不是一个项目；是一个体系，而不是一个概念"。2014年成立的华东政法大学司法学研究院是全国第一个，到目前来讲也是唯一一个专门研究司法学的实体科研机构。崔永东教授希望在司法学作为独立学科的价值和地位日趋获得认可的大趋势下，华东政法大学司法学研究院要百尺竿头更进一步，将研究院打造成为今后中国的司法改革提供理论引领、学术支撑和制度优化的高端智库，将"司法学论坛"打造成促进学界和实务界交流的平台，打造成一个高端品牌，打造成一个司法实务界和理论界共同的精神家园！

一、审判委员会制度改革

作为审判组织，审判委员会虽然存在一些问题，但其存在仍具有一定的合理性。河北省高级人民法院副院长王越飞认为，审委会的正向价值表现在以下两方面，第一，我国实行民主集中制原则，集体决定案件处理结果，审委会在反对法官个人专断，在确保公正、公平执法上有一定的意义和价值。第二，法官结构复杂，法律素质有待进一步提高，需要有一定的组织形式保证案件质量。王越飞强调审委会制度改革应当具体问题具体分析，不能仅凭一种模式或一种观点来肯定或否定审判委员会制度，尤其是在中国的国情下，保留审委会这种形式有利于促进办案质量，有利于保证廉洁执法。在后续的审委会改革中，一方面，审委会讨论案件的数量和内容要大幅减少，审委会仅适用于疑难复杂案件和在适用范围上争议较大的案件，且仅限于讨论法律适用问题，不讨论事实认定问题；另一方面，在弱化审委会职能的同时，对重大疑难复杂案件，涉及国家安全的案件还要强化审委会职能。从更长远的发展趋势来看，通过强化合议庭和独任审判员的职责逐步减少审委会讨论案件的数量，最终取代审委会制度。

最高人民法院应用法学研究所副所长范明志认为，司法作为国家治理方式的重要组成部分，应当与国家治理的整体方式保持一致，审判委员会制度是我国从整体到个体的国家治理方式在司法活动中的投影，国家治理模式应当成为讨论审判委员会制度的大背景。同时，我国是成文法国家，成文法与判例法相比一个很大的劣势在于成文法经常是落后的，其不可能像判例法那样通过法官的判例及时发现社会问题，推动社会进步。因此，在成文法适用的时候要考虑国家政策的适用，或者说法律解释应当与当前的政策保持一致，这种情况下就需要一种集体化的群体的力量参与进来，这样一种集体化的意见表达的制度在我国的具体体现就是审委会制度。范明志认为审委会制度改革的方向应当是：第一，要尊重司法规律，增加审委会委员审理案件的亲历性；第二，审委会应当更多的讨论法律适用问题，而非事实认定问题，尤其是法律与政策的关系问题，讨论法律如何更好地适应社会发展的问题。

江苏省高级人民法院副院长李玉生指出，在肯定审委会制度正向价值的同时，应当特别注意从下述四方面来进一步完善审委会制度：一是委员的选任方面，审委会委员可以考虑从具有较长的审判年限的法官中选任，例如要求出任审委会委员的应当具有 10 年以上审判工作经验；二是审委会的职能应主要限于宏观指导，讨论法律适用问题，总结审判经验，管理审判中的重大事项；三是规范提交审判委员会的程序，除法律规定应当提交的之外，由主审法官通过合议庭来提交，提交时需说明拟讨论的法律问题及合议庭的分歧，然后将材料提交给审委会办事机构，由院长或审委会专职委员或办事机构的专门人员进行审查，符合的提交院长确定由审委会讨论；四是完善审委会议事规则，使审委会的运行更加规范化、细则化、完善化。

广西钦州市中级人民法院院长卢上需通过对本院进行调研，发现审委会在行使审判权上存在审委会委员的业务结构不优化，委员在发表意见时不谨慎，审委会运行的程序不规范和审委会讨论的范围不清楚等四大问题。针对上述问题，钦州中院采取了三大改革举措，一是明确了审委会委员的责任，并将审委会委员参会的情况加以公开；二是规范了提交审委会讨论的程序，提交审委会讨论必须由主管副院长批准，而且，主管副院长要在审委会上首先发表自己的意见；三是建立审委会委员学习和培训制度，有效增加审委会委员不同业务结构上的知识储备，有效应对种类复杂的案件。从 2015 年审委会的运行情况看，上述改革取得了良好的效果，提交审委会讨论的案件数量和改判率双双下降，审判质量明显提高。改革后钦州中院在全自治区 16 个中院里面结案率保持第一，自 2016 年 6 月以来，申请再审的比率下降了47%，充分印证了改革对审委会发挥作用产生了巨大的促进作用。

江苏省江阴市人民法院院长王立新指出，司法改革是在动态发展的大背景下展开的，改革中法官既要完成应当完成的任务，尚需要探索出适当的路径，这对每年承载了大量案件的基层法院来说是很大的压力。与此同时，司法改革是一项系统工程，不能单就审判委员会制度改革论审判委员会制度改革，如此不仅难于解决问题，也容易出现方向错误。基于司法实践性强的特质，司法实践中出现的问题需要理论界给予回应，期望理论界的研究能够更为有效的回应基层法院面临的问题，不能解决实际问题的司法理论研究在一定层面上是失之偏颇的。王立新院长还介绍了江阴法院以员额制为抓手进行改革后审委会运行的变化情况，2015 年江阴法院召开 16 次审委会，讨论案件 62 件，同期办案总数是 32000 件，审委会讨论案件数大幅缩减，审委会讨论疑难复杂典型案例、总结审判经验的主要功能得以真正回归。

上海市闵行区人民法院院长黄祥青认为，首先，审委会是可以讨论案件的，审委会讨论案件的关键是讨论的问题本身。必须对讨论案件的事实认定和法律适用问题加以区分，法庭上的当事人的肢体语言，表情的变化都构成事实判断的基本要素，这些问题是不能带入审委会讨论的，所以说事实问题纳入审委会讨论存在明显的弊端。但法律适用问题不同，真理总是越辩越明，并不限于具体的时间和空间，因之审委会应主要限于讨论法律适用问题。其次，我国的法官人数众多，在这样人数众多的体制下，从广义上来讲，人多就必须要有管理，没有管理就没有秩序，审委会就是在讨论法律适用问题外，重点保证不同的法官，不同的合议庭，他们在相同相似问题上裁判的一致性。第三，就法官的知识结构而言，其接受的法学教育往往都是法的基本原理和原则，对司法产品真正的生产过程没有一个完整的知识储备，这就要求在司法系统内部，借助专家的智慧，来形成相对合适的知识体系，而审判委员会负有的恰恰是提升法官的职业技能和职业素养的功能，法官职业技能和职业素养的提升，最终会促进司法公信力的提升。

华东政法大学研究生院院长杨忠孝教授同意范明志的观点，即研讨审判委员会改革，需要放置在中国整体国家治理的大背景下加以考察，然后在研究整个司法改革制度过程中再来研究法院的审判权运行问题，这样的进路是必须的，否则将导致逻辑上的错误。他认为从法院的纠纷解决模式来看，其对纠纷的解决属于专家决断模式，此种模式下，法官首先是通过专门的法律训练，通过司法考试，且经过岗前培训的"专家"。然而，现实情况中，此种专家决断模式受到了行政化的侵袭，这是法院自身运作受到学界诟病的原因。审判委员会改革的去行政化过程实际上是理顺法院内部组织程序运行的过程，主张遽然废除审委会制度的组织程序显然不了解我们的社会，也对全球社会治理过程中司法治理负担责任的变化把握不当。最后，杨忠孝强调审委会讨论案件不应当按照案件大小来区分，而应当关注案件的社会影响，案件小但可能产生较大社会影响的就应当加以讨论。法院自体优化的程度直接决定了法院在纠纷解决中的地位，因为司法的纠纷解决与其他纠纷解决方式是竞争的关系，尤其是在民商事审判中，所以良性的机构改革对于确立法院在纠纷解决中的地位，保证司法效果与社会效果的一致性，无疑具有重要意义。

河北省赵县人民法院院长冯青林从反思的角度分析了审委会制度，他指出目前绝大多数的论断认为审委会解决的是司法公正问题，也就是说通过审委会把关能够更好地实现公平裁断，这就隐含了一个潜在的判断，即审委会委员从政治素质到道德修养，再到司法能力都要比合议庭或独任审判员高。然而，就法院的现实运行来看，上述论断恐怕是存疑的。首先，就法学背景来看，一些审委会委员是调入法院的，并没有司法工作的经验，甚至并未审理过案件，也非法学科班出身，这样就很难说审委会委员比主审法官的业务素养高。第二，从政治素质来看，审委会要解决政策和法律衔接的问题，对基层法院来说，从审级设置上和级别管辖上排除了基层法院可能受理的涉及国家主权、外交类的重大案件，所以从这个角度来说审委会必须对一些案件把关，其理由也不够充分。第三，也不能对审委会委员的道德素养必然高于其他法官加以判断，因为不能将职务与道德修养挂钩。所以，卢上需院长前述的建立健全审委会委员学习和培训制度就显得十分必要，司法本身蕴含了经验的积累，审委会作为一种集体决断的形式也不能脱离个体成员的经验累积过程。

上海市刘春雷律师事务所主任刘春雷认为，讨论审委会改革应当听取律师的"声音"。在司法活动中，律师很多时候起到的是一个桥梁作用，律师与当事人接触最多，通过这样的接触能够提供当事人对司法体制最原汁原味的评价。审委会改革后可能讨论的案件不到法院受案总量的1%，但是仍然要重视并研究改革的方案及路径，因为虽然讨论的案件可能只是1%，对当事人来说却是100%。很多当事人一辈子不打官司，如果在唯一的官司中感受不到公平的话，就会对他产生很大的负面效应，进而影响其对整个司法体系的评价。习总书记讲到，司法改革的最终目的是让每一个公民在每一个案件中感受到公平正义，那么审委会制度改革理应考虑和倾听当事人的声音，而不是仅仅将司法活动中的当事人看成是被动接受的客体。除此之外，刘春雷认为审委会改革应当注意两方面的问题：一是去行政化的问题，在现实中切实保证业务素质高的法官能够进审委会；二是细化审委会的议事规则，通过细化规则充分赋予并保障当事人的知情权。

重庆市第四中级人民法院院长孙海龙、最高人民法院司法改革办公室原副主任孙万胜均认为，对审判委员会制度不能以"一刀切"的方式来进行评价。不应简单地以存废来审视审委会制度，而是应当以发展的眼光看待审委会制度，不以司法改革为大背景，不从审委会改革后的现实运行出发，这样的研究很可能得出不客观的结论。十八届三中全会、四中全会都对司法改革提出了明确的要求，其基本的价值取向就是审理者裁判，裁判者负责，权责一致，权责明晰。在这样的背景下，审委会发生了很多变化，以重庆四中院的实证数据为例，2013年重庆四中院审委会召开了47次，其中讨论案件115件，讨论审判制度16件，讨论其他（包括管理、案件评查）15项，审委会讨论的案件占结案总数的 6.29%，审委会的案件讨论占总讨论事项的 78.7%。2014 年，审委会召开 23 次，其中讨论案件 18 件，讨论制度 10 件，其他事项 13 项，审委会讨论的案件占结案总数的 0.96%，审委会的讨论案件占总讨论事项的 43.9%。2015 年 1 月到 11 月（截止到 11 月 27 日），审委会召开 21 次，其中讨论案件 23 件，讨论制度 11 件，其他事项 32 项，审委会讨论的案件占结案总数的 1.08%，审委会讨论案件占总讨论事项的 35%。因此，研究审委会改革就必须关注上述变化，否则忽略了实证性的研究很可能会陷入个人的主观臆断的误区。

孙海龙认为审委会改革必须重视方法，以科学的方法来推进改革。首先，应当关注现有的制度性规定，譬如最新出台的最高法院完善司法责任制的若干意见，其中的一部分专门涉及了审判委员会，无论是探讨改革还是推进改革都应从既有的规定出发，该遵守的遵守，该落实的落实，该反思的反思。第二，应当从更深的层次来确定和看待审委会制度的功能定位，即从是不是有利于法官的职业化，是否有利于审判权运行的科学化，是否有助于整体案件质效提高等方面来看待审委会制度，将其功能确定为调高审判质效，推出精品案例，总结审判经验，统一裁判尺度，培养精英法官，解决实际问题，完善审判机制。第三，作为一个法院的最高审判组织的权责一致性是审委会改革的基本价值取向，在今后的改革中必须强调审委会的权责一致，审委会的议事也必须更加公开。将审委会讨论案件理解成上诉审的书面审的程序，尽量将它向程序化的方向构造，将这个制度的优点发挥得更好，使它的缺点有所克服。第四，应当着重关注司法改革的整体架构由政策性、制度性向法律性转变的过程，司法改革的成果需要以法律性加以固定，即充分体现在诉讼法和其他法律上。最后希望作为新兴学科的司法学能够关注对改革方法的研究，通过实证分析来解决真真切切的现实问题，促进本轮司法改革的共识进一步凝聚。

孙万胜强调学术研究应当注重回应现实关切，现实中比较缺乏能够指导司法制度建设的学术研究成果，应当说建设具有中国特色的社会主义司法制度理论界和实务界都责无旁贷。这就要求双方通力合作，通过司法学这样一个连接司法实务与司法理论的学科，确立并不断完善社会主义司法理论的基本指导原则。实务界与理论界应当一道从国家需求的角度上，凝聚共识，共同建议，建立国家指导司法改革的平台，统一思维，统一部署，打破现实中改革带有的部门思维和部门烙印，真正确立司法改革的理论自信。

二、检察委员会制度改革

最高人民检察院检察理论研究所副所长谢鹏程由检委会制度改革的历史进程为切入点，指出从 1999 年以来，我国的检委会制度改革取得了多方面的成就。一是检委会委员在专业素质方面有了很大的优化，人员的结构方面也得到了优化。二是议事程序得到了细化完善。合理的确定了议事、发言和表决的顺序，最大限度上避免地位高的人影响地位低的人做出判断。三是对案件、事项的议题范围也做了科学的限定。确定检委会主要处理三类案件，第一类案件是重大、复杂、疑难案件；第二类是涉及国家安全、外交、社会稳定的案件；第三类是下级检察院申请复议的案件；四是检委会增设了检察委员会办公室这一办事机构，实质上发挥了检委会的参谋作用。谢鹏程认为要实现最高检对检委会工作法制化、科学化、民主化的定位，首先要坚持宪法和法律对检委会的定位，即检委会是落实民主集中制的体现。其次，检委会通过集体决策的方式保障法律适用的统一性。另外，他还指出随着下一步检察改革逐步深入发展，检委会还应增设对检察官业务的考评功能，对于检察官个人业务的考评、个人纪律处分事实的认定，检委会应当充分发挥它的作用。

吉林省检察院副检察长盛美军以吉林检察改革的总体思路和状况对本轮司法改革的推进情况进行了阐述。结合本省特点，吉林检察改革确定了稳中求破，破中求稳的基调，采取了自发先试、扩大试点、全面推开三步走的改革推进步骤。在机构设置改革中，吉林省检将过去设置的 36 个处整合为"八部一委"，即职务犯罪检察部、刑事检察部、控告申诉与刑罚执行检察部、民事检察部和行政检察部五个业务部门，再加检务管理部、检务服务保障部、政治部和机关党委。通过改革整合了法律监督职能，补齐了民事检察和行政检察的短板。队伍管理和后勤保障等机构的规模也得以压缩。领导机构、综合机构、业务管理机构按照各自特征运行，契合度大大增强。同时，吉林省检察改革在全面整合侦查监督和公诉职能的基础上试运行了资源整合机制，创新部门协作模式，以检察官办案组为主要办案单位，来适应以审判为中心的公诉制改革。通过一年半的试点工作，取得了以下成效：一是强化侦、捕、诉衔接，完善公诉、引导侦查，有效提高了引导侦查举证的权威性。二是用制度优势弥补监察盲区，侦查监督落到实处，为人权保障提供坚实基础。三是便于发挥侦查监督和公诉人才的具体优势，科学配置人力，明确办案责任。四是有效提高了检察官的职业素质能力，增强了责任感和职业荣誉。

上海市人民检察院副检察长龚培华认为，检委会是一种决策性机构，如果在仍然需要决策的前提下，废除检委会必然倒向全然的检察长和副检察长做出决策，这对于防范"错误"无益。从实证分析的角度来看，根据最高检的规定，检委会讨论案件的范围是明确的，但危害国家安全的案件基层检察院"遇不到"，重大、疑难、复杂的案件在基层检察院又"很少见"，所以在检委会运行中，真正"替代办案"不足1%。同时，考虑到检察院司法性、行政性、监督性三位一体的职能属性，需要有一个决策机构来决定本院的重大事项。所以检委会是需要的，或者换一个组织换一个名称，但需要这样的决策组织存在。当然检委会的弊端应当通过限制性的规范来加以克服，如尽可能地限制不该讨论的案件进检委会。在当前的改革中建立责任清单制度，让检察官负责，但是检察官除了要有规范性以外，一定要有主观性，一点儿主观性也没有，完全都是死板的规范性，是不适应案件现实的。所以在今后的责任制研究与落实中，是否应当给予检察官一定的自由裁量权，允许检察官存在一定的自由心证，这是非常值得思考和研究的问题。

上海市人民检察院研究室原主任罗昌平就检委会改革阐述了三方面的问题。首先是司法主体的权力问题。权力问题是司法责任制改革的核心问题，也就是一个放权的问题。目前在法律没有修改的情况下，罗昌平主张变通地运用检察长授予的权力。检察长将一部分权力授予分管检察长，分管检察长决定案子。那么，既然可以授权给分管检察长，就可以授权给员额制的检察官。坚持检察长、检委会对重大案件的领导权的前提下，赋予员额制检察官相应的权限。一般案件的处理权、决定权，包括一些非终极性的、事务性的权力都可以放给员额制的检察官。第二是关于办案组织机构和基本的办案组织问题，罗昌平主张贯彻实行扁平化的机构组织原则。第三是关于对办案权力实行监督的问题。实行司法责任制后，原有的办案模式发生了很大变化，所以在授权的同时也必须要加强对检察权行使的监督。罗昌平指出在保留检察长或检委会对司法办案的领导、监督、检务公开，及时收回监督以外，要发挥办案组织内部及相互之间的监督。但更需要的是建立一个专门的监督管理机构，对司法办案进行监督，且监督需要程序性与实体性并举。

上海市虹口区人民检察院专委张建指出，在司法改革的后续推进中要明确检委会做出决定的性质，即检委会是司法决定还是行政决定，这一基本问题的厘清应当成为改革的一个前置性条件。有关检委会业务决策机构的权威性问题也应当得到重视，检委会在检察院内部而言，属于最高业务机构，但在一定意义上，检委会成了附属于党委会或者行政会议的机构，而不是单纯的业务决策机构，这是在下一步的改革中有待于改革的，要真正还原检委会在检察院内部所起的决策作用。最后，张建强调要使检委会成为法律监督至上的业务监督机构，在进一步的司法改革中提高检察委员会的职能，强化检委会的对内监督，减少外界对检察院的质疑，以便更好地体现检察机关的功能和作用，明确检察机关的地位。

华东政法大学研究生教育院副院长张勇教授认为，只有对检委会进行科学合理的定位之后才能谈到司法责任的落实。他讲检委会只能归纳为四个方面：第一层面是作为最高业务机构，检委会在宏观层面引领司法理念；第二层面是检委会在宏观层面推动检察政策或司法政策的实施；第三层面是对法律规定的适用解释，检委会成员通过沟通对类案进行研究，探讨法律解释；第四层面是对一些重大疑难案件进行讨论、指导。检委会作为一个决策机构，对个人决策要设立一个机制，对集体决策也应如此，都需要民主化、规范化的完善过程。

中国人民大学法学院李奋飞教授从公检法三机关的关系方面对检察改革进行了阐述。他指出在过去，我们更多的是把诉讼当做一种国家活动，公检法三机关的关系不正常，是扭曲的。虽然在宪法法律上是互相配合、互相制约、分工合作的关系，事实上是配合有余制约不足，以至于诉讼结构出现了以侦察为中心的格局。而这种以侦察为核心的诉讼格局最大的弊端是，一旦侦察出了问题，后续的环节就很难改变。本轮司法改革强调以审判为中心，意在走向一种新的诉讼模式，即公检法三机关层层把控的诉讼模式，让他们在各自的领域里发挥作用，共同提高办案质量。在未来的司法改革中，一方面应当让公安机关更多地接受检察机关的约束、指导和建议。检察机关应该更多地尊重律师的权力，听取律师的意见，这样一来检察机关的建议、决定才能更客观公正，才可能把检察权打造得更加符合司法规律。另外，在改革的推进中还需要涉及检、法关系的调整，主要是检察机关的监督定位问题，在宪法法律已经赋予检察机关的法律监督地位不变的情况下，需要研究和思考的是如何行使法律监督，做到不仅要敢于行使、积极行使，还要善于行使。

华东政法大学法律学院教授张栋指出，现在研讨司法改革多半聚焦于机构和人员的改革。但实际上，参看各国的司法改革，机构和人员的改革往往是附随的。在对改革框架模式和机构职能都没有论述清楚的情况下，将大量的精力置于机构和人员的讨论上，可能是舍本逐末。机构和人员是为职能服务的，在法律上职能没有突破，往往会造成改革的目的和方向的模糊，所以明晰确定职能可能要先于讨论机构和员额改革。也就是说，在改革中如果没有真正从源头上把职能问题探讨清楚，意欲在机构和人员上毕其功于一役，其实是在缘木求鱼。华东政法大学科学研究院副研究员茆巍指出，司法改革在让百姓感受到公平正义的同时，另一方面也需要让司法干警感觉到稳定，回到张栋教授的观点，改革应当明确职能，在职能明晰的前提下，思索机构与员额的改革，并且机构与员额的改革应当是在保证司法队伍的稳中求变下逐步推进的，最终保证司法改革目标的顺利实现。

华东政法大学科学研究院副书记王永杰教授和科学研究院刘风景教授均指出，考虑到中国社会的现实和复杂性，改革不可能一步到位。改革方案需要大胆设想、冷静思考、小心求证、逐步推开。所以在改革中需要学界与实务界共同研究司法规律，尊重司法规律，唯有如此才能保证改革的方向正确。同时，对司法改革的目标、方案等诸多问题的评价，需要内部视角和外部视角的互补，从单一视角出发论述改革往往是偏颇的。最终，任何改革都必须需要人民的"在场"，实际上改革最终是为了人民，服务于人民的，如果改革中人民"不在场"会令改革走上偏路。

三、司法学理论·司法责任制·法律职业共同体

北京大学法学院傅郁林教授从两方面谈了自己的观点，首先她强调要关注司法学研究的对象和方法。当下的学科专业划分过细，从现实司法运行的角度言之，司法大概属于组织法权限的配置，是宪法学和法院组织法、检察院组织法这个领域里面的。程序法领域研究的是"配置"后的法的运行方式，但是现在研究司法学的基本上是法理的学者，程序法的学者往往存有一个短板，那就是政治学。再向前面延伸它需要政治学和社会学的基础，这是程序法学者和部门法的学者的短板，而在这两个领域研究司法制度的法理学者和宪法学者又不懂程序的运作，由此出现一种知识结构上的先天缺陷，从这个意义上来说，司法学这样的一个平台将来可以把多方的资源共享，互相取长补短，弥补专业化学科划分带来的弊端。傅郁林表示非常赞同孙海龙院长的观点，研究司法改革，研究审判委员会改革必须关注既有的制度规定。如果这些基本问题没有研究和讨论清楚，改革的步伐就不够稳健，不易取得相应的成果。

上海市虹口区人民法院院长席建林在发言中首先指出，司法责任制的核心在于权责界定和权责一致。上述界定无疑是正确的，但是理论探讨转变为实际操作仍会面临很多的困难。在司法改革还权于合议庭、还权于法官的时候，需要进一步理顺审判权、监督权、审判管理权三种权力之间的关系。从强管理变为弱管理，从强化行政管理变为强化审判管理，从强行政主体的管理变为强法官为主体的管理。相较而言，这三个权力的核心是审判权。再进一步，审判权的重点在于尊重法官的独立判断，尊重法官在亲历原则下，基于证据规定规则而产生的自由心证。第二，在未来的审判管理改革中应当研究建立三种清单，其一是正面清单，即权力清单。其二是负面清单也就是责任清单。其三是免责清单或称豁免清单。由权力清单明确什么是必须做的，由负面清单明确什么是禁止做的，由豁免清单明确什么时候不担责、不追究。第三，应当进一步完善法官权益保障机制，案件干预通报机制和原则管理三种机制。通过保障法官职业尊严和职业待遇，对干扰审判工作的情形进行通报等各项制度，不断地促进司法责任制落实，最终实现司法质效的

提升。

南昌大学法学院教授邓建中强调中国的司法改革不能游离于中国的体制之外,就目前改革具体部署的进程言之,法院检察院的人事统管主体到底是所属市的法院、检察院,还是由省级法院、检察院以同级的党委来统一管理,党管干部的原则如何在实践操作中具体体现等。上述具有中国特色的问题,都必须由具有中国特色的法学理论来回答,而司法学这一学科萌生与发展为我们思考上述问题提供了非常好的平台。第二,人事统管的对象问题,严格管理好像能够平等地对待,但根本问题还隐藏在其中,需要实务界和理论界进一步地思考和提供解决方案。第三,司法改革不能忽视地域差距,不仅是东西部之间的差距,也不仅是省与省之间的差距,省内不同地市之间的差异也必须进行充分的考量。第三,建立完善案件干预通报制度,最大限度地在法院的效力运行方面减少行政干预。最后,十八届四中全会强调建立司法责任终身制,那么在司法实践中就需要进一步明确司法责任的性质,明晰具体的落实方式。

中央财经大学法学院教授郭华认为,处理中国的现实改革问题往往带给我们很大的挑战性,是考验中国人智慧的问题,同时必须相信中国智慧能够解决中国问题,这是改革的核心基础。在司法改革进程中强调遵循司法规律,然而在中国的现实语境下司法规律并不好把握,但改革是有规律的,改革要遵循改革的规律,改革的规律就是稳步推进。所以最高法和最高检在改革中均采用了选定试点,逐步铺开的策略,这是符合改革本身的规律的。郭华教授还对实务界与理论界往往存在观点分歧的研究现实进行了解读,他认为,实务界与理论界之间的沟通与交流是必须的,但也应当肯定分歧的存在,没有任何分歧的实务部门与理论部门就混同了,失去了各自存在的独立性,两方之间保持一定的距离,这对整体的法治研究、对法治改革的推进都是有益的。

浙江工业大学法学院石东坡教授指出,就英美与欧陆的法治经验来看,我国在司法学理论研究和司法学学科建设上并不存在固定化的参酌样本,而是应当选择走自己的道路,需要解放思想、实事求是、立足国情、凝聚共识,以中国智慧来回答中国问题。他将崔永东教授对司法学学科"先导性"研究的学术贡献概括为四个方面:第一,创建、发掘和规划了司法学的学科体系，提出了司法传统的现代性转换问题。第二，论述了司法学原理的理论范畴和理论命题，夯实了司法学的理论基础。第三，以司法理论贯通了司法理念、司法制度和司法实践的研究，将司法体制改革的理论研究置于学术的视阈平台和检验之上，确立了司法学作为学科整体的解释能力和批判力。第四，廓清了司法学学科体系的内部构成和外部关系。石东坡强调早在党的十七大报告中就指出，法治是人类社会共同创造出的文明成果，所以由此来看，司法的一般性和司法的特殊性要在我国司法体系中加以统一，这也是司法体制改革的基本走向需要考量的问题，最终形成科学合理的司法学内容体系，这个内容体系不同于学科体系，内容体系是由范畴、论断和方法等构成的该学科本身作为学科群落和学科体系的基础内涵。

上海大学法学院李清伟教授认为，首先，本轮司法改革具有充分的法理基础。在党的文献中提出了让审判者审判，让裁判者负责，但这是政治话语，转换成学术性语言就是本次论坛的主题"审（检）委员会制度改革与司法责任落实"。本轮司法改革的重要使命就是通过向法官与检察官赋予权利的方式来推进司法责任制的落实。就外部视角言之，赋权体现在省级人财物统管，就内部视角言之，法官、检察官遴选制度、员额制度等都是赋权的体现。而赋予权利的最终目的是保证公正司法。同时，本轮司法改革充分体现了"个人"责任，就法院系统言之，无论是独任制审理还是合议庭审理，或者是审委会审理，从规范性角度的责任承担来看都体现出明显的个人责任指向，比如在独任制下，如果是主审法官和独任制结合，那就是自己独断，自己签发，自己裁判，自己最后承担责任，在合议制下，如果主审法官同时又是审判长，这个问题也容易衔接，即便是在分离的状态下，也可以看出最后是由持多数意见的人承担责任。当然，责任的承担只是一种外在约束，更为重要的是法官与检察官的自我约束，而自我约束的核心就是遵守法律，忠于法律。

华东政法大学司法学研究院博士后葛天博认为，司法学作为一门尚在探索中的且正在兴起的学科，虽然学界从理论上尚没有理出足够的逻辑，但是从政法院校的学科布局、专业设置，以及实务部门在新一轮的司法改革当中对司法理论支持的需求上看，司法学学科的地位，从实际上已经得到确立。然而，就当下国内司法学研究的情况来看，现在国内针对司法改革的研究，关于如何实现司法的正义、价值，如何实现司法权的正常运行等方面的研究，其基本的研究视角和逻辑展开是站在诉讼法学的视阈下的。所以，葛天博强调应当将司法学研究与诉讼法学研究的视角和逻辑加以界分，突破诉讼法学的思维习惯，建立司法学的思维路径，形成独立的研究体系和学科、子学科结构。他认为崔永东教授对司法学的基础理论进行的研究充分体现了上述"界分"，在司法学研究中具有"先导性"的意义。同时，由于司法学自身的属性，它可以很好地将实践研究与理论研究紧密地结合在一起，所以在理论界，接受司法学这一学科体系，在司法实务界认可司法学这一理论体系，适逢司法改革向纵深挺进的年代，突破诉讼法学的思维习惯，突破诉讼仅仅是为了解决社会矛盾的思维习惯，建立司法学的思维路径，用司法学的思维路径来推动司法改革的这样一种做法，实乃司法改革获得理论支撑的不二法门。

华东政法大学司法学学科助理研究员俞世峰指出，党的十八届四中全会报告中提到在构建涉外法律时，要突出中国的话语权，那么对司法学的研究就不能只限于国内研究，还应当关注国际司法。国际司法学与国内司法学在理论上有着密切的联系，如法律方法，包括法律的适用，法律的推理，以及实体和程序方面，当然这些联系中也包含着区别。由于国家本身有一个碎片化的趋势，这对国际司法研究产生了一些新的障碍，比如说如何进行体系化的解读，如何进行相应的条约解释，如何进行程序的价值判断。这是未来在研究国际司法学过程中的一个重点关注方向。

济南大学政法学院讲师、华东政法大学司法学研究员兼职副研究员刘家楠博士认为，在司法体制改革中，首先，有必要对法院审判管理权的内涵进一步加以厘清和界定，审判管理事实上包含了法院内部管理，即通过人事统管的方式来优化法院的司法资源配置，提高司法质效，促进司法公正的实现。与此同时，审判管理还表征了一种外部性，即审判管理是国家层面的政策性问题，或者说是一个党的政策问题，也就是说应当由国家的司法活动来处理哪些社会纠纷，司法活动处理社会纠纷与社会对纠纷的处理应当怎样衔接，这是审判管理的广义含义。第二，审判管理的行政化倾向，以及现实运行中审判管理脱离了对审判权的保障与服务功能，倒向对审判权的侵夺与窒息性压力，其实是近代社会以来国家行政化倾向在司法活动中的投影，通过

"去行政化"来恢复审判管理对审判权的保障和服务功能不只是法院内部去行政化可以单独完成的"任务"，还需要在国家治理的大背景下来加以思考和解决，国家治理应该首先避免专断的和宰制性的行政化，之后才能为司法去行政化营造良好的氛围。第三，如果将法官的职业道德，检察官的职业道德，认为是一个均一化的，社会性公德的范畴，那么事实上，也不能离开个人私德的一个考量。在未来的司法改革中应当探索有效沟通均一化社会公德与个人私德进行互动的桥梁和过程。

司法改革关注现实问题的同时，也应当关注历史传统，华东政法大学司法学研究院助理研究员杨海强从量刑规范化的角度对《唐律》进行了研究。他指出《唐律》确立的量刑基本方法，第一个就是规定量刑的时候，法官应该遵循的基本步骤：一是确定量刑的起点，就是当一个人的犯罪行为刚刚构成犯罪之后，其刑罚是多重的；二是确定基准刑，在确定量刑起点的基础之上，根据犯罪行为来调整刑罚，这是唐律的一个亮点；三是确定宣告刑的方法，规定有自首、累犯等情节的，该如何适用刑罚。第二个是在多个情节并存的情况之下，怎样规定并处理。由此可以看出唐朝统治者特别注重量刑的一致化、量刑的规范化，并且采取了很多的举措来实现量刑规范化这样一个目标。所以审视当下正在进行的量刑规范化活动，无论是在对量刑规范化的价值追求方面，还是在具体举措方面，都与唐律存有内在一致性是暗合的。唐律的做法在一定程度上为现在正在进行的量刑规范化改革做了一个注脚，提供了一种论证，也就是说量刑规范化并不完全是一个西方的概念，其实在唐律当中就可以找到它的文化之根。

华东政法大学司法学研究院博士研究生叶肖静认为司法责任制改革应重点关注三方面问题，第一个是需要强化合议庭审判的职权，从"合而不议"向"合议庭成员共同负责下的共同法官责任制"转变。落实合议庭作为法定审判组织对案件审理共同负责的法律属性，强化合议庭成员在主审法官的主持下分工配合，完善合议庭成员在阅卷、庭审、合议等环节共同参与和制约监督机制，逐步消除合议庭运行当中"合而不议""形合实独"的等问题。第二个是界定院庭领导审判管理权限，需要实现从"权力界限不尽明确"向"权力清单"转变。可以一方面设置权力清单，从正面规定院庭长的审判管理职权，另一方面设置负面清单，规定院庭长不得越级或超越分管范围进行管理。第三个需要完善我们的监督机制，实现从行政化模式向司法责任制模式的转变。合议庭依法独立行使审判权的强化，必然伴随着对合议庭及其成员的监督的加强，以及对相关责任机制的完善。最为重要的是，在追究责任的同时，必须要建立一个法官办案责任豁免制度，保证法官有权办案的同时，还能够敢于办案。

刘春雷律师事务所副主任叶萍指出，法律职业共同体具有四方面的特质：一是共同的信仰。法律人对法律的信仰，对法律的敬畏，是法律职业共同体构建的一个最基本的支撑点。二是共同的追求。无论是法官还是检察官、律师、学者，身为法律人，其共同的追求就是公平正义。根据法律，根据不同的赋予我们职责和权利的法律，共同去推动公平正义的实现。三是共同的专业素养，也就是共同的法律思维方式。从2002年开始，全国统一司法资格考试，就对法律职业共同体的准入实现了全国统一。无论是进入到法院、检察院，还是做律师，做公证员，都要通过司法考试。有了这样一个共同的专业的素养，共同的思维方式，法律人对很多问题的思考应该是一致的。四是在司法改革中法律人共同的相互尊重、相互学习、换位思考。与此同时更重要的是相互监督、相互促进。

同济大学法学院朱国华教授认为，法律职业共同体是知识共同体、价值共同体、利益共同体、准则共同体、责任共同体、思维共同体，更是一个文化共同体。无论是讲求改革规律论、司法规律论，除了知识体系之外，还必须关注我们的"共同体"。因为改革并不是某一位律师、法官、检察官可以独自完成的事项，而是要靠法律知识的共同体来共同完成。同时，在思考改革这个问题的时候不能够仅仅只考虑国家的管理法，还要思考国家对社会进行管理、设计、服务、创造，进行风险把控的总的一个调控功能，重视强调改革的兼顾性与总体性，唯有如此逐步推进改革，才能最终获得成功。

华东政法大学司法学研究院副院长樊玉成从五方面对本次研讨会进行了总结：第一，审委会和检委会的存在，实际上有着中国国情或者说有政治的正统性问题，这一制度的政治正当性、合法性实际上是不容置疑的，用历史唯物主义的标准来看，是站得住脚的。最主要的不是去谈审委会、检委会的存废问题，而是考虑在现有的审委会和检委会制度下，如何去实施，如何去落实，如何去改进的问题。这其中如何改进、实施、落实可能更是重中之重。第二，我们属于一个同一的法律职业共同体，但实际上我们有不同的角色，有不同的知识、实践和经验背景，这就决定了我们从不同的角度、方式来关注司法改革不同的重点。而处于不同侧面的法律职业共同体经由司法学这一平台来相互展示彼此的经验和知识，给予对方一种期待，这本身就是一种非常重要的收获。第三，关于司法责任。就西方的司法责任来看，以美国为例，实际上包括联邦法院层面，五年之内，真正被问责，即以弹劾程序来问责的，不会超过两三个人，根据资料最近五年来只有一人。大部分的责任落实通过的是一种非正式程序，在法院内部以院长找法官谈话，来解决一些司法责任问题。但在中国语境下谈论司法责任，往往是一种严格责任，包括差错责任，最终要转化为量化管理。这实际上是非常具体的、刚性的责任。与西方讲的，或者说所谓的司法规律中的责任还不太一样。所以司法责任还有很大的研究探讨空间，达成共识可能还存有一定难度。第四，在当前的体制下，司法知识，尤其是司法学理论还没有得到统一，往往众声喧哗，各说各话，虽然单独聆听往往都非常有道理，但统一的内容少，最终会影响司法改革的有效推进，所以探讨和整合司法知识与司法经验，尤其是通过司法学学科的形式来进行，可能是在未来的司法改革中非常值得投入和关注的一个面向。第五，在法律职业共同体内部需要换位思考，这种换位思考既体现为知识的，也应该体现为实践的。尤其是实践的换位思考可能更为重要，因其有助于法律职业共同体真正地去凝聚共识。最后，应当在今后的实务和理论中多谈形成，少谈建构，多关注实践，真正地将理论研究转化为实务中的做法，能因司法学的研究或努力，为司法改革添砖加瓦。

第二届司法学论坛最后由司法学研究院院长崔永东教授作总结发言。他指出，本次论坛各位专家学者提出了很多真知灼见。这些见解既有高度，也有深度，既有广度，也有厚度。通过研讨，与会专家达成了三方面共识：第一，在审判委员会制度方面，与会专家一致认为在今后比较长的一段时间内，审判委员会作为一种组织形式，作为法院系统最高级的审判组织，有其存在的合理性。但是，有存在合理性并不意味着它是完全合理的，还需要对它进行必要的改革——逐步淡化审委会的个案决定功能，强化其总结审判经验，进行类案指导的功能。第二，在检委会制度改革方面，与会专家一致认为检委会也有它存在的合理性，同时，也有必要对它进行改革——逐步淡化其行政色彩。当然，中国的检察体制是比较特殊的，检察一体化，所以检委会包括整个检察管理体制的行政色彩难于完全根除，它的行政性和司法性是共存的。所以今后的改革应该侧重逐步淡化它的行政色彩，强化它的职业色彩、专业色彩。检委会成员今后要更多地吸收非行政干部，尽量地吸收专业化、职业化素养比较高的检察官进检委会。通过这样一些改革，会逐步淡化其行政色彩，会逐步使检委会制度走上一个比较健康发展的道路。第三，在司法责任制这方面。与会专家认为司法责任制是司法改革的关键点，但是对司法责任的认定标准，认定程序，应该科学化、合理化。而且不能对法官、检察官犯了错一罚了之，还应该注意保护法官和检察官，建构一整套司法官员依法履职保障制度。最后崔永东教授认为本次论坛集思广益，荟萃智慧，为中国的司法改革提供了理论引领、学术支撑和制度优化。

附录

第二届司法学论坛影响广泛，百余家媒体报道

由我校司法学研究院主办的第二届司法学论坛（2015年11月28日在上海举行），产生了广泛影响。据不完全统计，目前已有近百家媒体进行了报道或转载。一些报纸如《检察日报》《人民法院报》《社会科学报》《上海法治报》等都对论坛进行了报道，一些杂志也正在跟进，拟刊出相关综述文章。

另外，大批网络媒体也对论坛进行了报道，如搜狐、新浪、网易、腾讯、新华网、人民网、正义网、光明网、和讯网、中国网、人民法治网、东方律师网、中国日报网、中国理论网、中国民主同盟网、最高人民检察院网、共产党员网、东方网、广西法院网、广西检察网、上海法院网、陕西法院网、上海市政法综治网、广西人民检察院网、中国民事程序法律网、上海市高级人民法院网、中国贸易促进会网、汉丰网、新华社陆家嘴金融网、新华报业网、上海市总工会网、中国网传媒经济频道、华政新闻网、检察理论所网、科学研究院网、司法学研究院网、国媒网、检魂网、深泽县检察院网、大城县检察院网、虹口区政法综治网、天涯正义网、厦门长安网、东方微博、长宁区政法综治网、静安区政法综治网、崇明区政法综治网、网易新闻中心、丽水市中级人民法院网、

杨浦区政法综治网、松江区政法综治网、徐汇区政法综治网、今日头条网、刘春雷律师事务所网、抽屉新热榜网、中安在线网、木偶屋旗网、钦州中级人民法院网、定安县网、华政党委宣传部网、贵阳网、大城人民检察院网、每日河北网、网易财经频道、悦读网、订阅网、闵行区法院网、中国长安网汕头频道、三亚市检察院网、六灶新闻网、法律咨询网、南阳宛城区检察院网、正义广西网、迅捷教育网、沭阳法院网、商洛在线网、利津县检察院网、煤海司法所网、柳州市明桂司法鉴定中心网、黔南在线网、新浪博客、灵山县人民法院网、灵山微博、电建网、鸡西生活资讯网、雨林资源网、丰泽新闻网、白土网、吉阳网、丰润新闻网、南宁网、巴彦淖尔网、华政精神文明创建在线网、爱微帮网、最高检频道检索网、农民权利网、汕头长安网、法律新闻网，等等。

责任编辑:张　立
装帧设计:肖　辉　孙文君
责任校对:白　玥

图书在版编目(CIP)数据

司法学研究·2015/曹文泽,崔永东 主编. -北京:人民出版社,2015.12

ISBN 978－7－01－015702－3

Ⅰ.①司… Ⅱ.①曹…②崔… Ⅲ.①司法制度-研究-中国 Ⅳ.①D926

中国版本图书馆 CIP 数据核字(2015)第 311854 号

司法学研究·2015

SIFAXUE YANJIU 2015

曹文泽　崔永东　主编

人民出版社 出版发行

(100706　北京市东城区隆福寺街 99 号)

北京盛通印刷股份有限公司印刷　新华书店经销

2015 年 12 月第 1 版　2015 年 12 月北京第 1 次印刷

开本:710 毫米×1000 毫米 1/16

印张:19.5　字数:320 千字

ISBN 978－7－01－015702－3　定价:65.00 元

邮购地址 100706　北京市东城区隆福寺街 99 号

人民东方图书销售中心　电话 (010)65250042　65289539